教育を
家族だけに
任せない

大学進学保障を保育の無償化から

大岡頼光
Ooka Yorimitsu

勁草書房

教育を家族だけに任せない
大学への進路保障を保育の無償化から

／目　次

目次

第Ⅱ部　就学前教育を無償化し信頼を創る

序章　人生の初めから家族だけに任せない文化を創る

1　介護保険導入後も減らない介護殺人

日本では家族が高齢者を介護すべきという意識は、介護保険導入後もなかなか変わらない。一九九八年から二〇一〇年までの十三年間で介護殺人は新聞で四九五件報じられ、五〇二人が死亡。続柄では夫が妻を殺害が最も多く（三三・九％）、次は息子が親を殺害（三三・三％）。二〇〇〇年の介護保険の導入後も事件が減ったとはいえないという（湯原 2011）。介護殺人の約三分の一が、息子による親の殺害である。このように子が親を介護しなければならないと思い込む家族主義が、日本で強いのはなぜだろうか。

その一因は、介護が始まる前に、子があまりにも多くの援助を親から既に受けているからではないか。家族主義を変え介護殺人を減らすには、人生初期に親子の経済的つながりを断てばよいのではないかという発想から本研究は出発した。

日本では約六割が大学・短大等に進学する。放棄所得（高卒で働いていたら得られた収入）を入れれば一番安い国立自宅女子でも約一四〇〇万円かかる大学教育は、親の人生で二番目に高い買い物である（小林 2008:14-6）。無理したから親は子に老後の面倒をみてほしいと考えがちだろう。

2　大学授業料の親負担主義廃止と「脱家族化」

高等教育研究の矢野眞和も「無理をして進学させたのだから、子どもに老後の面倒を見てもらいたいと思う親も少なくないでしょう」（矢野 2011:159）と指摘している。矢野は、日本の大学の習慣病として新入生十八歳主義、中退なき卒業主義、授業料親負担主義の三つをあげている。矢野の主張は、「日本の新成長戦略を描くためには、授業料親負担主義を改め、授業料を無償とするべきだ。それは、第一に三〇代の大学進学者を増やし、第二に卒業の要件を厳しくするためだ」とまとめることができる。

第一の根拠として、EUの欧州委員会の新成長戦略を矢野はあげる。その中に「三〇歳〜三五歳の大卒者の割合を現在の三一％から四〇％以上に高める」という項目がある。三〇代の労働力の質を向上させるために、三〇代の大卒者を増やすべきだというわけである。このEUの新成長戦略は日本の現状に照らしても的確な提案である。この十数年の間、日本では三〇代の高卒が減少し大卒が増加した。大卒者が増えたから大卒が過剰になり、高卒と大卒の格差は小さくなるはずだ。だが、現実は逆で、高卒と大卒の賃金格差が大きくなった。三〇代の労働者の仕事が、高卒よりも大卒を必要とする方向に変化しているのである。しかし、親負担主義のままでは、三〇代の高卒者が大学に進学する可能性は皆無に等しいと矢野は問題点を指摘する（矢野 2008:118–22, 2010:10–1, 2011:259–61）。

第二に親負担主義を前提にしている限り、中退なき卒業主義は簡単に変わらず、大卒の質保障ができない。大学の顧客は学生で、授業料を支払ってくれる学生が来なければ大学は倒産する。倒産して一番困るのは教職員である。退学命令は経済合理性に反する。学ぶ意欲のない、学力の低い学生は卒業させないという質の確保よりも、量の確保が優先されるのが、現実の親負担型市場システムである（矢野 2010:11, 2011:256–8）。親の援助で進学した学生は、なんとしても卒業しないわけにはいかない。いい会社に就職して、親を安心させたいと考えるのが普通だ。それが日本人の親孝行である。親子一体の日本的家族システムが作動して、十八歳主義、卒業主義、親負担主義がワンセットになっているという（矢野 2010:8, 2011:159）。

私も矢野のいう「親子一体の日本的家族システム」の根本である授業料親負担主義は改めるべきだと考える。ただ、老人介護における親子の一体性の強さから介護殺人まで起こってしまうことを問題視してきた私の視点は少し違う。主に高等教育に絞って「親子一体の日本的家族システム」の問題性を、矢野は指摘している。

授業料親負担主義を改め、学生を親から解放させる。それは、長期的には介護で子が親の面倒をみるべきだという考えを変えていく可能性があるのではないかと、私は考えている。

これまで私は公共的な老人介護サービスを充実させてきたスウェーデンの共同墓を研究してきた。共同墓は一種の税で運営され、そこに入るのは無料である。遺骨灰が芝生や木立にまかれるが、その際家族は立ち会えず、遺骨灰の場所も知ることができない。そのような共同墓の研究をつうじてスウェーデン福祉国家の宗教的基盤を探ってきた（大岡 2004, 2008a, 2008b）。

しかし、日本では東京など一部で墓の共同化が進んでいるが、家族が介護すべきという意識はなかなか変わらない。介護が始まる時は子が多くの援助を親から既に受けているからだろう。

この状況を変えるには、人生初期に親子の経済的つながりを断つ政策を打てばよいのではないか。長期的戦略として、若者の自律、自由な進路をまず公的に保障する。人生初期に家族主義の根本を断つ政策を打つ。それによって介護は家族がしなければという考えからやがて解放されていくのではないか。

何でも家族でやるべきだという考えでは、無縁化が進む日本で老人の介護を公共的に行っていくべきだという考えにはなれない。この考えを長期的に変えていくには、若いときから家族に頼らずに生きていける制度を作ることがまず必要だろう。

つまり、人生初期に教育費を「脱家族化」（青木 2005）することで、介護の「脱家族化」も図ることができるのではないかと私は考えている。

これまで、G・エスピン・アンデルセンの「脱家族化」は主にケア領域に限定されて国内外で研究されてきた。

しかし、彼自身の「脱家族化」の定義は、「個人の家族への依存を減らす政策。家族や夫婦の間での相互依存から独立して、個人が経済的資源を最大限自由に使えるようにする政策」（Esping-Andersen 1999:45）であり、ケアの領域に限らない広い射程を持ちうる。「脱家族化」概念をケア領域への限定から解放する。大学生活費の親負担主義の廃止など、広く家族間の経済的な依存を断ちきる政策を「脱家族化」をすすめる政策ととらえ直す。それにより「脱家族化」概念の可能性をより広げられるのではないだろうか(1)。

3　介護と学歴

ただし、現在のところ介護殺人を学歴で分析した研究はない。

理論的には、高学歴の方が親からの経済的支援が多いため、介護への責任感が強くなり、介護している親を殺すに至る可能性がより高いとも考えられる。だが、一方で、高学歴であれば高収入の割合が高いので、親を施設に入れる経済的余裕があり、施設を選びやすいとも考えられる。学歴によって、介護についての考え方は実際にはどう違うのだろうか。

社会学の大和礼子によれば、「中流階級のための福祉国家」論は、中流以上の階層の人々は経済的余裕があり、官僚組織にアクセスしやすい文化を持っているので、専門家によるサービスの利用が他の階層より多いとする。しかし、一九九九年実施の「第一回家族についての全国調査」等を分析すると、日本では介護については、この傾向がみられるのは女性だけであり、男性ではみられない。女性中流階級だけが公的な介護サービスを利用しようとする意向が高かった。「第一回家族についての全国調査」は、「自分の介護」を頼る人として、配偶者、親きょうだい、子夫婦、友人同僚、専門家のどれを選択するかをきいている。学歴別で「自分の介護」を頼る人の選択パターンを比較すると、女性では高学歴の方が、専門家を選択するという傾向が顕著だが、男性では学歴による違いは女性ほど大きくなかったという（大和 2008：129–38）。

ただ、これは、「自分の介護」を頼る人の選択パターンの調査である。高学歴の子に、親の介護への責任感を問う質問ではない。よって、ここでの問題設定には直接的には参考にならない。

社会学の田淵六郎は、二〇〇〇年に実施された大規模な全国調査「福祉と生活に関する意識調査」を分析している。この調査には、介護が必要になった高齢者はどこで（あるいは誰と）暮らすべきかという設問がある。調査票は「体が弱って日常生活に助けが必要になり、一人で暮らせなくなった高齢者がいるとします。その高齢者はどのように暮らすのがよいと思いますか？」という質問文に対して、「施設に入るのがよい」「家族や親せきと一緒に暮らすのがよい」「場合による」の三つから一つを選ぶ形式である。単純集計は、「施設に入るのがよい」（以下「施設」）一九・六％、「家族や親せきと一緒に暮らすのがよい」（以下「家族」）二四・五％、「場合による」五〇％であった。

田淵は、この回答を、高齢者扶養をめぐる意識と位置づけて従属変数とし、学歴を独立変数とする分析を行った。高学歴で「施設」「家族」の割合が低く、「場合による」の割合が高い傾向がある。また、「施設／場合による」と「家族／場合による」のそれぞれに分けて多項ロジスティック回帰分析を行っている。学歴については大卒以上を規準カテゴリとして分析した。「施設」を選択する割合を高める要因として、男性では「義務教育」が有意であるが、女性は有意でない。「家族」を選択する割合を高める要因として、男性では「義務教育」と「高等学校」が有意であるが、女性はそうではない（田渕 2006:123-8）。

つまり、男性の場合、学歴が低いと、「場合による」よりも「施設」や「家族」を選択する確率が高いことはわかった。だが、高学歴者が「施設」と「家族」のどちらを選択する確率が高いのかは、この分析ではわからない。

社会学の中西泰子は、二〇〇一～三年に行われた東京都府中市と長野県松本市在住の二〇歳男女を対象とした調査を元に、従属変数を介護志向の有無とする分析を行った。「将来親を介護するつもりがあるか」という設問について「はい」と答えた場合は「志向あり」、「いいえ」および「わからない」と答えた場合は「志向なし」としている。本人学歴を「中高・専門・高専・短大卒」と「四年制大学・院卒」の二値に分類して独立変数とした。

分析の結果、府中と松本の両方で、娘でも息子でも、本人学歴は親の介護志向の有無に関連がないことを確認している（中西 2009:70–85）。

以上をまとめると、「高学歴の方が、親の介護を家族で行う責任感が強い」ということは現在のところ、実証的にはいえない。

これを、「大学の無償化、奨学金の充実などで親からの若者の自律を公的に保障し、人生初期に家族主義の根本を断てば、介護は家族がしなければという考えから長期的には解放されていくのではないか」という前述の予想との関係では、どう解釈すべきだろうか。大学進学等で子のために支払う親の経済的負担が大きいほど、親を介護する子の責任感が高まるだろうという仮定が、この予想の中にはあるが、それを実証的に裏付けるデータは現在のところない。

したがって、大学の無償化、奨学金の充実などで、親の経済的負担を減らせば、「介護は家族がしなければ」という考えから、子が解放されていく可能性はあるかもしれないが、その可能性の萌芽を実証的に示すデータは現在のところない。

しかし、次に述べるように少なくとも少子高齢化社会への対応という視点からは、大学の無償化、奨学金の充実などで、親からの若者の自律を公的に保障する必要があると考える。

4　少子高齢化社会を支える子ども・若者の進路保障

少子高齢化がすすむ日本の社会を支え続けるには、貧困家庭でも有能な若者には進路を公費で保障し、その能力を最大限発揮してもらう必要がある。教育費の公的な負担を増やし、多くの税収をもたらす優秀な大卒者をより多く育成することが必要だろう。第2節で述べたように、この十数年の間、日本では三〇代の労働者の仕事が、高卒よりも大卒を必要とする方向に変化してもいる。

少子高齢化の中で社会保障制度を持続可能にするには、将来の労働力になる若者の教育を充実させる必要がある。少子高齢化のため、生活を支えるべき高齢者一人当たりの現役世代の人数は確実に減る。高齢者世代を現役世代が支える今の仕組みを維持しようとするなら、現役世代がよりよい教育を受け、高収入の仕事に就き、より多くの税金や保険料を負担する必要がある。(2)

その必要性は、スウェーデンと日本の人口ピラミッドの変化予想（図表序－1、図表序－2）をみれば、より明らかになる。(3)

少子化対策に成功したスウェーデンが二〇五〇年にも安定した台形に近い人口ピラミッドを維持するのに対し、同年の日本は逆ピラミッド型に近く、今にも倒れそうだ。スウェーデンに比べ、老人を支える若い世代が日本では極端に少なくなると予想される。少しでも日本社会がより安定するように、子どもや若者の数を増やし、その教育を充実させることが、何よりも優先すべき急務であ

図表序-1　スウェーデンの人口ピラミッド（1950, 2000, 2050）

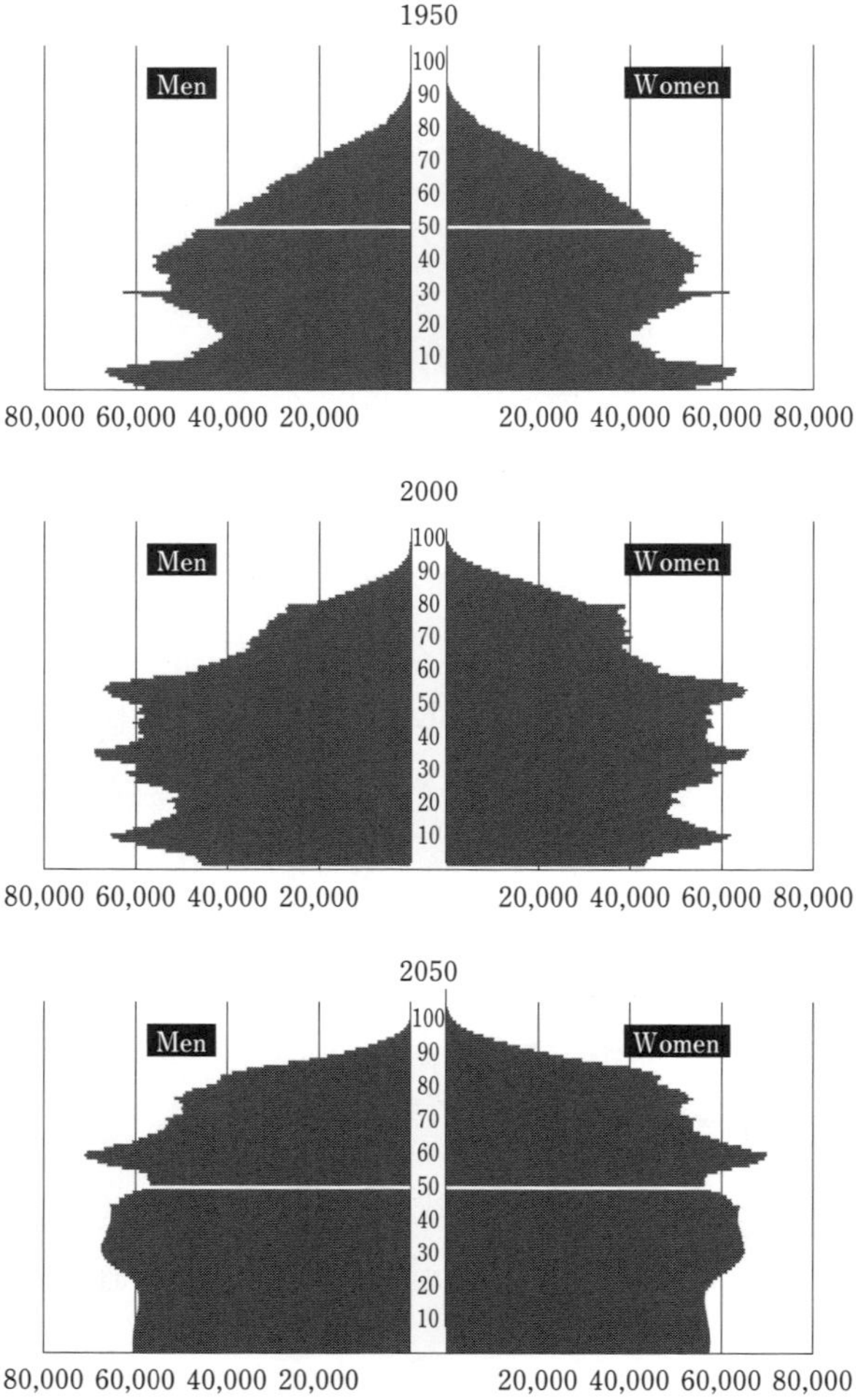

出典：SCB（2013）および本章注③を参照せよ

図表序 -2　日本の人口ピラミッド（1950，2000，2050）

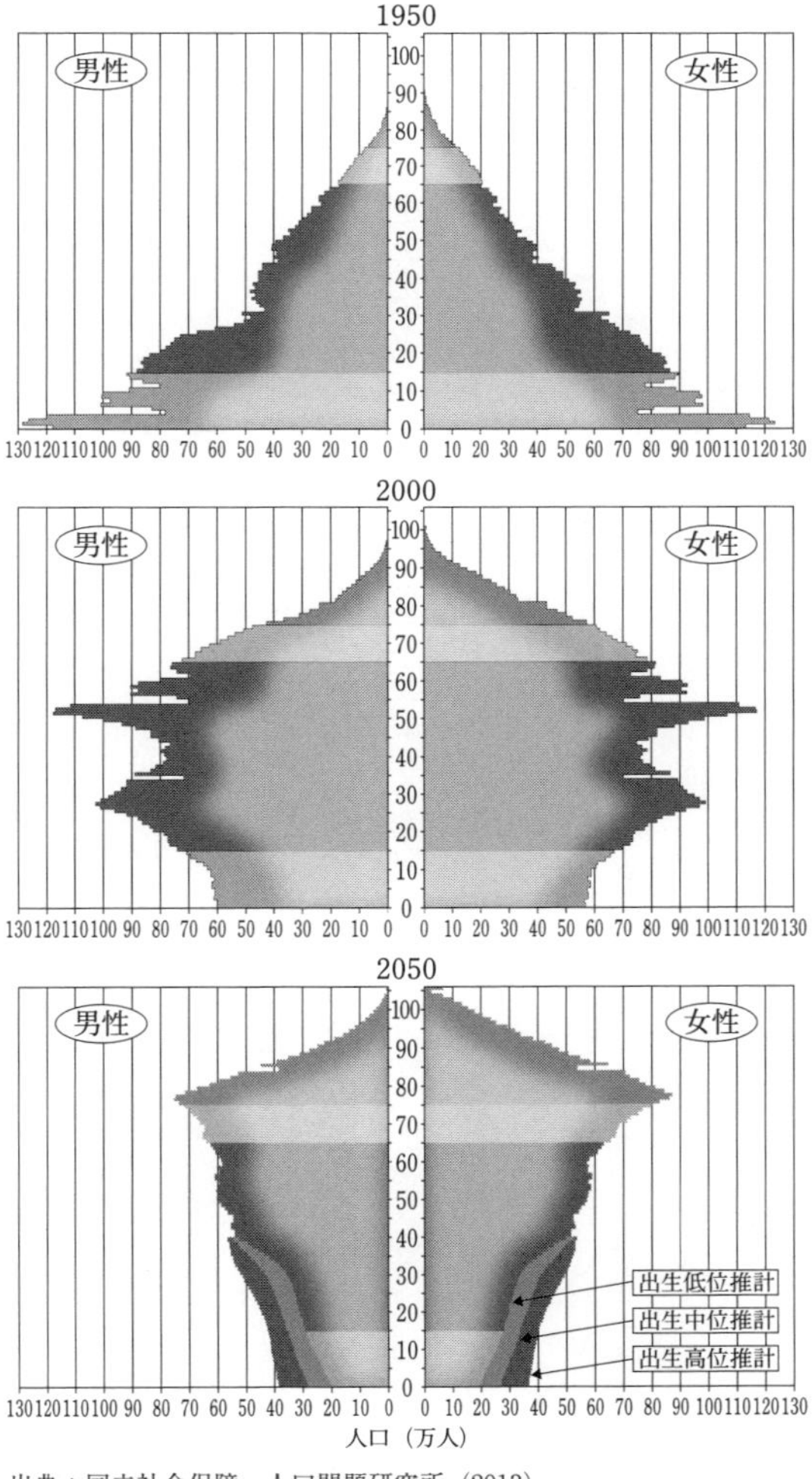

出典：国立社会保障・人口問題研究所（2013）

る。

だが、日本の高等教育費の家計負担は重く、有能な若者でも貧困家庭に生まれれば大学進学は困難である。

日本の財政支出は年金等、高齢者に偏り、教育など「人生前半の社会保障」への支出は少ない。高齢者への過剰な予算配分を削り、それを若者の教育に回すなどの予算見直しが不可欠だが、高齢者も納得できる形での予算編成方法の見直しはどうすれば可能なのか。

そこで参考になるのがスウェーデンである。スウェーデンは一九九〇年代後半には高齢化が世界で最も進み、高齢者の票の比率は世界最高だった。にもかかわらず、高齢者むけの支出を抑え、巨額の奨学金増額を決定する予算編成を行った（第二章参照）。なぜスウェーデンでは、それが可能だったのか。高齢者の票の多さのために、もっぱら高齢者だけに有利な政策が決定され、子どもや若者向けの政策が常に後回しにされてきた日本からみると、上記のようなスウェーデンの決定は不思議にみえてならないだろう。

5　社会構想のために

日本はさまざまな面でスウェーデンの対極にある。特に、親が教育費を出して当たり前という日本の家族主義は、スウェーデンでの教育費の負担は国や自治体がして当たり前という考えの対極にある。したがって、日本を一挙にスウェーデンのような国にしようと、本書は主張したいのではない。そう主張するのは、無理なことだ。

しかし、それはスウェーデンの研究が無意味であることを意味しない。むしろ日本の対極にあるからこそ、スウェーデンは研究するに値する。日本の特徴がくっきりと浮かび上がるからである。日本とは対極的なスウェーデン社会がどう創り出されてきたのか。それを明らかにすることは、今の日本社会のあり方が当然と思い込み、変えることはできないと閉塞感に悩むわれわれの常識を揺さぶるだろう。それは、新たな日本社会の構想を考えるヒントに、少なくともなりうるはずである。

ただし、対極にあるスウェーデンとすべて同じに日本をしようと本書は主張するのではない。そのような形で、一朝一夕に日本社会を変えられるはずはない。だが、今後の日本社会の目標をどこに置くべきかを明らかにしない限り、どこに向かえばよいかの方向さえわれわれにはわからなくなってしまう。

日本社会の今後の目標をどこに設定すべきか。この問題に対し、本書は教育費の負担という限定した視点からの答えを追究し、教育費負担で対極に位置するスウェーデン社会の成り立ちをまず明らかにする。そこから、日本でも実現可能な「教育を家族だけに任せない社会」を構想することを本書はめざしている。

また、今後の日本社会の構想を創った上で、それに向けて段階的にどの政策から実施していくべきかを、本書はできる限り明らかにしたい。世界一の国債発行残高である日本は、財源不足に悩んでいる。限りのある財源の中で、どの政策を優先していくべきかは、最終的には国民全体の価値判断による。その判断をするための材料として、何を明らかにすべきか。政策を順序づけるさまざまな論理を、どこまで明確にできるのか。これらの問題の究明を本書はめざす。

6　本書の構成

第I部では、高等教育で親がもっぱら費用を負担する日本の家族主義の問題点を、スウェーデンと比較しながら明らかにする。

第一章では、日本の高等教育費負担の現状を国際比較でまず示す。日本の高等教育費における私費負担割合はOECD（経済開発協力機構）加盟国三一のうち四番目に高く、しかも親が負担する家族主義が当然とされるのが特徴である。日本の家族主義は、北欧諸国の対極に位置することを明らかにする。

第二章では、高等教育費の公的負担を徹底したスウェーデンも、親子は経済的に無縁という文化を最初からもっていたのではないことを示す。一九六〇年代の制度改革でその文化を創り出したことを明らかにし、日本でも新たな親子文化を創りうると主張する。

第三章では、貧困層も含む一般納税者の税金で高等教育費を賄うと、裕福な層の子がより多く高等教育を受けるので逆進的となってしまう問題を考える。スウェーデンとの比較から日本で高等教育の逆進性を弱めるには高等教育だけに注目したのでは難しく、就学前教育が重要であることを明らかにする。

第Ⅱ部では、保育・就学前教育を無償化することで、政治への信頼を創り出しうるかを検討する。貧富を問わず、すべての人にサービスを提供する普遍主義をとることで、政治への信頼を創り出したといわれるスウェーデンの政策思想と戦略を明らかにし、日本が学ぶべき点や、段階的に実施していくべき政策の順序は何かを明らかにする。

第四章では、子どもの貧困の解消には、所得制限せず、全員にサービスや現金給付を行う普遍主義が望ましいが、巨額の財源を賄うには政治への信頼が必要なことを示す。

普遍主義への転換という視点からみると、スウェーデンの保育・就学前教育と大学奨学金は対照的であった。高所得層の利用が多い大学教育よりも、すべての所得層が利用する保育・就学前教育は、逆進性の問題が出にくい。しかし、普遍主義が先行したのは、大学奨学金である。逆進性の少ない保育・就学前教育の普遍主義化が、大学より遅れたのはなぜか。第二章の大学奨学金と対比しながら、保育・就学前教育での普遍主義への転換が、どのような時代背景と政策論理のもとでなされたかを本章は明らかにする。

その上で、普遍主義への転換のためには、政治への信頼を自治体レベルから創り上げていく必要があることを指摘する。

第五章では、就学前教育で政治への信頼を創りうるかを検討する。保育を無償化し、公私の人々がともに改善をめざす経験を積むことで、自治体や政府への信頼を創り出しうるかを検討する。政治への信頼の創出という面では、自治体職員と親が共同して働く親協同組合保育所の果たした機能が注目される。だが、スウェーデンでは親協同組合は少数にとどまり、むしろ自治体運営の保育所の充実が図られたことを指摘する。親が直接運営には参加しない、自治体運営の保育所を充実したことで、政治への信頼がどうやって創られたのかを考える。

第六章では、日本政府の「幼児教育の無償化」の三～五歳限定案には疑問があることを示す。日本では待機児童の約八割は〇～二歳で、〇～二歳の子の貧困率が急増している。その現状をみれば、第三章でみるように教育機会の平等化効果が大きいだけでなく、女性の就労促進・少子化対策にも有効な、〇～二歳の「保育・就学前教育の無償化」が急務だろう。

にもかかわらず、なぜ三～五歳児だけの「幼児教育の無償化」を優先する政策が合理的だといえるのか。それを政府は国民に真剣に説明する気がないようにみえる。幼児教育の無償化を進める際に、合理的な政策順序を説明しない政府には、国民の信頼が生まれるはずがないことを指摘する。

終章では、「家族主義」を変えることを構想する。家族が教育費を負担するのが当たり前とする「家族主義」の社会では、稼ぎ手の親が倒れると、大学への進学はたいへん難しくなる。家庭環境の激変があっても、子どもが自分の可能性を最大限に伸ばせる社会を構想したい。

少子高齢化が急激に進む日本社会を将来支えていくのは子どもである。その子どもの可能性を伸ばす教育は、家族だけに任せるべきではなく、社会全体が責任をもって行うべきである。どのようにすれば、「教育を家族だけに任せない」社会は実現可能なのか。それを考え実現していくためには何を研究で明らかにしなければならないのか。

以上のような視点から、子どもの年齢順、保幼小中高大の順で、本書の研究成果を整理し、今後必要となる研究課題を明示する。

注

（1）教育費での公費負担の国による違いは、子の教育への親の負担を減らし、脱家族化を進めることへの国の積極性の違いを表す。費用が最大になるのが高等教育である（第一章参照）。高等教育の公財政負担割合の違いを見れば、経済的な面からの脱家族化に向けた政策への国の熱心さの違いが一番大きく現れるだろう。エスピン・アンデルセンが著書の中で脱家族化の国際比較に使った指標の年に近い一九九一年と二〇〇二年（Esping-Andersen 1999: 61=2000: 98）の各国の高等教育の公財政負担割合は下記のとおりである。

高等教育への公的支出（対GDP比％）

年	一九九一	二〇〇二
社会民主主義レジーム	一・四三	一・六五
自由主義レジーム	一・四八	一・一六
大陸ヨーロッパ	一・一〇	一・〇六
南部ヨーロッパ	〇・八三	〇・九〇

日本　〇・三〇　〇・四〇

(Busemeyer 2009a: 37; Esping-Andersen 1999: 61, 71) から著者作成。

注目されるのは、高等教育費の公的負担において一九九一年では自由主義の方が社会民主主義より高くトップだったが、二〇〇二年にはそれが逆転し、自由主義よりも社会民主主義の方が高等教育費の公的負担が高くなったことである。つまり、高等教育費への公的支出を「脱家族化」の指標として見ると、自由主義の方が「脱家族化」がまず進んでいたが後に後退し、一方、社会民主主義の「脱家族化」が進んだため、自由主義より社会民主主義の方が「脱家族化」の指標で上になりトップになった。社会民主主義がなぜ高等教育費の公的負担を高くし「脱家族化」を進めたのかについては、(大岡 2010) を参照せよ。

(2) ただし、高等教育機関を卒業した三〇代から五〇代の者のうち、約三分の一が年収三〇〇万円以下にとどまっている (文部科学省 2013a:2)。現役世代の就労支援と所得向上の政策の充実が必須であり、さらなる検討を要する。(原 2009; 太郎丸 2009) 等を参照のこと。

(3) 図表序－1 (スウェーデン) の出典は、SCB 2013 "Population pyramid for 200 years," Retrieved November 26, 2013,
http://www.scb.se/en_/Finding-statistics/Statistics-by-subject-area/Population/Population-composition/Population-statistics/Aktuell-Pong/2013M09/Charts/Population-pyramid-1850-2050-requires-Shockwave-Player-which-can-be-downloaded-free-of-charge-from-wwwadobecom/

図表序－2 (日本) の出典は、国立社会保障・人口問題研究所 2013「人口ピラミッドデータ」2013. 11. 26 取得、http://www.ipss.go.jp/site-ad/TopPageData/pyra.html

第Ⅰ部　高等教育での親負担主義の問題点

――スウェーデンとの比較

第一章　教育費負担の現状

1　大学卒業までの教育費

まず、大学卒業までにかかる教育費全体の日本の現状をみてみよう。日本でかかる教育費は二〇一〇（平成二二）年度の調査によれば、幼稚園から大学卒業までで、すべて国公立なら約八〇〇万円だが、すべて私立では約二二〇〇万円にもなってしまう（文部科学省 2013b）[1]。最もお金がかかるのは私立小学校の約八八〇万円で、公立小学校よりも約七〇〇万円高い。「すべて私立」の約二二〇〇万円の次に高いのは、「小学校だけ公立」の約一五〇〇万円になっている。文部科学省の作成した表（文部科学省 2013b）では、「すべて私立」の小学校を除き、大学の教育費の占める割合が最

図表 1-1　大学卒業までにかかる教育費（万円）

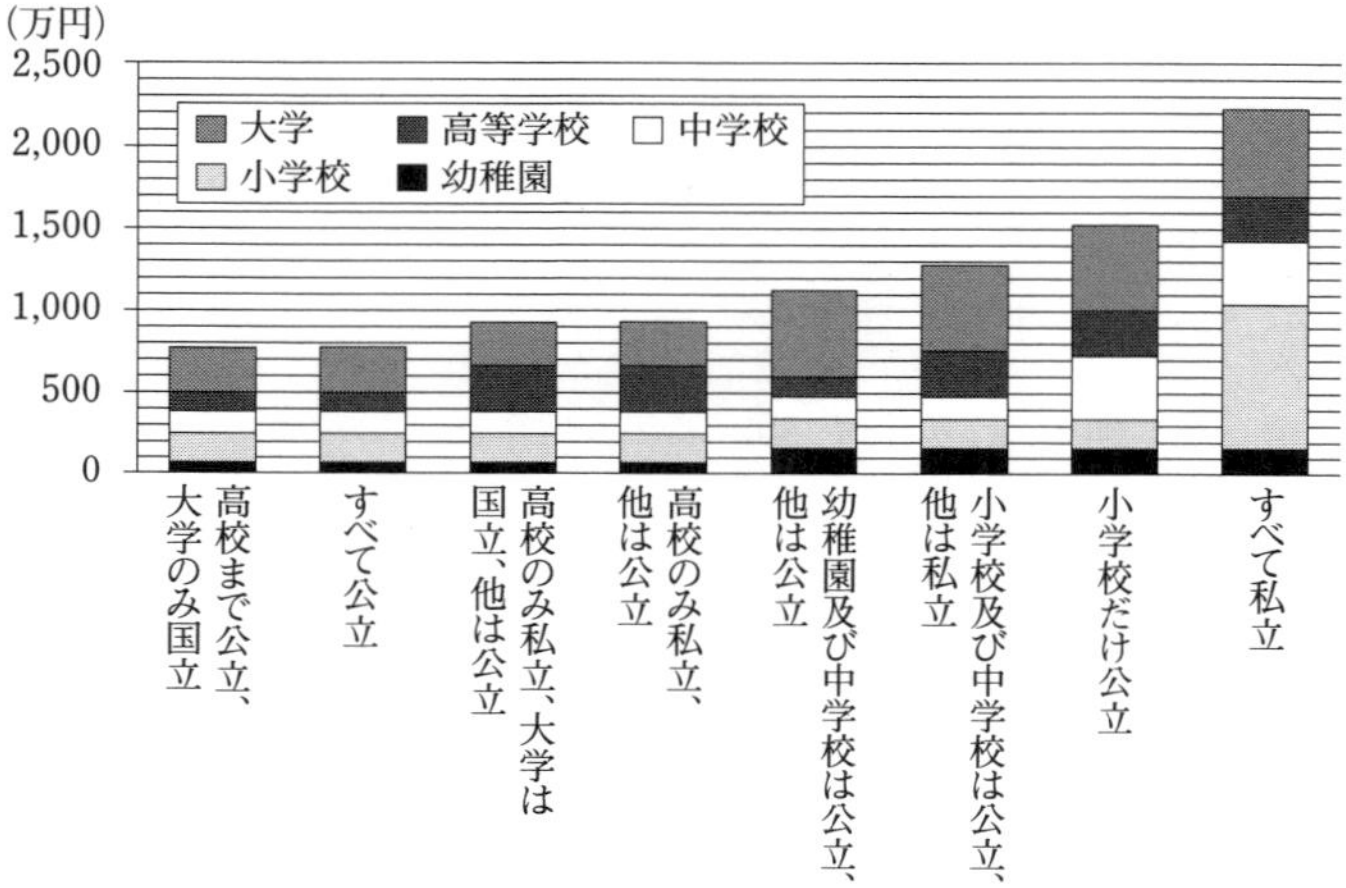

出典：文部科学省（2013b）から著者作成

も多く、三〜五割を占めている。

図表1－1の元データである文部科学省が作成した表には、左から三つめの「高校のみ私立、大学は国立、他は公立」と四つ目の「高校のみ私立、他は公立」がもともとはなかった。これらの場合、私立高校（約二八〇万円）は、国立大学（約二六〇万円）や公立大学（約二七〇万円）より高くなる。私立大学は約五三〇万円かかるので国公立大学のほぼ倍である。また、公立高校は一二〇万円である。よって、公立よりも一六〇万円多く払って進学校の私立高校に子どもを行かせて国公立大学に合格させれば、親は約二六〇〜二七〇万円得することができる。高校時代により多くの投資をできる親が、大学時代の終わりまでに約一〇〇万円得

をするシステムになっている。子どもを授業料の高い私立の進学校に行かせ、国公立の大学に合格させることができれば、親は十分元を取ることができるのである。現状では、高校段階で私立の進学校に子どもを通わせる経済的余裕のある親の方が、安い国公立大学の教育を子どもに享受させている可能性がある。だが、文部科学省が作成した表には、その可能性に気づかされる、高校のみ私立、他は国公立という例が出ていなかった。

以上をまとめると、「高校のみ私立、大学は国立、他は公立」「高校のみ私立、他は公立」「すべて私立」を除き、大学の教育費の占める割合は最も多く三～五割を占めている。

2　親の収入による進学格差

2・1　大学は人生第二の高い買い物

日本では、親にとって大学教育という買い物は、最も安い国立自宅女子でも一四〇〇万円以上かかる。最も高い私立アパート男子では二二〇〇万円以上になる。親にとっては、住宅に次いで、人生で二番目に高い買い物となることが多いだろう。

第一に、四年間の学生生活費が四〇〇万円～一〇〇〇万円かかる（年間、国立自宅約一〇〇万円、私立自宅約一七〇万円、国立アパート約一八〇万円、私立アパート約二五〇万円）。

第二に、放棄所得（高卒で働いていたら得られた収入）がある。これを高卒初任給で計算しても、

図表 1-2　学力と所得階層の進路選択への影響

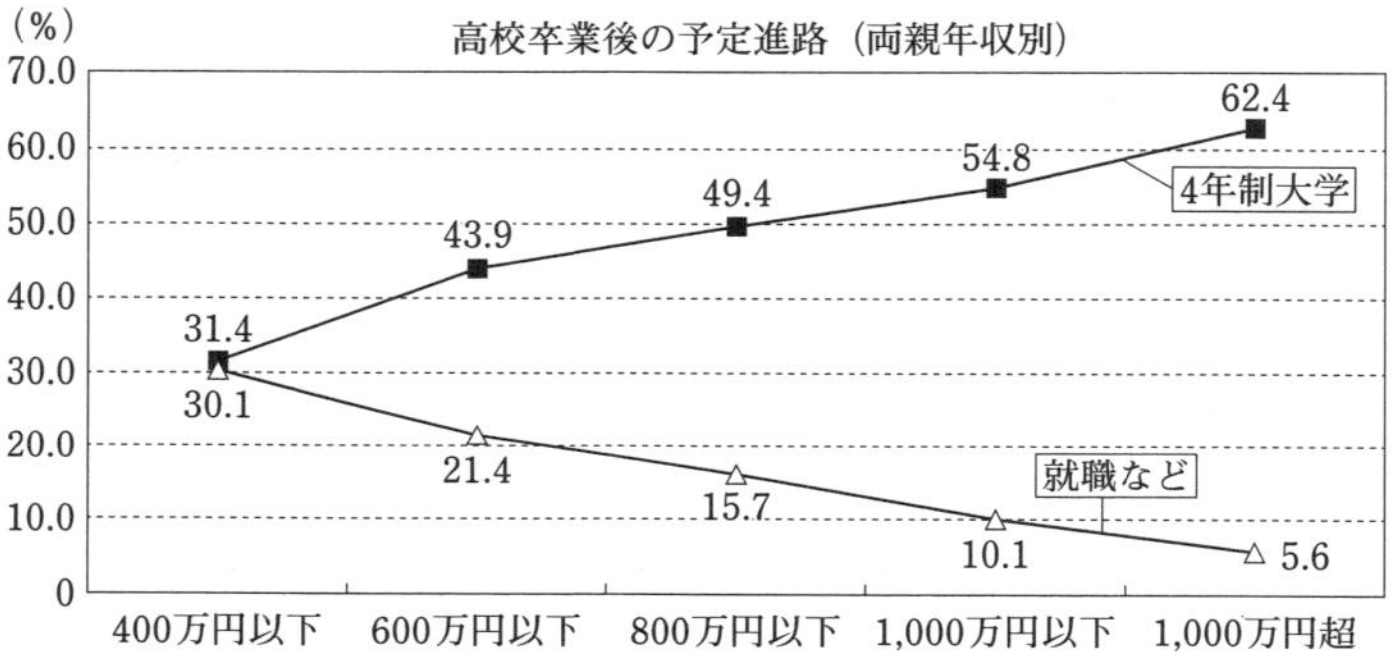

注 1）日本全国から無作為に選ばれた高校 3 年生 4,000 人とその保護者 4,000 人が調査対象。
注 2）両親年収は，父母それぞれの税込年収に中央値を割り当て（例：「500 ～ 700 万円未満」なら 600 万円），合計したもの。
注 3）無回答を除く。「就職など」には就職進学，アルバイト，海外の大学・学校，家業手伝い，家事手伝い・主婦，その他を含む。
出典）東京大学大学院教育学研究科 大学経営・政策研究センター「高校生の進路追跡調査第 1 次報告書」（2007 年 9 月）
資料出所：文部科学省（2009）

四年間で男子一二〇〇万円以上、女子九七〇万円以上となる（小林 2008:14–6）。第1節で紹介した文部科学省のデータは、放棄所得を考慮せず、教育費だけを計算している。放棄所得まで含めて計算すれば、私立高校（教育費約二八〇万円）よりも国公立大学（同約二六〇〜二七〇万円）の方が高くつくことは明らかである。中卒初任給よりも高卒初任給は高く、高校は三年だけなのに大学は四年もかかる。よって、**高校での放棄所得（中卒初任給×三年）よりも、大学での放棄所得（高卒初任給×四年）**が多くなる。大学での放棄所得は、高校での放棄所得より少なくとも高卒初任給一年分は大きい。大学での放棄所得が、高校での放棄所得よりも一〇〇万円以上高くなるのはあきらかだろう。最も安い国立大学でも私立高校との教育費の差は約二〇万円しかない。したがって、放棄所得を考慮すれば、大学教育は安い国公立大学でも、私立高校より高い買い物になる。

これだけかかるのだから、親の所得格差が大学への進学率の違いにあらわれる。

図表1－2は親の年収別に、高校三年生が進学（四年制大学）か就職のどちらを予定していたかを示す（文部科学省 2009）[2]。親の年収が増えれば子の進学が増え、就職が減る傾向が分かる（橘木 2010:144-6）。

2・2　低所得層は成績上位でも進学をあきらめる

東京大学大学経営・政策研究センター・学術創成科研費（金子元久研究代表）「全国高校生・保護者調査」（以下、CRUMP 2006）と二〇一二年高卒者保護者調査によれば、保護者が子どもの成績を「上位」と評価している場合の四年制大学への進学率は、図表1－3のとおりである[3]。

保護者が子どもの成績を上位と考えている場合の四年制大学への進学率は、二〇〇六年は低所得層が六七％、高所得層は七二・九％だったが、二〇一二年にはそれぞれ五三・三％と七六・九％となり、低所得層での進学率の落ち込みが目立つ。「わが子は成績がいい」と考えていても、大学に入れるための経済的な余裕がなくなってきている可能性がある（朝日新聞 2013. 5. 16）[4]。教育機会において、二〇一二年には格差が拡大していることを示唆しているという（小林・濱中・劉 2013）[5]。

図表 1-3　成績別所得階層別大学進学率の比較

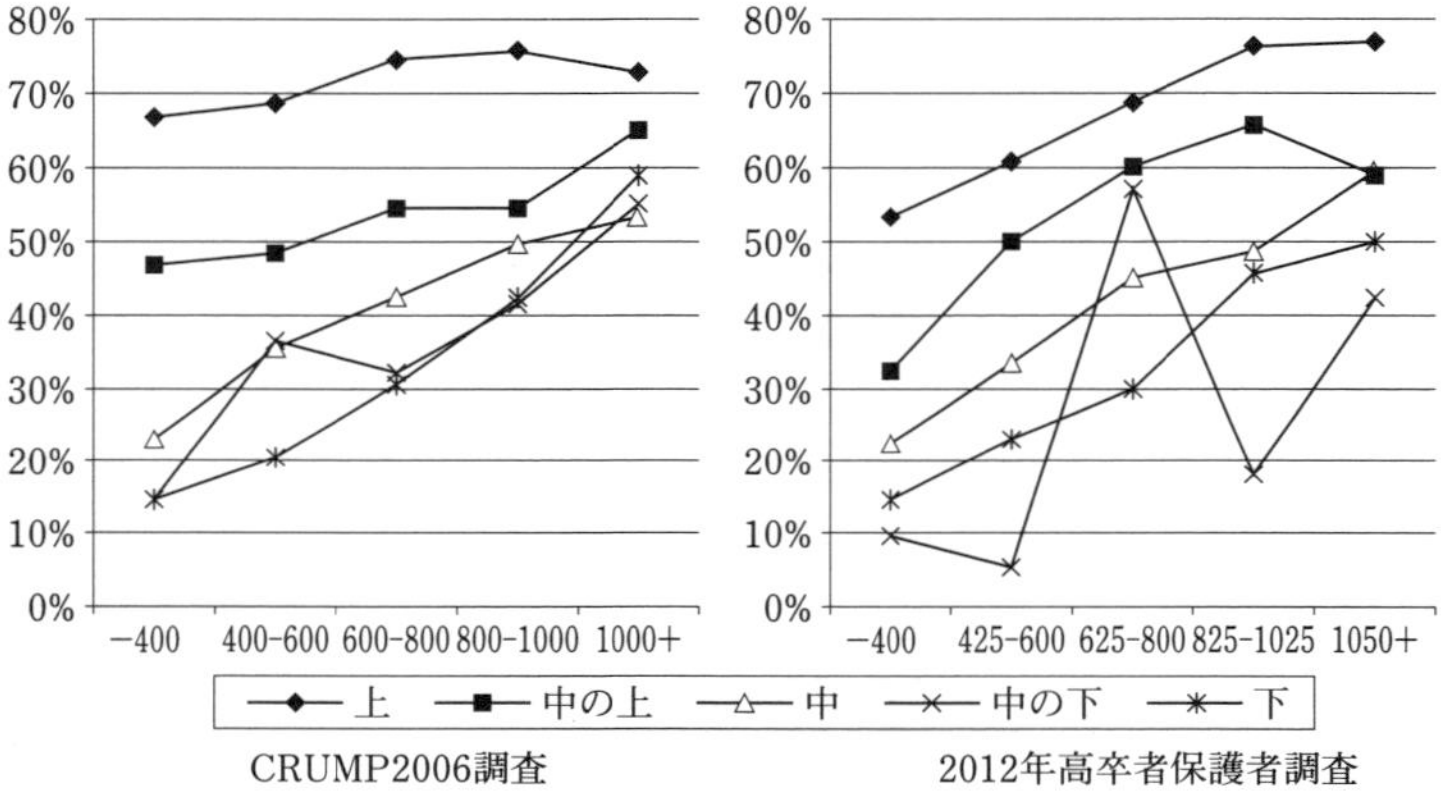

出典：小林・濱中・劉（2013）

3　高等教育費負担の国際比較

3・1　高等教育費の家計負担の割合

このような進学格差が生じてしまうのは、高等教育における私費負担が大きすぎるからである。二〇〇〇、二〇〇五、二〇一〇年の日本での高等教育費の家計負担の割合は、それぞれ六一、六六、六六%であった。二〇一〇年の六六%は、OECD諸国で四番目に高い家計負担になっている（OECD 2012:253）。

教育社会学の青木紀は、少し古い二〇〇一年のデータについてだが、日本の教育費の特徴に関連して以下の三点を指摘している。

①すべての教育段階の学校教育費について、北欧はほとんど公財政である（スウェーデン九七%、デンマーク九六%、フィンランド九八%）。これに

対して、日本・アメリカ・韓国は私費が高い（それぞれ二五、三一、四三％）。

②高等教育費では①の三国は、さらに私費負担割合が高い（日本五七％、アメリカ六六％、韓国八四％）。

③ＧＤＰに占める全教育段階の公財政支出割合では、日本は最低の三・六％で、アメリカ・韓国よりも低い（青木 2007）。

上記の傾向②は最近でも変わっていない。ＯＥＣＤ諸国の高等教育費の家計負担を比較する二〇一〇年のグラフをみても、韓国・日本・アメリカが家計負担の多いことを示す左端に位置しているのに対し、北欧諸国は家計負担の少ない右端に位置している（OECD 2013=2013:210）。

また、日本は授業料が高いのに、奨学金の利用率も高くない。ＯＥＣＤの二〇〇四〜五年のデータでは、日本は公立高等教育機関の授業料が高いのに、公的なローン奨学金や給付奨学金を利用している学生は四人に一人しかいなかった。日本とほぼ同額の授業料のオーストラリアでは百％近くが、日本より授業料が高い米国でも約八割がローン奨学金や給付奨学金を利用していた（鳥山 2008:197）。二〇〇八〜九年のデータでも、オーストラリアの学生ローンや奨学金の利用率が約八割に落ちているが、ほぼ同様の傾向がみられる。日本は利用率が少し改善したが、それでも公的なローン奨学金や給付奨学金を利用している学生は三人に一人に過ぎない（OECD 2012:272）。最新の二〇一〇〜一一年のデータの図表１－４でも、日本の奨学金利用率は少し増えているものの、授業料が一五〇〇米ドルを超える七ヵ国の中では最低であり、日本だけが五割に達していない（OECD

図表 1-4　公立高等教育機関の授業料と公的補助（ローン・給付奨学金）を受けている学生の割合（2010-11 年）

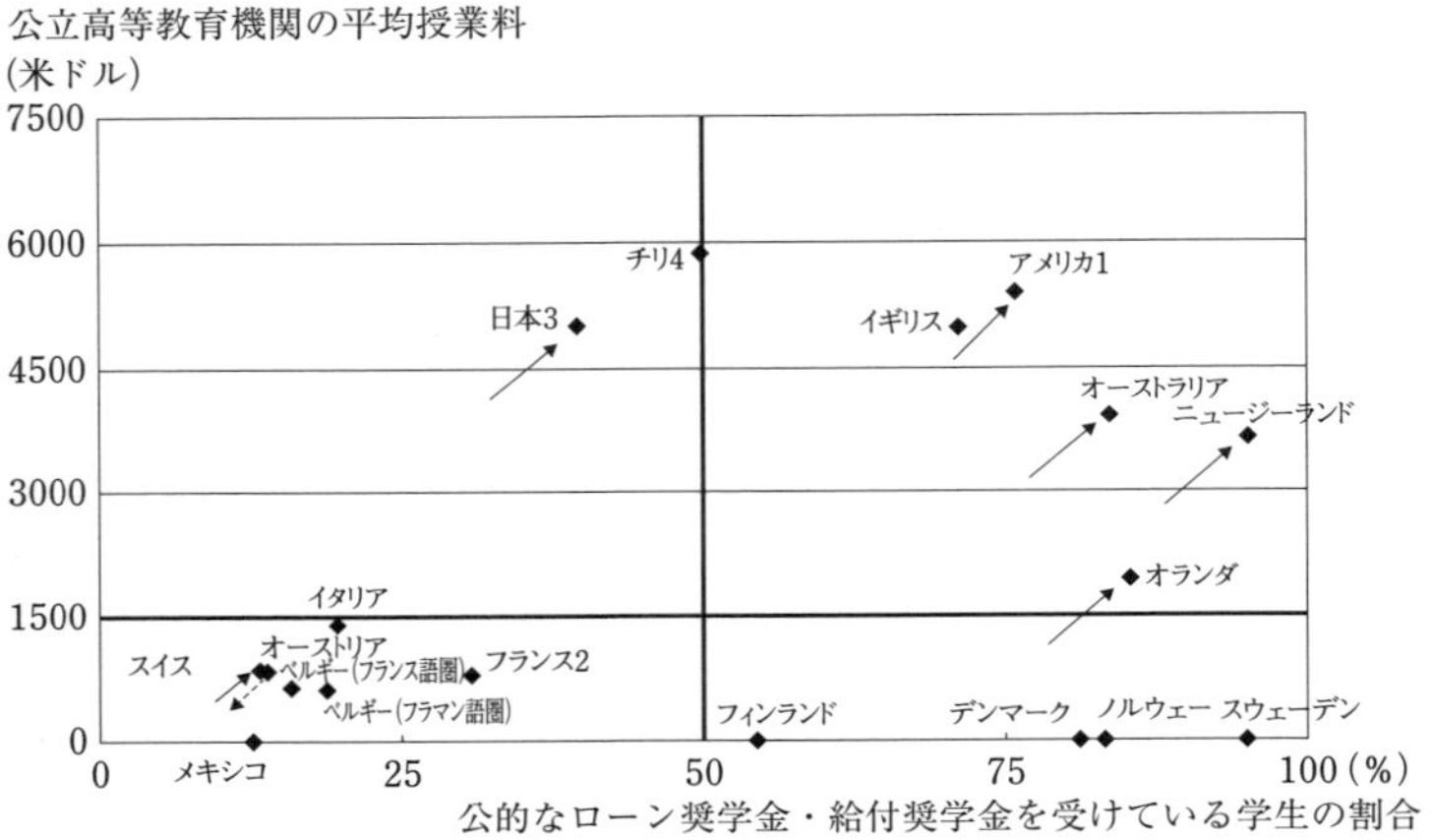

注 1) 全学生の数字（フルタイムの国内および海外からの学生）
2) 教育省に依存する大学プログラムの平均授業料は 200 ～ 1402 米ドル。
3) 授業料は公的機関のものだが、3 分の 2 以上の学生は私的機関に入学している。
4) もし公的機関だけを考慮するなら、公的なローン奨学金・給付奨学金を受けている学生の割合は 68%になるだろう。
5) 矢印は 1995 年以降の改革による変化を表す。

出典：OECD, 2013, Education at a Glance 2013:Chart 5.1. より著者作成

2013)。

一方、日本学生支援機構の二〇一〇(平成二二)年度学生生活調査によれば、何らかの奨学制度を利用している学部学生(昼間部)は五〇・七%となり、調査を始めた一九六八年度以来、初めて半分を超えた(日本経済新聞 2012. 7. 12)。[6] これは、公的でない奨学金を利用する学生も含んでいるためである。

だが、日本学生支援機構で奨学金受給学生数が増えているのは、もっぱら有利子の奨学金である。これは一九九九(平成一一)年度に有利子貸与金事業が抜本的に拡大され、財政投融資が奨学金事業に活用されるようになったためである(小林 2012b:78–87)。

日本学生支援機構奨学金の貸与人員合計は、一九九八(平成一〇)年度の五〇万人から、二〇一三(平成二五)年度の一四四万人へと、一五年で三倍近くまで増えた。しかし、その間、無利子貸与人員は、二〇〇七~九(平成一九~二一)年度に三四万人まで落ち込んだ時期を除き、四〇万人前後でほとんど横ばいである(一九九八年度三九万人、二〇一三年度四三万人見込み)。貸与人員合計が三倍近くまで増えたのは、有利子貸与人員が、一九九八年度の一一万人から二〇一三年度の一〇二万人へと、一〇倍近く増えたためである。

予算規模をみても、無利子が一九九八年度の二〇〇五億円から二〇一三年度の二九一五億円と約九一〇億円の増に対し、有利子は六五〇億円から九〇七〇億円へと八四二〇億円増えている(文部科学省 2013b)。予算増の大きさが一桁違うのである。

このように有利子奨学金だけが突出して増えたことはさまざまな問題を引き起こし、それに対処しようとする運動も出てきている[7]。特に大きな問題として指摘されるのは、返還する必要が無い給付奨学金がまったく足りないという点である。

国際比較の視点から見ると、日本は高等教育の奨学金のほとんどがローンであり返還の義務がある点が特異である。給付奨学金がほとんど無い。日本は給付奨学金の少なさでは、ＯＥＣＤ三二ヵ国の中で下から二番目である。日本の下には、給付奨学金がまったくないアイスランドしかない（OECD 2013）。

３・２　日本と対極のスウェーデン——親子は経済的に無縁

アッシャーとチェルベナン（Usher & Cervenan）によると、日本で大学などの高等教育を受けるためには、生活費まで入れると年間およそ二〇〇万円が必要である。このうち公的に軽減されるのはわずかで、学生本人が一七〇万円出さなければならない。そのほとんどを負担しているのは親である。一方、八〇万円ほどの費用がかかるスウェーデンでは、さまざまな形で公的な軽減が行われ、最終的に六万円ほど出せば大学等での高等教育を受けることは可能であるという（鳥山 2008）。公的負担が大きく高等教育が受けやすい程度で一六ヵ国を比較すると、日本は最下位であり高等教育が最も受けにくい。スウェーデンはトップで最も受けやすいという対称的な位置にある（Usher & Cervenan 2005:34-5）。

スウェーデンでは高等教育は公財政で支え、家計負担はほとんどない。書籍費や生活費も親は全く負担せず、学生本人がアルバイトやローンで負担する。子の奨学金やローンの受給基準に、親の所得は関係しない。教育費を親が負担して当然という日本の対極にある（小林 2008:108-11）。スウェーデンでは、親子は経済的にはいわば「無縁」である。対照的なのが日本で、親が子の教育費を負担するのが当然と考えるため、公的奨学金やローンは発達しない。親子を一つの経済単位としてみることが当然とされている。

なぜ日本の公的な教育費負担は貧弱であり続けたのか。

労働法政策研究の濱口桂一郎によれば、それはかつての日本では、子どもの大学教育の費用を親が負担して当然というだけの生活給をもらっていたからだという。日本のようにローン奨学金が原則という国はほとんどない。ローン返済に困る卒業生の問題には最近になって急速に関心が高まってきた。逆にいうとそれまでこの問題に対してほとんど関心が持たれず、社会問題にならなかったのかが、諸外国からみれば不思議である。なぜだったのか。

それは、日本人には、親が子どもの授業料を支払える程度の賃金をもらうことが、あまりにも当たり前になっていたからだ。日本の賃金は生活給の考えをとっていた。生活給は、妻や子どもたちが人並みの生活を送ることができるような賃金水準を労働者に保障するという意味である。よって、子どもが高校や大学に進学することが普通のことになっていけば、その授業料まで含めて生活給ということになる。

おそらくこのことが、高校・大学教育を、将来の職業人としての自律に向けた一種の投資というよりは、元を取らなくてもよい消費財のように感じさせる理由となっていたのではないか。つまり、公的な教育費負担が乏しく、それを親の生活給でまかなう仕組みが社会的に確立していたことが、子どもの受ける教育内容が職業に直接つながらなくてもかまわないと考えられてしまった一つの原因だろう。

そうすると、そのことが逆に公的な教育費負担を行わない理由となる。もし学校で身につけた能力が職業人となってから役に立つのなら、それは公共財的な性格を持つから、その費用を公的にまかなうことの説明がしやすくなる。それに対して教育内容が私的な消費財に過ぎないのであれば、そんなものを公的に負担するいわれはないということになるだろう。

つまり、日本型雇用システムにおける生活給と、公的な教育費負担の貧弱さと、教育の職業的意義の欠乏の間に、お互いがお互いを支えあう関係が成立していたわけだと濱口は指摘する（濱口2013:123-4)。

以上の見方が的確なら、生活給の考えが労働者の非正規化等により大きく崩れている実態を明らかにすれば、公的な教育費負担を貧弱なままにしていては日本の教育費負担システムは崩壊する、と主張することができる。教育への公費負担を増やさなければ、日本の未来はない。親が負担できなくなっているから、公費で負担していくしかない。それが日本の現状ではないか。そのような視点から、生活給の考えが日本で崩壊しているのかどうかを確認してみよう。

4 生活給の崩壊

生活給の考えは、「男性が稼ぎ主で、妻と子どもを養う」という男性正社員モデルだともいえる。経済学の森岡孝二によれば、「男性が稼ぎ主で、妻と子どもを養う」という男性正社員モデルは半ば崩壊し、非正規率が増大している。五年ごとに行われる「就業構造基本調査」によると、二〇〇七年には、パート、アルバイト、契約社員、派遣労働者など非正規労働者の割合が三五・六％と過去最高を記録し、二〇年前の一六・九％と比べ二・一倍に上昇した。同年の非正規比率は、男性二〇・〇％、女性五五・三％で、女性が高いが、男性でも二〇年前の九・一％と比較すると二倍以上に高まっていることが注目される。一五～二四歳までの若年層に限ると、男性四五・一％、女性五一・三％、男女計四八・五％で、男女がほとんど並んでいる。正社員の絞り込みによって、男性でも非正規比率がここまで高まっていることは、働き方の男性正社員モデルが半ば崩壊したことを示す。

正社員の絞り込みと非正規労働者への置き換えにつれて、働いてもまともに生活できない低賃金労働者層が急増してきた。それだけでなく、企業は人員が減らされた正社員に対しても、年功制の給与体系の見直しや成果主義の普及を図って、人件費の抑制と削減を進めた（森岡 2011）。主に一九九七年と二〇〇七年の「就業構造基本調査」のデータをもとに、ブルーカラーだけでなく、ホワイトカラーの間でも、年収三〇〇万円を分岐点に階層分解が顕著に生じ、中流の没落が広がってきている。ホワイトカラーでも年収三〇〇万円以上の層は、一八五八万人（六二％）から一七二四万人（五六％）に減少しているのである（森岡 2009:25）。

人件費の抑制と削減を進めた結果として、国民経済全体の雇用者報酬（全雇用者の賃金とボーナスに退職一時金と福利厚生費を合わせた額）は、一九九七年から二〇〇九年の間に二七八兆九五三七億円から二五三兆三八五九億円へ二五兆五六七八億円も落ち込んだ。

賃金面をみると、過去一〇年余りの間に生じた賃金の下落が当面大きく回復する見込みはほとんどない。男性正社員は、二〇代はもちろん、三〇代でも四〇代でも妻子を養うことが困難になり、かつていわれた「男性稼ぎ手モデル」は労働所得の面からは、崩壊しつつある（森岡 2011）。

国税庁の「平成二一年分民間給与実態統計調査結果」によれば、二〇〇九年に民間の事業所に一年を通じて勤務した給与所得者は四五〇六万人で、その平均給与（給料・手当＋賞与）は四〇五万九千円であった。ピークだった一九九七年の四六七万三千円と比べると、六一万四千円も減少したことになる。

同調査で平均給与の過去の動きを性別にみると、男性は女性より給与の下落幅が大きく、ピークの一九九七年から二〇〇九年の一二年間に、五七七万円から四九九万七千円へと、七七万三千円ものマイナスになっている。女性は同じ期間に、二七八万九千円から二六三万一千円へ、一五万八千円の下落に留まる（森岡 2011）。

このように平均給与は約四〇〇万円にも下がった。しかし、あくまでもこれは正社員の話である。非正規労働者の給与はさらに低く、働いてもまともに生活できない低賃金労働者層が増えている。

国税庁の「平成二四年分民間給与実態統計調査結果」によれば、非正規と正規の給与の差は三〇〇万円にもなっている。(8) 企業で働く会社員やパート従業員が二〇一二年に受け取った給与の平均は四〇八万円であった。調査は同庁が民間企業約二万社を抽出し、アルバイトを含む約二九万人の給与から推計した。

今回から、正規（役員らを除く）と非正規の給与所得者に分けた推計も実施した。正規にあたるサラリーマンは四六八万円で、非正規は一六八万円と三〇〇万円の開きがあった。

一年間を通して働いた人は前年より一〇万人減って約四五五六万人。正規は三〇一二万人で、非正規は九八八万人だった（朝日新聞 2013. 9. 27）。(9)

前述した「就業構造基本調査」の最新版である、二〇一二（平成二四）年就業構造基本調査の結果の概要によれば、非正規比率はさらに上がり、男性二二・一%、女性五七・五%となっている。男性の非正規比率は「三五～五四歳」でも九・八%となり、二〇〇七（平成一九）年と比べ一・三ポイント上昇した（総務省統計局 2013）。(10)「三五～五四歳」の約一割の男性は非正規で働いているのである。

非正規で働いている労働者は、結婚することも子どもを持つことも困難な状況にある（松田 2013）。もし高校生の子どもがいたとしても、大学へ進学させることは極端に困難だろう。

4・1　子を大学に進学させる親の収入

では、実際に子どもを大学に進学させている親の収入はどうなっているのだろうか。

以下では、日本学生支援機構が行う①「学生生活調査」で学生本人が答えている「家庭の年間平均収入額」から考えてみよう[11]。

子が大学へ進学するのは世帯主四〇、五〇代が多く、最も多いのは四五～五四歳層だといわれる（近藤 2001）。厚生労働省の②「国民生活基礎調査」には「世帯主の年齢階級別の所得の状況」のデータがあり、世帯主四〇、五〇代の一世帯当たり平均所得金額がわかる。

本来なら、ひとり暮らしの単独世帯を含む全世帯を対象とする「国民生活基礎調査」よりも、二人以上の世帯を対象とする「家計調査」のデータの方が望ましい（本川 2012）。しかし、一九七八年以降の「家計調査」には年齢別の世帯収入分布が公表されていない（近藤 2001）。よって、ここでは②「国民生活基礎調査」を用いる。くわえて、②は、①には含まれていない「大学生の子どものいない世帯」も含む平均値である。このデータの特徴に気をつけながら、①と②の比較をのちに行いたい。

上記①②という二つの調査のデータを表したのが、図表1－5である。

まず、棒グラフの日本学生支援機構「学生生活調査」の「家庭の年間平均収入額」から見ていこう。私立大学は国公立よりも授業料が高いため、かつては私立に子を通わせる親の方が高収入だった。しかし、最近では、私立と国立では親の平均収入に差がほとんど無くなっている。私立大学に

図表 1-5　国公私立別の「家庭の年間平均収入額」および 1 世帯当たり平均所得金額（万円）

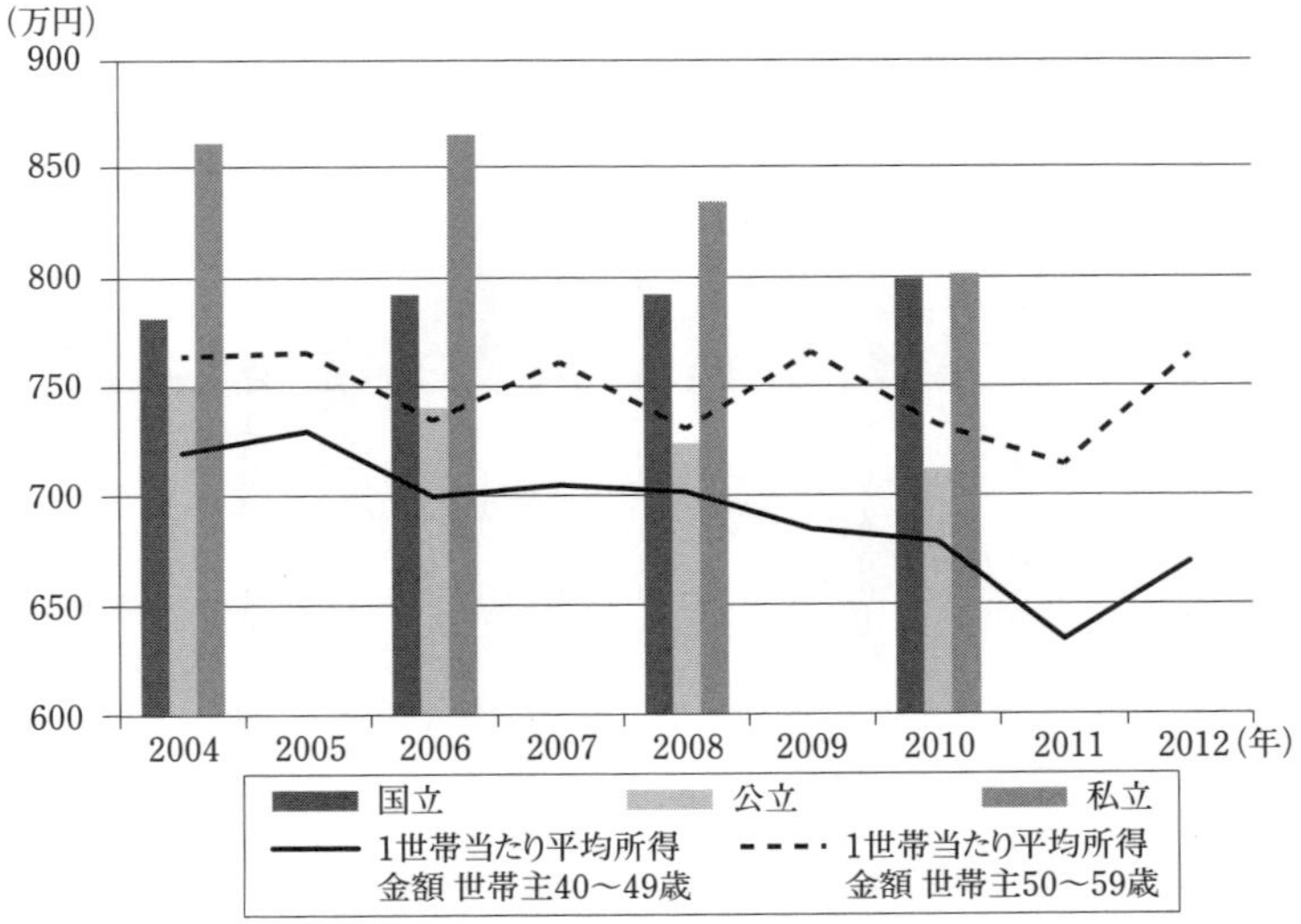

出典：「家庭の年間平均収入額」は日本学生支援機構の「学生生活調査」結果の概要（2004 〜 2010）、1 世帯当たり平均所得金額は「国民生活基礎調査」の「世帯主の年齢階級別の所得の状況」（2004 〜 2010）から著者作成

図表 1-6　家庭の年間収入別学生数の割合：国立と私立（%）

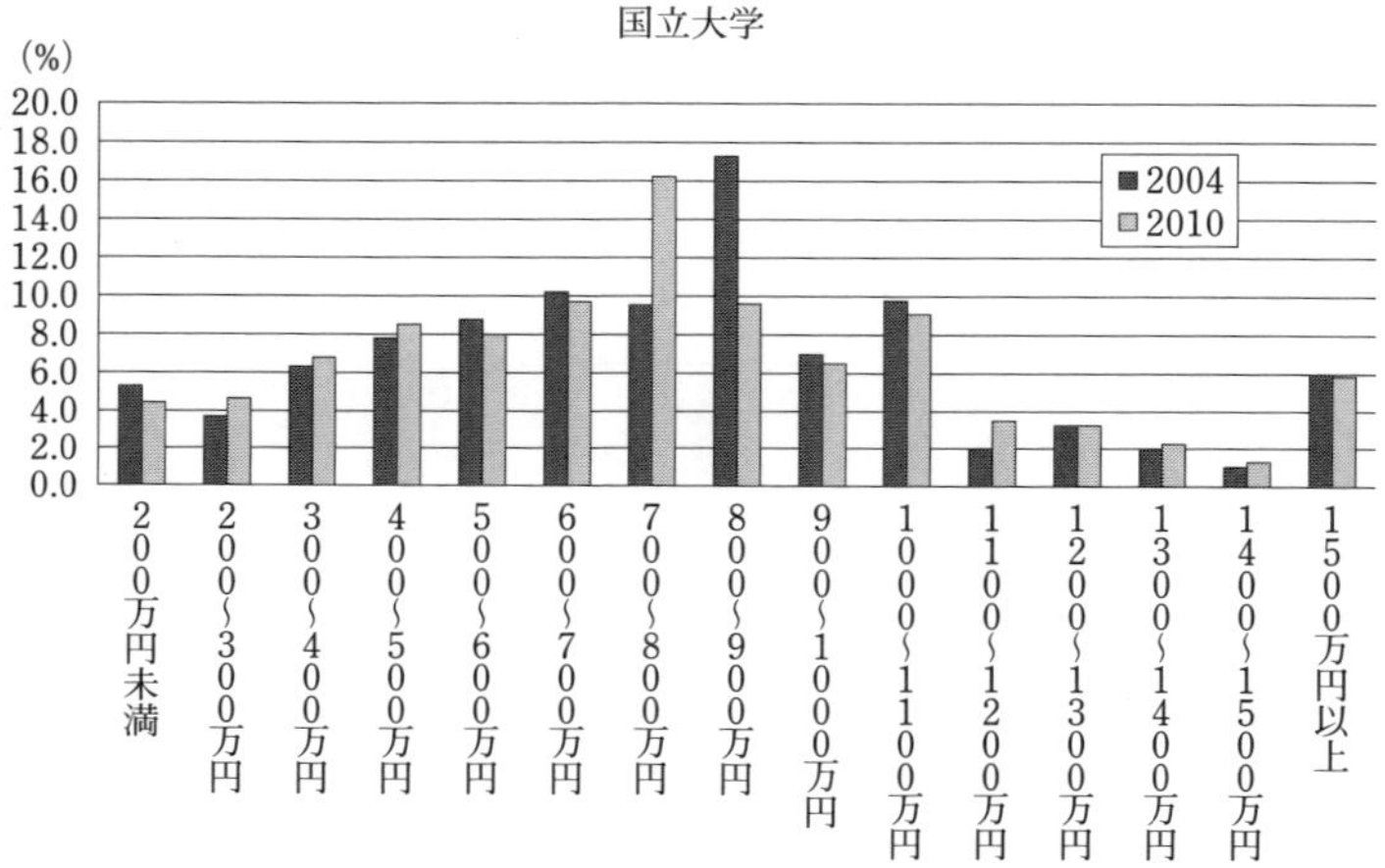

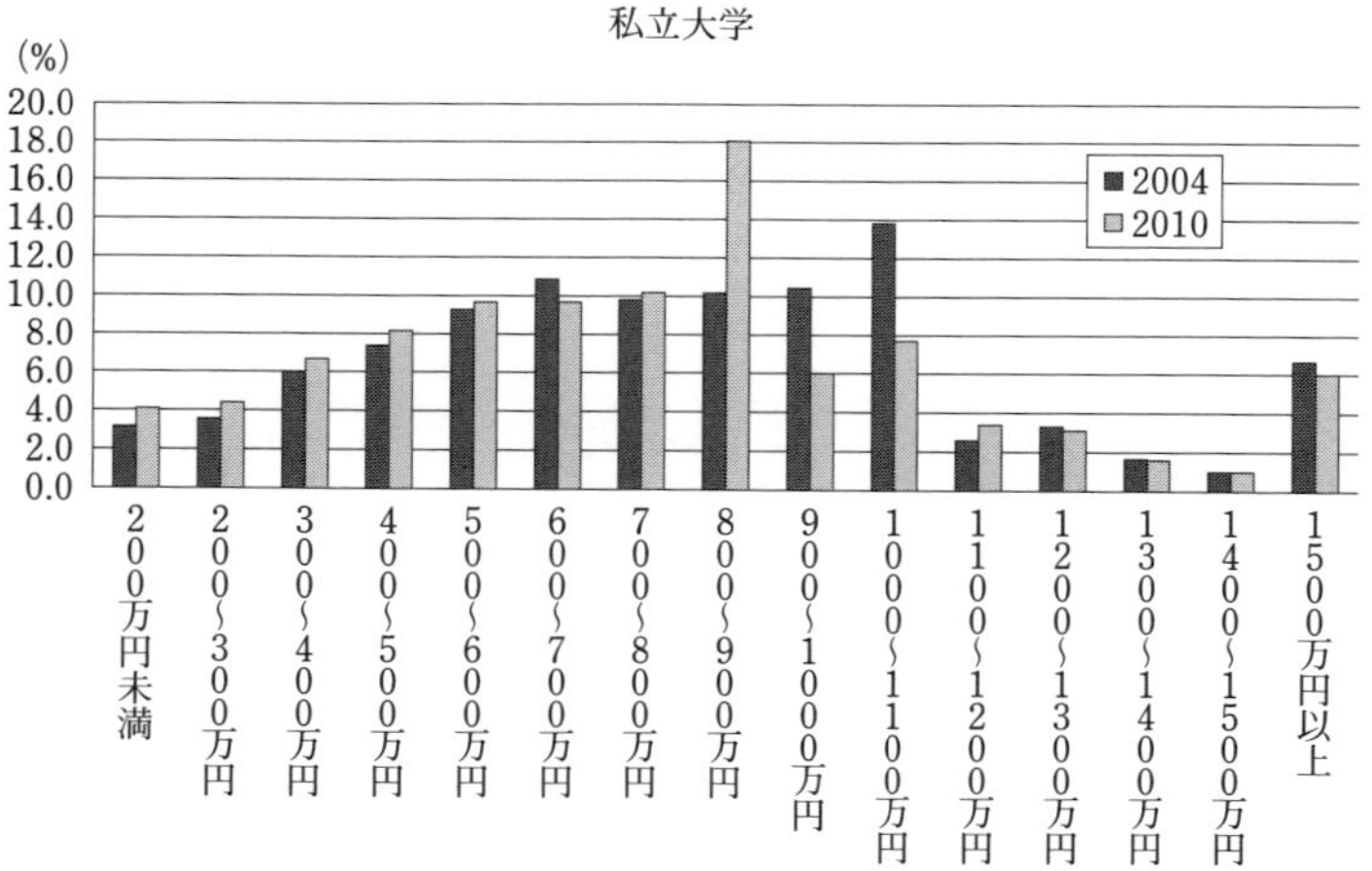

出典：日本学生支援機構の「学生生活調査」結果（2004, 2010）から著者作成

通う子の親の平均収入は、二〇〇四年から二〇一〇年では六〇万円減った。また、公立大学の親の平均収入も約四〇万円減った。ただ、国立だけは一八万円増え、七九九万円になったのである。

なぜ国立だけが親の平均収入が増えたのか。図表1－6で対照的な変化をみせた国立と私立の「家庭の年間収入別学生数の割合（大学・昼間部）」の変化をみてみよう。

私立は最も多い収入層が、二〇〇四年の一〇〇〇～一一〇〇万円から、二〇一〇年には八〇〇～九〇〇万円へと下降移動している。また、国立でも最も多い収入層が、二〇〇四年の八〇〇～九〇〇万円から、二〇一〇年には七〇〇～八〇〇万円に下降移動している。それにもかかわらず、図表1－5のように国立の親の平均収入だけが増えたのはなぜか。一一〇〇万円以上の収入を持つ親の子どもがより多く国立大学の学生になったからだと考えざるを得ない。

以上の「学生生活調査」の分析からわかることは、高所得の親の方が、子どもを国立大学に行かせやすくなっているということである。

次に、「国民生活基礎調査」の四〇、五〇代の一世帯当たり平均所得金額との比較を行おう（図表1－5）。

まず、二〇一一、二〇一二年のデータは全国平均ではないことに注意しなければならない。二〇一一年は岩手、宮城、福島県を除き、二〇一二年は福島県を除いたデータである。よって、この二つの年は参考にとどめる。

二〇一〇年までのデータをみると、世帯主四〇代と五〇代の一世帯当たり平均所得金額のそれぞ

図表 1-7　世帯人員 1 人当たり平均所得金額

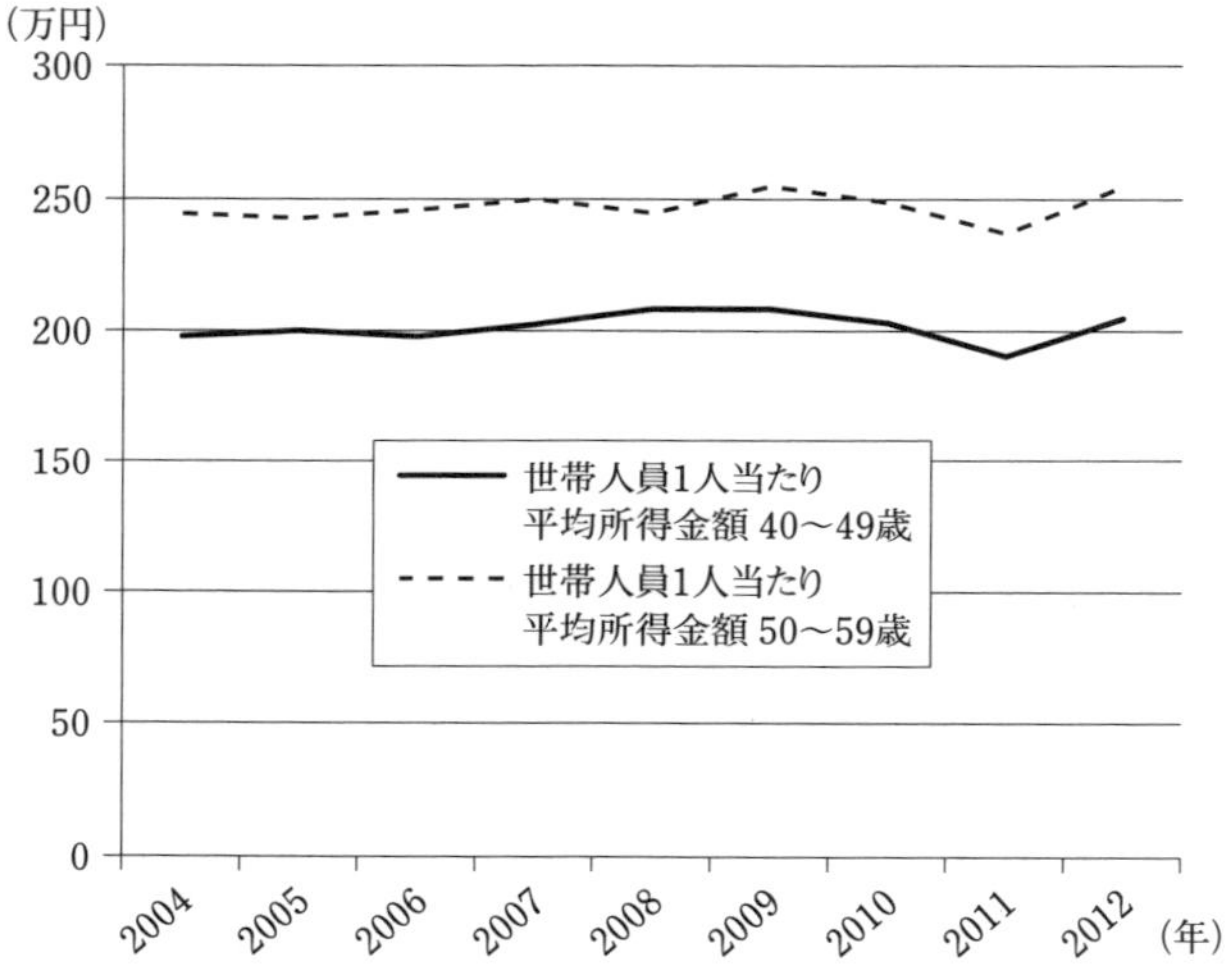

出典：国民生活基礎調査「世帯主の年齢階級別の所得の状況」から著者作成

れの線の中間値が、「家庭の年間平均収入額」が最も低い公立よりも低くなっていることがわかる。

世帯主が四〇代・五〇代の世帯の平均所得金額は、一世帯当たりでみると低下傾向にあるが、世帯人員一人当たりでみると、ほぼ横ばいである（図表1‐7）。

ここからは、一世帯当たりの人数が減っているために、一世帯当たりの所得が減っても、なんとか一人当たりの所得のレベルの維持ができているのではないかと予想される。実際、データを見てみると、一世帯当たりの人数である平均世帯人員は減っている。特に、世帯主四〇代の平均世帯人員の落ち込みが大きく、大学生をかかえることの多い五〇～五四歳も減っている（図表1‐8）。

図表 1-8　世帯主の年齢階級別にみた平均世帯人員

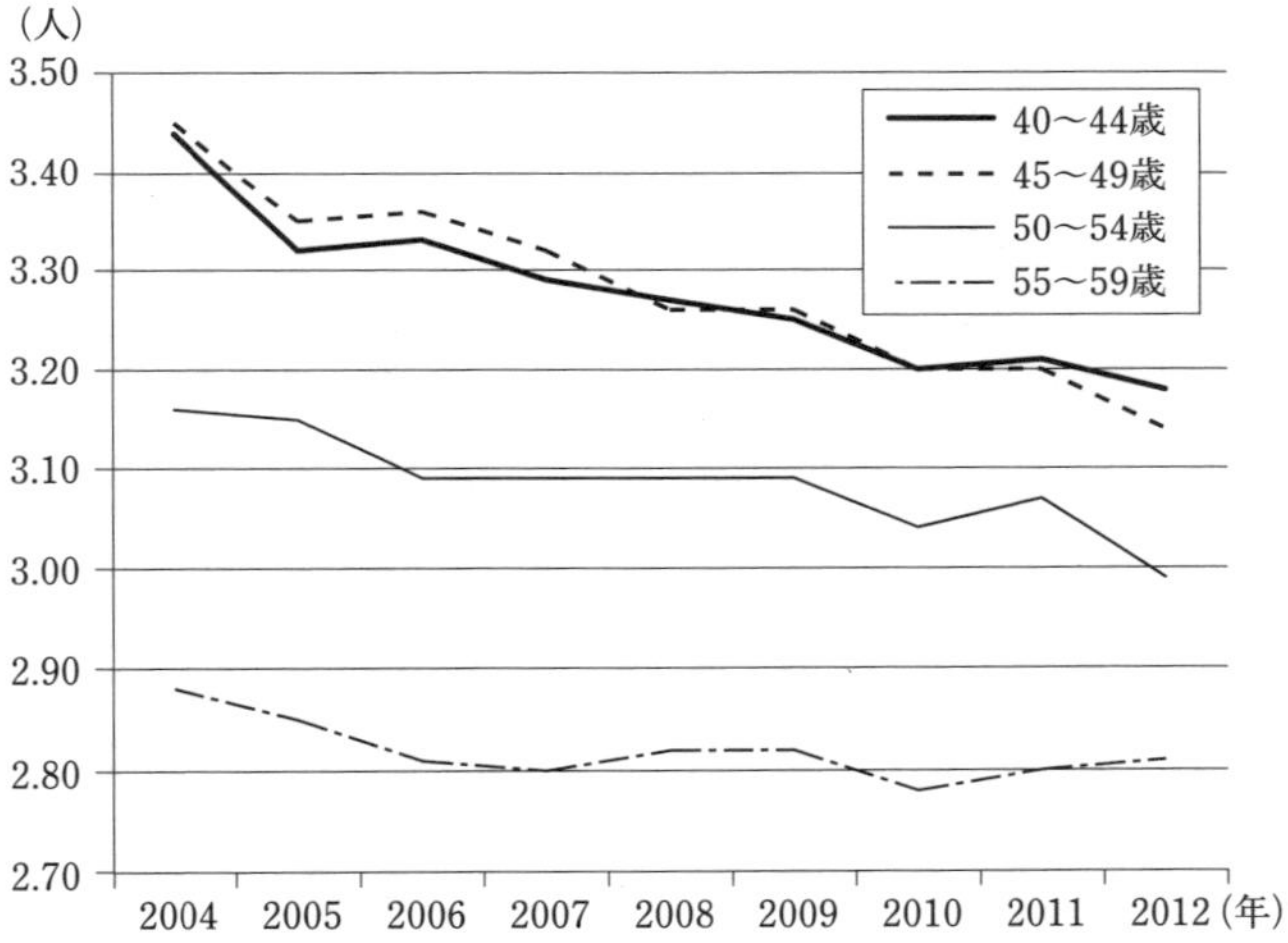

出典：国民生活基礎調査から著者作成

以上の分析から分かることは、平均的な所得レベルの世帯主四〇代、五〇代の世帯は、所得が減っているが、子どもの数が少なくなっているため、なんとか一人当たりの所得レベルを維持し、子どもを大学に通わせることが可能になっているということである。

正規労働者だけをみれば、生活給はいまだに維持されていて崩壊していないと主張し続けることもできるかもしれない。しかし、少なくとも生活給の実質的な意味は変化してしまったことは明らかである。四〇代、五〇代の親は、子どもの数を減らすことで初めて成り立つレベルの生活給しかもらえなくなっているのである。

一方で、一一〇〇万円以上の収入を持つ親の子どもがより多く国立大学に進学するようになっており、親の所得格差による進学格差の広がりがみてとれる。

4・2　経済的理由で大学進学できない者の推計

では、実際に経済的理由で大学へ進学できない者はどれぐらいいるのだろうか。その推計をみてみよう。

奨学金研究の小林雅之らは、自らが実施した二〇一二年高卒者保護者調査によりつつ、五～七万人と推計している。この調査では高卒後の進路就職は一五・九％であった（二〇一二年度学校基本調査では一六・八％）。「経済的に進学が難しかった」を選んだのは六・三％（とてもあてはまる二・一％、あてはまる四・二％）。「給付奨学金（返済不要）がもらえれば進学して欲しかった」を選んだのは五・一％（とてもあてはまる一・二％、あてはまる三・九％）。よって、二〇一二年度高卒者一〇五万人から、進学できなかった者は六・六万人から五・四万人と推計している（小林・濱中・劉 2013）。

文部科学省は、学校基本調査（平成二四年度速報値）の学生数と二〇一一年度の内閣府「親と子の生活意識に関する調査」[12]における「理想的な学歴」、「現実的な学歴」に対する中学三年生の回答を元に、約五万人と推計している（文部科学省 2012a）。

前者はサンプリング調査ではなく、後者は中学三年生の予想に過ぎないという限界があるが、参考にはなるだろう。両者を合わせみれば、少なくとも約五万人の高卒者が、経済的理由で大学に進学できなかったと推定される。

このような経済的理由で大学に進学できない者を減らすためには、家計が負担する大学へ進学するコストを減らし、教育費の公的負担を増やさなければならない。そのために、どのような論理を組み立てるべきだろうか。

本章でみてきたように、教育費を親が負担して当たり前という日本の対極に位置するのが、スウェーデンである。親は大学の費用を負担しない。授業料は無料で、学生本人が奨学金やローンで生活する。しかし、スウェーデンにもかつては、大学での費用を親が負担すべきだという親負担主義があった。スウェーデンはどういう論理を組み立てて、親負担主義を乗り越えていったのだろうか。次章では、それを明らかにしていこう。

注

（1）文部科学省（2013）。「資料3大学生等への経済的支援についてその2」『学生への経済的支援の在り方に関する検討会（第1回）配付資料』2013. 10. 24 取得、http://www.mext.go.jp/b_menu/shingi/chousa/koutou/057/gijiroku/__icsFiles/afieldfile/2013/05/13/1334845_04_2. pdf

（2）文部科学省（2009）「平成21年度文部科学白書」2013. 10. 23 取得、http://www.mext.go.jp/b_menu/hakusho/html/hpab200901/detail/1296547. htm

（3）二〇一二年高卒者保護者調査は、全国の高校卒業者の保護者を母集団とする無作為抽出によるサンプリング調査ではない。NTTオンライン・マーケティング・ソリューション社「goo リサーチ」を通じて実施された。同サービスに登録しているアンケートモニタから、二〇一二年三月に高校を卒業した子どもをもつ者を抽出（プレ調査を実施）したうえで、二〇一二年一〇月にそれらの者を対象に本調査、一〇六四名が回答（小林・濱中・劉 2013）。

（4）朝日新聞デジタル（2013. 5. 16）「国公立大進学、所得が影響 年収四〇〇万円以下七％・一〇五〇万円以上二〇％」

（5）ただし、以上の点は、あくまでも可能性であり示唆にとどまる。注（3）で述べたように、二〇一二年高卒者保護者調査は、全国の高校卒業者の保護者を母集団とする無作為抽出によるサンプリング調査ではないからである。たとえば、親が成績を「中の下」と評価する子どもの進学率は、二〇〇六年調査と大きな違いをみせているが、それがサンプリング調査でないことによるものなのか、他の要因によるものなのかは明らかでない。

（6）日本経済新聞電子版（2012. 7. 12）「受給学生数、5割超える」

（7）就職難の中で奨学金の返済に苦しむ人の支援などを目的に、弁護士らが二〇一三年春結成した「奨学金問題対策全国会議」は、国会に請願を提出するための署名集めを同年八月に始めた。一〇万人超の署名を集めることを目標に掲げている。速やかに国の給付型奨学金をつくり、拡充するなどの実現を求めている。会議の共同代表を務める大内裕和・中京大教授（教育学）は「署名活動を通じて現在の奨学金制度の問題点を多くの人に知ってもらいたい」と話した（朝日新聞デジタル（2013. 9. 27）「奨学金制度の改善求め、署名活動　弁護士ら結成の対策会議」）。奨学金問題対策全国会議（2013）も参照。

（8）国税庁（2013）「平成24年分民間給与実態統計調査結果」2013. 10. 15 取得、http://www.nta.go.jp/kohyo/press/press/2013/minkan/index.htm

（9）朝日新聞デジタル（2013. 9. 27）「民間給与2年連続の減少　非正規と正規の差300万円」。

ろう。

正規と非正規を足しても四千万人弱にしかならないのは、正規か非正規か不明な者がいるためだ

（10）総務省統計局（2013）「平成24年就業構造基本調査結果の概要」2013. 10. 15 取得、http://www.stat.go.jp/data/shugyou/2012/pdf/kgaiyou.pdf

（11）日本学生支援機構（2013）「各種統計等——学生生活調査」2013. 10. 15 取得、http://www.jasso.go.jp/statistics/ より。ホームページ上で入手可能なのは二〇〇四年のデータからである。なお、「学生生活調査」における家庭の年間所得は学生本人による申告である。さらに、奨学金受給者の割合が高めである、低収入階層に自営業世帯が多く含まれている、等の指摘もなされている（近藤 2001:10）。だが、少なくとも通時的な比較では、これらの指摘は大きな問題にはならないだろう。

（12）二〇一一年に層化二段無作為抽出法、調査員による訪問留置・訪問回収法で実施。標本数四〇〇〇人、有効回収数（率）三一九二票（七九・八％）。

第二章　制度が文化を創る

――スウェーデンの大学での親負担主義の廃止

1　問題設定

スウェーデンでは大学での費用を親が負担すべきだという親負担主義が一九六〇年代半ばに奨学金政策において廃止された。本章は、その政策転換の論理と背景を明らかにすることを目的とする。以下に本研究の背景を述べる。

1・1　文化と制度

スウェーデンと日本は文化が違うから、スウェーデンのような制度を日本で作るのは無理だという主張が時になされる。後に述べるが、私自身もかつて同じように考えていた。しかし、スウェーデンの奨学金政策については、これは全くの誤りである。文化が制度を予め決定しているのではなく、制度が文化を創るのだ。必要なのは新しい文化を創造しようという意志であり、決断である。

第一章でみたように、スウェーデンでは高等教育は公財政で支え、家計負担はほとんどない。書籍費や生活費も親は負担せず、学生本人がアルバイトやローンで負担する。子の奨学金やローンの受給基準に、親の所得は関係しない。教育費を親が負担して当然という日本の対極にある（小林 2008:108-11）。スウェーデンでは親子はいわば「無縁」である。対照的なのが日本で、親が子の教育費を負担するのが当然と考えるため、公的奨学金やローンは発達しない。親子を一つの経済単位としてみることが当然とされている。

私はかつて宗教社会学的視点から次のように考えていた。このように日本で親子を一体とみる発想が強いのは、血縁の子孫の祀りが冥福に不可欠という死生観や家族観が日本にあったからではないか。これに対し、個人の改心が救済の基礎であるキリスト教では、血縁の宗教的価値は原理的に否定される。死後の救済に血縁の子孫は全く意味を持たない（大岡 2004）。よって、親子を一体とみる発想はなくなった。そのような文化が制度を決定するという宗教社会学的視点から、スウェーデンの教育制度を説明できるのではないか、と。

しかし、スウェーデンで一九一八年に始まった古い奨学金システムでは、親の収入が高ければ奨学金は得られなかった。親が裕福なら、親にお金を出してもらいなさいという制度が当初はつくられたのである。一九六五年に導入された奨学金の新システムではじめて、親と子の経済的なつながりが断ち切られ、高等教育のほとんどの学生が奨学金を受けるようになった。それ以降、「大学生は独立した大人である。親の経済と分離しなければならない」という考えをスウェーデン人は徐々に受け入れるようになった。現在ではほとんどの学生が、親ではなく政府が、大学での勉学への経済的援助をすべきだと考えている（Reuterberg & Svensson 1994）。

つまり、スウェーデンの伝統的な家族観や個人主義により、一九一八年に奨学金が導入された当初から親子の経済的なつながりが断ち切られていたわけではない。一九六五年の政策転換ではじめて断ち切られ、親子は経済的に無縁であり、成人の大学生の援助は親ではなく政府が行うべきだという制度になった。

親子は経済的に無縁という文化がスウェーデンに最初からあったのではない。一九六五年からの新制度がその文化を創り出したのである。

1・2　旧奨学金制度

現在ではほとんどの学生が政府からローンと給付の奨学金を受けられるスウェーデンだが、最初からそうだったわけではない。

一九一九年に導入された国のローン奨学金は金利無しだったが、きわめて優秀で貧乏な学生に限られていた。学生時代とその後二年間は金利無しである。一九四三年まで借入金利は銀行と同じで、それ以降は二・五％に固定された。返済条件も有利で、返済期間は一九三九年までは一〇年、それ以降は一五年に延長された。しかし、資格条件は厳しく、受給できるのは極めて少数であった。一九一九／二〇年から一九四〇／四一年の間に一一三六人の学生だけが受給した。入学者の約三％である。一九三九年に部分的な改正が行われたが、少数の学生しか受けられない状況は変わらなかった（Nilsson 1984:59–60）。

その後も何度か改正が行われたが、学生の親の資力調査は一九六四年まで残り続けた。つまり学生の生活費の親負担主義は維持されたままであった。あくまで親の経済力の欠如を国が補助するだけという考えだったわけである（Nilsson 1984:89–91）。

1・3　北欧——親負担主義の廃止

高等教育の費用負担研究で知られるＤＢ・ジョンストンによれば、高等教育にかかる費用のほとんどを親が負担する親負担主義は、学生は経済的に親に依存する子どもであるという文化的な前提を必要とする。これは、ほとんどの国の特徴である。その例外は北欧諸国であるという（Johnstone et al. 2006:11; Johnstone & Marcucci 2010:76–7）。

北欧は一九六〇年代に高等教育の学生への包括的な経済支援システムを作った。学生への国家からの経済支援を最初に拡大したのはスウェーデンである。北欧の教育政策の特徴は、学生を経済的に親から独立した大人とみなす点である。世代間の独立の原則が北欧モデルの特徴なのである。親の経済状況とは無関係に、すべての学生にとって高等教育のコストは同じであるべきだという教育政策である（Saarikallio-Torp & Wiers-Jenssen 2010:20-2）。他のヨーロッパ諸国に比べて、北欧諸国の若者は親の家からより早く出て行く傾向がある（Vogel 2002:284-5; 蝶 2009:50）。

スウェーデンではいわゆる学生社会福祉調査委員会（Studiesociala utredningen）の提案によって、一九六〇年代に奨学金制度が大きく変化した。これは現在の学生援助システムの基礎にもなっている。高等教育を受けることを許可された者はすべて、親の経済状況とは無関係に、自動的に学生援助への権利を得る（Broady 2006:29）。経済史家のA・ニルソンは、スウェーデンの一九六五年以降の新しい奨学金制度が親の収入を考慮しないのは、西洋でもユニークだとしている（Nilsson 1984:158）。一九六〇年代には大学在籍者数が急増した。一九六〇／六一年の大学在籍者数は三万七千人だったが、一九七〇／七一年には一二万五千人に達した（Boucher 1982:131）。

また、ノルウェーでは、奨学金（給付やローン）での親の資力調査が廃止されたのは、一九六〇年代後半である。廃止は部分的には学生からの圧力によってであったという（Aamodt 2006:326-7）。

これを読んで次のような疑問を私は持った。学生たちはどのような論理で、政策を変えよと圧力を加えたのか。親負担主義から脱すべきだという論理をどう組み立てたのか。なぜそれが受け入れられ、政策として実行されたのか。

ノルウェーの資料の入手はできなかったので、スウェーデンで入手できた資料をもとに、以上の疑問に本章では迫っていきたい。

なお、スウェーデンでは授業料は無償であるが、授業料無償制度がいつどのような論理で導入されたかはまだ調べることができていない。以下では、授業料親負担主義からの脱却ではなく、奨学金制度における学生の生活費の親負担主義の廃止に話を絞ることをお断りしておきたい。

2　親負担主義廃止と中間層の支持

2・1　強い社会——親負担主義廃止の時代背景

一九六〇年代前半の学生社会福祉調査が提案した学生生活費の親負担主義の廃止は、どのような時代背景で行われたのだろうか。

スウェーデンでは「社会」という言葉が「社会」と「国家」の両方を指す。それを政治的に利用したのが、社民党の「強い社会」というスローガンである。第二次大戦後の好景気を背景として、スウェーデンは移民を大量に送り出した貧しい社会から、豊かな社会になっていった。その中で社民党は「貧しさからの脱却」以上の政治目標を一九五〇年代から六〇年代にかけて打ち出す。豊かになったから最低限の安心を保証すればよい、国家はそれ以上する必要はないと保守は主張した。それに対抗し、社民党は国家が果たすべき役割を「強い社会」という言葉でとなえた（大岡 2011）。

豊かな社会となり、貧困や失業対策だけでなく、高等教育や住居や医療等への政策要求が高まった。それを国家が実行する「強い社会」をつくるべきだという。ここには「社会」と「国家」の意図的な混同があった（宮本 1999:151-4）。一九四六年から一九六九年まで二三年のあいだ首相を務めたT・エルランデルが一九五六年の国会で「強い社会」を「私の最も重要な言葉」としてスローガンとし、全国民の福祉を高める公的なサービス（住居、医療、教育等）を保証することを目標として掲げた（Antman & Schori 1996:21, 29）(1)。一九六〇年代の半ば以降、「強い社会」は社民党内で盛んに用いられる。六〇年代には社民党優位で公共部門が拡大し、貧困層だけでなくすべての国民に向けて普遍主義的な社会政策が整備されていった。

改革の中、「強い社会」と共に社民党が掲げたのが「自由選択社会」である（渡辺 2002:264-71）。一九六二年に首相エルランデルは『自由選択社会』という冊子で、保守政党がとなえる個人の「選択の自由」は、全国民を対象とする普遍主義的な福祉政策によって初めて創り出せるといった。個人の可能性の追求は、福祉国家の提供する教育、住宅、医療等や、労働時間短縮、長期有給休暇で初めて可能になる。新しい社会民主主義の目的は「人々にそのもてる素質と条件を最大限に活用しながら各々の人生を形作る可能性を提供すること」である（宮本 1999）。こうして「選択の自由」という保守のキーワードを社民党は取り込んだ。「自由選択社会」というスローガンには、公共部門の拡大で人々の「選択の自由」を広げ、豊かな社会で要求を高めた中間層を取り込もうという意図があった（渡辺 2002）。

2・2　奨学金と中間層の政治的支持

中間層の重視により、スウェーデンは最低限所得の保障から所得比例型の保障へ理念を転換した。社会保障支出が七〇年代に急増するのは、対象を中間層に拡大しただけでなく、保障水準が中間層の所得を指標としたからである。GDPに占める社会保障支出の割合でスウェーデンは一九六〇年にはOECD諸国で九位に過ぎなかったが、一九八〇年には一位だった。現行所得の保障を目指す「中間層の福祉国家」への転換である。高齢者介護・保育等の社会サービスがスウェーデンモデルの特質とされるが、社会サービス拡大の前提となったのは、所得保障に関する理念転換だった（宮本 1999:159–63）。

社会学の藤村正之は、福祉政策が中流階層向けになっていくことは当然だという。「豊かな社会」になれば中流階層そのものが膨らむからである。福祉国家が「国民」を対象とする限り、対象の拡大と提供水準の上昇は必然的な流れとなる。「中流階層のための福祉国家」という現象は日本やアメリカでもみられる（藤村 1998）。

スウェーデンの特殊性は、中間層の支持を得るため、徹底した現行所得の保障と社会サービスの充実を行ったことである。宮本（1999）によれば、スウェーデン福祉国家の特質を、エスピン・アンデルセンは「中間層の福祉国家」とよび、ニュージーランドの研究者A・デビッドソンは「連帯型福祉国家」とよんだ。スウェーデンは福祉政策で形式的平等に固執せず、中間層の統合に成功し、より広い社会的基盤を作り出した。一方、平等化を最優先したニュージーランド労働党は、低所得者層への給付を重視する選別主義的なプログラムに固執し、累進性の高い税制を追求した。その結果、福祉国家の支持基盤は脆弱となり、経済危機に直面した労働党政府は福祉国家を大幅に縮小せざるをえなかった。

スウェーデンの社民党の得票を階層別にみると、基本はブルーカラー層が支持基盤だが、ブルーカラー層の左派政党支持率はむしろ低下気味である。それに対して、中間層の左派政党への投票は一九五六年の二二％から九四年には四〇％まで上昇した。一九八一年から九二年の調査によれば、医療、高齢者福祉、育児支援、教育、労働市場政策などの普遍主義的なプログラムは支持が高い。一方、住宅補助、社会扶助等所得調査を伴う選別主義的なプログラムには（特にホワイトカラー上層で）評価が低い（宮本 1999:168-174）。一部の貧困層だけでなく、広く中間層が恩恵を受けるプログラムの方が、評価が高いのである。(2)

一九六五年の新しい学生奨学金システムもまた、中間層からの政治的支持を獲得するための政策であった。

スウェーデンの教育学者ロイテルベリらは、四つのコーホートの、一九七〇、一九七五、一九八五、一九九〇年入学者を全国レベルでサンプリングし調査した（大岡 2010）。学生の父親の職業で、学生は下記の三つに分けられた。

グループⅠ　　上層中流階級…研究職、管理職

図表 2-1　グループ別の入学促進効果

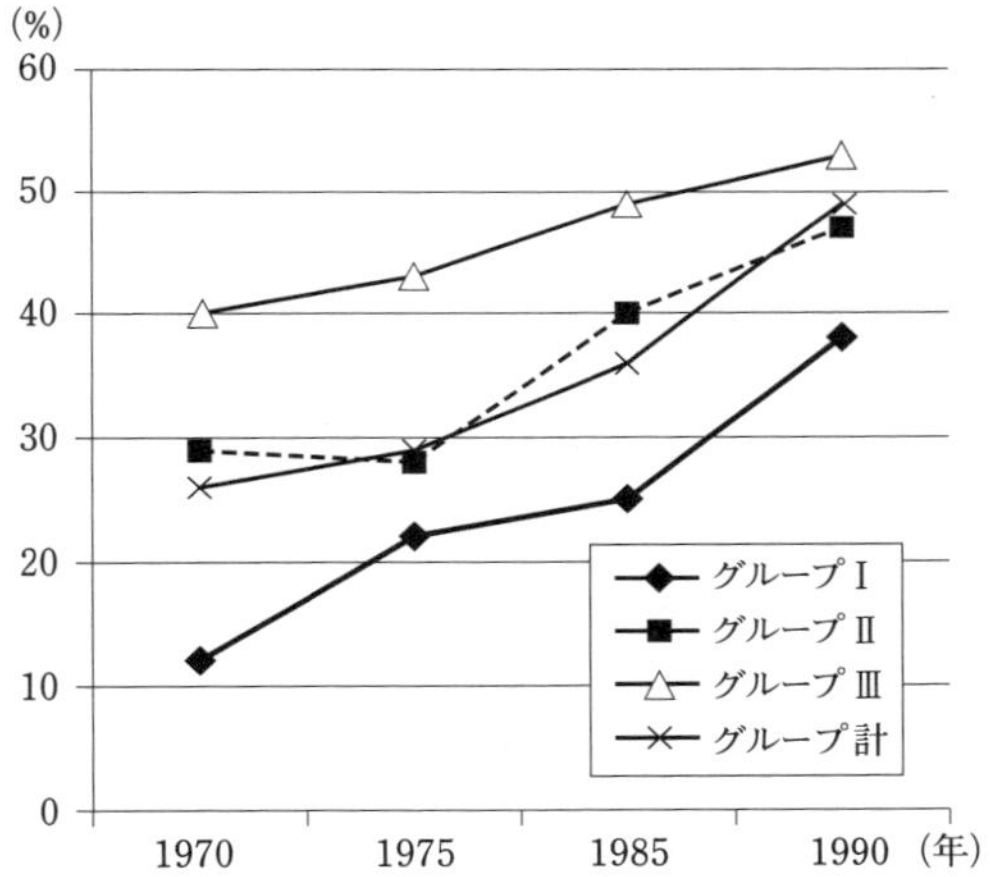

出典：Reuterberg & Svensson 1994

グループⅡ　下層中流階級…中級以下のホワイトカラー

グループⅢ　労働者階級…熟練および非熟練労働者

図表2－1は、もし政府からの資金援助がなければ大学進学ができなかっただろうという学生、つまり政府の資金援助のおかげで大学に入学できた学生の割合である。

図表2－1ではグループⅢの数字が一番高い。学生への資金援助は、低い階級の学生の入学を促進する効果がある。しかし、この効果は徐々に減り、特に一九八五年から一九九〇年の減少が著しい。ⅢとⅠの違いは一九八五年には二四%だが、一九九〇年には一五%にすぎない。

よって、資金援助の社会的な平等化の効果はしだいに減少した。これは入学促進効果が労働者階級のⅢよりも上層中流階級のⅠで大きかった結果である（Reuterberg & Svensson 1994）。つまり、時の経過とともに、上層中流の学生がより資金援助を受けるようになったわけである。

中間層からの政治的支持を得るために奨学金制度が改革されたのはフィンランドも同じである。一九九五年から二〇〇六年にかけて、奨学金を受けるための親の最高所得限度は変えられなかった。徐々に所得が上がったため、最も貧しい家庭の子弟しか政府の給付奨学金を得られなくなってしまった。奨学金の申請が増えたにもかかわらずである。そのため、二〇〇六年に親の所得制限の額が変更され、二〇〇七年にもさらなる変更が予定されていた（Hämäläinen et al. 2007:104–5）。

経済成長によって、文化的・政治的伝統やイデオロギーの異なる国々でさえ、最低生活保障の戦略は似てくるという収斂化仮説を（Wilensky 1975）でかつて唱えたH・ウィレンスキーは、スウェーデンとオランダだけが、教育達成における社会的不平等を減らすことができたと指摘している。しかし、そのスウェーデンも、一九三〇～七〇年には社会的出自によって教育へのアクセスが制限されることを減らしたが、一九七〇～九〇年にはその傾向は弱まっているという（Wilensky 2002:36–7; Blossfeld & Shavit 1993; Erikson & Jonsson 1996）。

中間層の支持を得るための奨学金改革と、親負担主義廃止はどう関係しているのだろうか。次節では、それをみていこう。

3　親負担主義廃止の議論と背景

3・1　親の資力調査廃止の議論と関係団体の動き

長く首相を務めたエルランデルは、一九六四年に成立した学生援助法の問題の本質をインタビューの中で次のように簡潔に述べている。

大学生を援助するには二つの問題があった。第一に大卒は恵まれた職業に就くが、その学生生活のために一般の納税者からの税を使うべきでないという問題、第二に学生の親の収入を考慮に入れるべきかという問題である。

そこに経済学者のI・ストールから提案が出た。一種の逆年金である。お金はローンとして学生に渡され、そのローンを返還するときは収入に応じて返還する。この柔軟なシステムは二つの問題を明快に解決した。第一に、ローンだから大卒者への税金の移動にはならない。第二に、お金は戻ってくるのだから、親がどんな経済状態だろうと関係なくなった、とエルランデルはいう(Erlander & Lagercrantz 1982:196–7)。

ここでエルランデルが、関係ないと言い切っているところが興味深い。親が子どもを経済的に援助する親負担主義は、まるで想定されていないからだ。本人負担主義の徹底。そうすれば、親は関係ない。この考えをエルランデルは当然のことと考えているようだ。

一九六九年に首相となるO・パルメが、一九五九〜一九六三年の学生社会福祉調査委員会の委員長として調査をリードし、奨学金改革を成功させたと、エルランデルはいう。その理由として三つあげている。

第一に、パルメが学生社会福祉調査委員会に関係団体の代表を直接招き入れたことである。調査委員会はふつうなら学識経験者で構成される。しかし、パルメは調査委員会自体に各関係団体の代表が入るべきだと主張した。スウェーデン学生組合連合会（Sveriges förenade studentkårer, SFS. 以下、学組連）、ホワイトカラー専門職労働組合連盟（Tjänstemännens Centralorganisation, TCO. 以下、ホ労連）、スウェーデン大卒専門職員労働組合連盟（Sveriges Akademikers Centralorganisation, SACO. 以下、大卒労連）が参加し、交渉することになった。

第二に、全く新しい提案を受け入れるパルメの大胆さである。パルメは全く新しいものにオープンで威信にまったくこだわらなかった。新しい奨学金制度は、パルメが以前に採用していた奨学金の考えとは断絶している。新しいものは学生ローン制度だからだ。

第三に、結果を出すのにパルメは大変巧みだ。最初はこの改革が実現できるとは信じられなかった。パルメは諸団体の間で最終案をまとめると、政治家たちからも支持を得ることができた。財務省も賛成したことは非常に興味深い。これが社会にとって大事業だからである。と、エルランデルはいう（Erlander & Lagercrantz 1982:197–8）。

政治学者O・ルインは学生援助法の決定過程を詳細に描いた。ルインは一九六〇年代の初め二年間ほど学生社会福祉調査委員会に筆頭秘書として参加した。ルインは一九五〇年代には活動的な学生政治家であり、ルンド学生委員会の委員長と、学組連の委員をつとめた。学生社会福祉調査委員会の七人の委員の内、六人が一九五〇年代に学組連の中心にいた（Ruin 1979:12, 23）。

学生社会福祉調査委員会七人の構成は、社民党パルメ委員長、社民党H・ホーカンソン、スウェーデン労働組合中央組織（Landsorganisationen i Sverige. 以下、LO）のY・パーション、自由党H・ベーリ、学組連L・ボヅストレム、ホ労連PE・レンクイスト、大卒労連B・エステルグレンであった。パルメに近い立場なのは社民党支持のホーカンソンとパーションだけである。国の調査委員会は実際には社民党が多数を占めることが多かったが、学生社会福祉調査委員会は関係団体の代表を入れたため、そうではなかった。委員会ができた一九五九年にはパルメは三二歳、既に国会議員であり、首相のエルランデルの片腕として政府に強い影響力を持っていた。報告書が主な考えを明らかにする前には政府にも入った（Ruin 1979:24）。

旧来のシステムは、親の収入と資産を調査し、奨学金の受給の可否を決めていた。これを将来も維持するかどうかについて、激しい議論の対立があった。

親の資力調査に反対する論拠は、学生は大人であるという単純な事実である。他の人の経済状況にもとづいて、大人の必要度を判断する必要があるというのは不快なことである。さらに、申告された収入では状況を把握する方法としてはよくないので、親の経済状況を評価するのは難しい。親はまた、子の勉学への補助について控除を受けられないので、実際に子を補助する理由はない。学生集団を、補助金を受ける者と受けられない者に分けることは、多くの面倒な境界事例をうむ。

親の資力調査に賛成する論拠は、学生の社会的背景と国民一般との間にはいまだに大きな違いがあることである。補助金で高等教育への社会的受け入れを広げようとするのなら、この補助金は特に重点的に貧困家庭の若者に与えなければならない。さらに借金と家庭環境の間に関係があることもわかっている。労働者家庭からの学生は、経営者家庭からの学生に比べ、たいへん多く借金している。補助金の分配で借金をする必要性を減らそうとするのであれば、特に重い借金をしている学生集団に重点的にこの補助金が行くようにすることが必要であるという。

学生社会福祉調査の中で、親の資力調査に最も強く反対したのは、学組連と大卒労連である。学組連は一九五八年の学生議会で、学生の経済状況は親から独立して審査されるべきだという原則を主張した。大卒労連の中で学生援助プログラムをつくっている若い大卒者グループも同様にこの点では明快だった。大卒労連が問題に関心を持ったのは、今の学生の多くが将来の大卒労連のメンバーになると考えたからだけではなく、大卒労連のメンバーの多くの子は、親の収入資産が考慮される現システムのままでは奨学金が得られないからであった。

一方、調査委員会の中には最初から資力調査に賛成する者もあった。高等教育への門戸を広げるための手段として奨学金をとらえる人々は、資力調査を続ける必要があるとした。賛成した一人が調査委員長のパルメである。

親の資力調査への賛否に関連して、他の原則に関する議論もあった。学組連と大卒労連は資力調査への反対の論拠として、スウェーデンの社会政策に言及した。戦後の社会政策の中で資力調査が廃止されてきたように、学生への援助でも廃止されるべきだというのである。収入不足の者は普遍的な補助金によって援助されるべきだというスウェーデンの社会政策上の原則がある。学生はその生活状況から収入を維持する可能性がない。学生は、病人や老人にたとえることができる。病人や老人と同様に学生も援助を受けられるべきだと。

この論拠は懐疑的に受け止められた。学生の状況は病人や老人とは違う。後者と比べ、学生はより恵まれた階層出身が多い。病人や老人は、学生とは違い、収入が増えることを期待できない。老人は徐々に死んでいくし、病人はせいぜい職場復帰を望めるだけである。一方、学生は卒業すればいい職を期待することができる（Ruin 1979:33-5）。

親の資力調査の廃止に最も慎重だったのは、大卒の中産階級を主な支持者とする自由党のベーリである。彼は学生社会福祉への支出が急増することを強く懸念していた。資力調査の継続の必要性を説き、予算が足りないことから普遍主義的な援助には注意が必要だと指摘した。

一方、大卒労連のエステルグレンは、ベーリが自由党の支持者のことを考えて、親の資力調査の廃止に傾いてくれることを期待していた。自由党支持の親たちにもし資力調査が行われたら、彼らの子は一〇分の一の奨学金しか得られないからである。エステルグレンの懸念は（彼を支持していたパルメもそうだが）、諸政党が、最も関係のある諸団体を最終決定の蚊帳の外においてしまうことであった。ホ労連とLOの代表はパルメの考えに近かった。パルメの懸念は、自由党の代表としてのベーリが、大卒労連や学組連からの圧力に負けて、親の資力調査の廃止に傾いてしまうことだった。

親の資力調査の廃止を唱えるのは自由主義陣営に多かった。一九六一年の夏、自由主義陣営に近いエクスプレッセン紙のコメントがその例である。ベーリは自由党文化委員会の委員長であったが、委員会が熱心に取り組んでいた提言の中で、普遍主義的な奨学金に賛成することをためらっていた。提言の中では強力な基礎奨学金とよばれ、最終的には普遍主義的に与えられるべきとされていた。エクスプレッセン紙は以下のように警告した。「自由党が注意すべきなのは、自由党文化委員会を代表するベーリが国の学生社会福祉調査のメンバーだということである。ベーリ氏は妥協の余地を持ちたいと思っているのだろうか。もしそうだとしたら、嘆かわしいことである。」

親の資力調査に反対する論拠として、大卒労連と学組連の代表は、調査委員会の外部の団体（彼らが代表する団体と、他の政治的な若者団体）の反対意見にも言及した。しかしまだ、調査のこの時期には調査委員会に影響を与えようとする公開討論、調査委員会から情報が漏れる機会の増える公開討論はなかった。ただ、親の資力調査に対する反対意見の意識的な動員は行われており、それは特に一九六一年一二月初めの学組連代表の声明に表れている。「代表は、多く寄せられた一致した学生の意見を特に強調したい。将来の学生社会福祉援助では、学生の親の収入資産状況に基づいた資力調査はあってはならないと」（Ruin 1979:39–40）。

パルメは次第に次のような疑問を持ち始めた。国民全体が払った税を、将来高い所得を得る可能性が高い、特定層の学生だけの生活を支えるために使っていいのか。国家権力が意図的に、社会の多数派である低所得層から、比較的に恵まれた少数の人々へ、お金を移すことになるのではないか、と（Ruin 1979:37）。

この問題を解決する新しい提案を一九六二年の前半に前述のストールがした。学生が将来、収入の何％かずつを返却していく奨学金の提案である。この国民学生融資システム（Allmänt studiefinansieringssystem, ASF. 以下、国学融）の仕組みはパルメの興味をひいた。学生が後に原則として奨学金を返還する国学融であれば、全納税者から大卒にだけ税金を移転させるという受け入れがたい問題はなくなるからである（Ruin 1979:41–2）。

3・2　親の資力調査の是非――高等教育の逆進性

ここで経済学では、奨学金の前提として親の収入資産を調査することは是か非か、すなわち奨学金は貧困家庭に限るべきか否かについて、どのような議論があるのかをみてみよう。

公共経済学の小塩隆士は、教育は贅沢品の特徴が最も強く、それへの公費負担増は低所得層に不利であると指摘する。高所得層ほど教育に多く支出する。教育費の公費負担をまかなうための消費税の増税は、教育より必需品的な支出項目に対する増税という形をとらざるをえない。これは、低所得層ほど不利な税制改革となる。

食料は必需品だから税率は低めにすべきだと主張するなら、贅沢品的な色彩が最も強い教育には、他の支出項目より高めの税率を掛けるべきだ、と主張しなければ整合的でない。

経済的に支援が必要な世帯への支援を最優先にすべきである。高所得層に対する支援の優先順位は低い。裕福で子どもをブランド私立中・高に通わせている世帯の教育支出には、むしろ増税すべきだという主張も成り立つと小塩はいう（小塩 2010）。

これに対して、福祉国家の経済学のN・バーは、学生へのローン政策は、親の収入資産を考慮しない、普遍主義的なものにすべきだという。親の資力調査には明確に反対する。プライバシーに立ち入りがちで、行政上複雑でコストがかかり、政治的に不人気だ（Barr 2002:15）。

政策は親が子を援助するという前提にもとづくべきでないという。そのような前提は、高等教育を中産階級の贅沢品とみなすエリートシステムには有効だったかもしれないが、投資財（investment good）としての大衆高等教育には妥当でない。また大学入学者を増やすには全く役に立たない（Barr 2001:205, 2002:6）。

小塩の主張は、裕福で子供をブランド私立中・高に通わせる教育は贅沢品であり、贅沢品にはむしろ増税すべきだということであった。しかし、バーによれば、高等教育は贅沢品ではない。現在の大衆高等教育は贅沢品ではなく、投資財だというのである。

では、バーが現在の大衆高等教育が投資財だと主張する根拠は何か。

まず、技術の進歩により、国の経済状況の決定要因として、人的資本がより重要になっている。技術進歩により、高学歴者への需要が増え、低学歴者への需要は減る。個人は定期的に再教育を受ける必要が出てくる。いわゆる生涯学習である。

国際的競争の圧力もこの論拠を補強する。他の国々について行くには、資本と労働の生産性を上げる必要がある。もし高等教育が効率的に生産性を上げられるのなら、高等教育を拡大する効率上の理由がある。

今後の人口予想も関係する。少子高齢化により労働者の数の減少に効率的に対処する方法は、労働に対する資本の割合を上げることである。よって、技術と人的資本への投資が必要となる。教育訓練の拡大は、人口が変動するから必要である。

また、高等教育への過大投資よりも過小投資の方が危険である。アルフレッド・マーシャルによれば、ある世代の子どもの教育が貧困だと、大人になったときの稼ぎも悪くなり、彼らの子どもに十分な教育を受けさせられなくなる。これが後の世代にもずっと続く。不幸が累積していくのである。過小投資をして不幸の累積というコストを招くよりも、過大投資のコストの方がかなり小さいだろう（Barr 2001:167–70, 193）。

以上の理由から、現在の大衆高等教育は投資財だとバーはいう。

しかし、質の高い大衆高等教育は、公的資金だけでは賄えない。少子高齢化と国際競争に直面しているときは特に、増税も難しい。

また、税金で賄うのは逆進的（regressive）であるとバーは指摘する。貧困者だけが消費する商品を賄うために課税する政策は、貧困者のためである。しかし、裕福な者だけに消費される商品を税金で賄う政策は逆進的である。高等教育は裕福な家庭の者にもっぱら消費されるから、もっぱら税金で賄われる高等教育システムは最も裕福な者を最も利することになる（Barr 2001:180）。

このバーの逆進性の指摘は、既にわれわれがスウェーデンの奨学金の議論の中でパルメが問題視した点である。

3・3　パルメの妥協――給付奨学金の存続

パルメは理論的には、ローンだけの奨学金を望んだ。バーが逆進的とよぶ問題を乗り越えられるからである。給付奨学金を残すことに合理的な根拠はないとパルメはみていた。パルメに賛成したのは社民党支持のホーカンソンとパーションだけであった。

大卒労連、学組連、ホ労連の代表は、あくまで返済義務のない給付奨学金の存続を要求した。それに応じなければ、調査委員会での多数派形成はできず、奨学金改革は不可能だった。そこでパルメは改革を実現するために妥協し、給付奨学金の存続を決断した。そして給付奨学金の額を、学組連やホ労連の代表が納得できる程度には高くするという妥協案を出したのである（Ruin 1979:63）。

ただ妥協に際して、条件をつけることもパルメは忘れなかった。高校生らへの奨学金調査で提案された改革案と同様の条件にすることにしたのである。スウェーデンには、二一歳以上で高校教育や職業教育等を受け始める生徒もいる。彼らは、月に一七五クローネルの給付奨学金を受け取ることになっていた(3)。これらの生徒の経済状況は、大学生の経済状況に似ている。よって、大学生も二一歳以上の高校生・職業学校の生徒と同レベルの給付奨学金を受け取るのが妥当だろうとした。

こうして二一歳以上の高校生・職業学校生らと大学生の問題を結びつけることで、大学生を代表する関係諸団体からの将来の要求に、パルメはブレーキをかけようとした。両者を結びつければ、大学生が要求しようとすると、同年齢の高校生・職業学校生らも関係してくる。それはやがてすべての大量の高校生・職業学校生に関係してくるだろう。個別の諸団体のそれぞれの強い要求の結果として、給付奨学金システムは容易に変えられないものになるはずだと考えたのである（Ruin 1979:63–4）。

調査委員会の多数派形成にとって大きな意味を持ったのは、ホ労連代表の委員レンクイストが調査委員長のパルメの改革案に賛成したことだった。一九六三年の一一月、調査委員会の最終修正会議でレンクイストは、もっと高い給付奨学金を要求したいところだが、そうすると給付対象を制限する親の資産調査の問題が新たに出てきてしまうと指摘した。

ホ労連がパルメに協力したのは、調査委員会の改革案が実現すれば、大学生と同年齢であるため、大学生と同じようなより有利な給付奨学金が得られる高校生・職業学校生が、ホ労連の組合員の中に多くいたからでもあった。改革案以前は、彼らはふつうの高校生・職業学校生と同じ扱いであった（Ruin 1979:65）。改革によって、給付奨学金は、ふつうの高校生らは月七五クローネルを九ヵ月分、すなわち年間六七五クローネルに対し、二一歳以降に高校での勉強を始めた生徒は月一七五クローネルの一〇ヵ月分、年間一七五〇クローネルとなった（Reuterberg & Svensson 1991:11; Nilsson

1984:130)。改革案を提案した報告書の中では、「同じ歳であっても高校にいるか大学にいるかで得られる奨学金が大きく違うのでは不公平である。個人の教育計画に奨学金が悪影響を与えることを避けるために、同じ歳なら高校生も大学生もほぼ同額の奨学金とすべきだ」と書かれていた（SOU 1963:74:49）。

親の資力調査の廃止に最も慎重だった自由党のベーリはどういう態度に出たのだろうか。ベーリは、実際の彼の考えとは全く無関係に、ブルジョア政党の代表だという政治的な理由から、大卒労連・学組連・ホ労連代表が独自路線を追求している間は、調査委員会の三人の社民党支持の委員と同盟を結ぶわけにはいかなかった（Ruin 1979:59）。しかし、ホ労連のレンクイストが社民党支持の三人と同調し、調査委員会七人のうち四人の多数派が形成されたことは、ベーリをも多数派支持に変わりやすくした。税金の節約に強くこだわっていたベーリは、パルメらが提案した抑えられた金額の給付奨学金を、何とか上げようとする希望は全く持っていなかったからである。

大卒労連のエステルグレンは孤立した。彼は、調査委員会の提案に留保意見を付けて、三七五〇クローネルの給付奨学金を主張した。この点でだけ、学組連のボヅストレムは、大卒労連に接近した。調査委員会の提案に全く賛成であることを強調しながら、給付奨学金は年二五〇〇クローネルにすべきだとした。学組連からの圧力を感じたからである。

調査委員会の最終報告書は、給付奨学金の存続によって学生ローンの考え方を実際にはあきらめたものだが、表現上は学生ローン制度の実現に向けた第一歩であるかのような印象を与える書き方をしていた。学生ローン制度の「将来における実現は、財政的な可能性と収入の上昇にかかっていると考えるべきである」という。このような表現も広く多数派を形成しようという試みであった。学生ローンに強くこだわるブルジョア政党などのグループが、調査委員会の提案に反対することがないよう期待した表現だったのである（Ruin 1979:65–6）。

4　平等と親負担主義廃止の対立

4・1　国の学生生活援助の根拠

1・3で前述の経済史家のニルソンは、一九六三年の政府調査委員会報告書には、学生生活援助の根拠として下記の四つがあるとしている。根拠はそれ以前の報告書とほぼ同じだが、わずかの違いがみられるという。

第一に、重要な根拠は①平等である。しかし、平等は以前よりも広い意味で使われている。「学生社会福祉援助は、どのような社会的経済的な家庭環境と居住地であれ、適性と興味のある教育への可能性を学生たちに用意するという社会の目標に不可欠なものである」（SOU 1963:74:17）。つまり、国の学生資金援助は単に個別の経済状況を補助するだけではなく、地理的に遠い場所からの若者を補助する手段であると考えられている。また、教育を重んじない伝統の家庭への補助になりうると明らかにみなされている。この効果は第一に高校レベルで生じるものだが、国の資金援助は高校後の長い学生生活への不安を減らすことにも貢献できる。

平等に密接に関わる根拠は、②人員補充である。つまり、国の学生資金援助は高等教育への入学をうながす。増加した入学者が、高い能力の労働者の「過剰生産」になるかもしれないというおそれはなかった。逆に、「教育の、経済成長と社会的文化的な発展に対する非常に大きな意義」が指摘されている（SOU 1963:74:16）。

ただ、調査委員会は、国の学生資金援助システムがすべての高校後の教育を援助するようにつくられないと、大学の伝統的な主な三つの学部（人文学、数学自然科学、社会科学）への入学が優先されることになるのではないかと危惧していた。③公平性という根拠をもつシステムをつくる必要がある。伝統的でない非学術的な教育を受ける学生も、伝統的な大学教育を受ける学生と同じ学生社会福祉援助を受けられるべきである。

調査委員会は最後に、高等教育への入学を社会的に平等にしようとする際の伝統的な概念を念頭に置く新しい概念を提出した。大学生という「大人を親から独立した（fristående）人間とみなし、扱わないのは、不満の出るやり方である」（SOU 1963:74:28）。この④成人の独立という根拠を採用することで、調査委員会は前述の平等の根拠と矛盾することになる。平等の根拠の背景にある考えは、国の援助は低階層の学生を救済するべきだということである。原則としてすべての学生に同じ援助を与えることで、このような貧困学生の救済という特徴がなくなってしまう（Nilsson 1984:128–9）。

4・2　逆進的な給付奨学金の必要性と返済システム

しかし、調査委員会は、新しい学生資金援助システムは低階層の学生を救済する効果を持ちうるので、学生にとって有利な特徴を持つと主張した（Nilsson 1984:129）。

まず、奨学金をローンだけでなく一部を返還不要の給付としたことである。大学生への給付奨学金は、最初は高校レベルと同様に一七五〇クローネルとした。奨学金の一部を給付奨学金とし学生の借金を減らすことは、より広い階層からの入学を促進することになるとみられていた。学生生活の間の借金へのためらいが貧困家庭からの学生により多いとみられるためである。

次に、返済方法である。以前のローン奨学金の本質的な欠点は、金利を国が補助し、相対的に長い返済期間であっても、返済条件が基本的には銀行と一緒だということである。返済能力がたとえば長期の病気で急激に下がったとしても、その期間も返済義務はそのまま残り続けた。調査委員会は特に、子どもの世話をする女性の大卒者の返済能力が低く、返済するのに困っていることに注目していた。調査委員会は返済にあたって、実際の返済能力が返済額を決めるシステムを提案した。それは年間の返済額をより少なくする。また返済期間もほとんどの学生にとってより長くなるよう提案した。

最初の二年間は返済不要にした。基本的に返済は、年間定額金、すなわち実質返済額と金利の合計が毎年同額になるように設定された金額で行われた。長期の返済期間のインフレ効果を考慮に入れるため、年間定額金は修正される。奨学金の額だけでなく返済も、年金の積算の基礎となる「基礎額（basbelopp）」（二文字・ウルムステット 1986）を元に計算された。よって、返済額は、ローンとして借りた、基礎額の数を、返済年数で割ったものになった。これによって返済は、実質的な貨幣価値で測れば、毎年同額となった。返済者を急激なインフレに対して守るために、急激なインフレの際に上がる基礎額ほどには、返済額を上げなくてもよいという防御ルール（比較法）も導入された（Nilsson 1984:130–1）。

4・3　親負担主義廃止の論理

一九六三年の最終的な政府調査委員会報告書（SOU 1963:74）で出された、大学生への奨学金で親の資力調査を廃止する、いわゆる親負担主義を廃止する論理は、どのようなものだったのだろうか。

本節のはじめで前述したように、ニルソンは報告書での学生生活援助の根拠の一つとして、成人の独立の根拠（大学生という大人を親から独立した人間とみなし、扱うべきである）をあげているが、私にいわせれば、これは根拠でも何でもない。ただ、今後はそうすると宣言しているに過ぎない。なぜ大学生を親から経済的に独立させるべきなのか、その根拠については報告書には何の説明もないからである。

第3節のはじめでみたように、学組連は一九六一年一二月の代表声明で、「学生の親の収入資産状況に基づいた資力調査はあってはならない」といっている。ルインによれば、学組連は既に一九五八年の学生議会で、学生の経済状況は親から独立して審査されるべきだという原則を主張しているようであるが（Ruin 1979:33）、これもただの要望であり主張である。そう主張できる根拠は少なくともRuin（1979）の中にはどこにも書かれていない。

私のみるところ、一九六三年の最終的な政府調査委員会報告書（SOU 1963:74）で出された、大学生への奨学金で親の資力調査を廃止する、いわゆる親負担主義を廃止する論理は、以下のように「高校に比べて、大学ではどの階層からも同様に高校からの進学をしているから」という論理であった。

資力調査は高等教育に広い階層からの入学者を受け入れることを主な目的としている。数十年前の状況と比べると、大学レベルで学生社会福祉援助を拡大するのは、より広い階層からの受け入れのためだという理由付けは弱くなっている。受け入れを促進する必要があるのは高校レベルなのである。社会的階層が低いために進学しない者が最も多いのは高校レベルである。また、高校生奨学金（studiehjälp）は、家族支援政策の一つとみるべきである。この支援は、子どもが親の家計の中にふつう属している時点に、行われるべきである。高校レベルでの奨学金の充実により、高校より後の高等教育段階で親の資力調査をする社会的な意味は減っている（SOU 1963:74:39）。

最終報告書（SOU 1963:74）が、高校レベルで「社会的階層と関係した非進学者が現在は最も多い」というのは、以下のような他の報告書に書かれた事実に基づいている。

一九四三年の高校生のうち大学に進学した者は、労働者家庭からは四六％、大卒家庭からは七

図表 2-2　社会集団別の高校進学率

社会集団	高校進学率
1	72%
2	44%
3	28%

出典：SOU 1963:48:65

二%だった。しかし、一九五七年には対応する数字は六七%、六八%になっている（SOU 1963:53:71）。

一方、高校進学率では家庭環境の違いによる差が大きい。一九六一年に行われた調査（SOU 1963:15:29-31）によれば、図表2-2のように、大卒者などの社会集団1の子どもは七割以上が高校へ進学するのに対し、労働者などの社会集団3の子どもの高校進学率は三割未満である（SOU 1963:48:65）[(4)]。

つまり、最終報告書（SOU 1963:74）の論理を分かりやすくまとめると、以下のようになる。

低所得層が進学しないのは、もっぱら高校進学時であり、大学進学時ではない。よって、低所得層だけに支援を集中する必要があるのは高校在学中だけである。大学にはどの階層からも同様に高校から進学しているから、大学在学中は低所得層だけに支援を集中する必要はない。したがって、高校では親の資力調査をする必要があるが、大学では親の資力調査をする必要はない。

これを読むと、読者はとっさに何かおかしいと思われただろう。私もそうである。前述したように、経済史家のニルソンによれば、調査報告書での大学への給付奨学金の存続の理由は、奨学金の一部を給付奨学金とし学生の借金を減らすことで、借金へのためらいが多い貧困家庭からの学生の入学を促進するためであった。このことと前段落でみた親の資力調査が大学で不要な理由は、それぞれ前提が異なっている。

親の資力調査が不要な理由の前提は、「大学ではどの階層からも同様に高校からの進学をしている」である。給付奨学金の導入の理由の前提は、「貧困家庭からの学生に借金へのためらいが多い」である。

前者は既に「大学進学は平等である」といい、後者は「大学進学は平等でない」という。これは明らかな矛盾ではないのか。

パルメは報告書の論理矛盾に気づかなかったのだろうか。それとも論理矛盾だと分かっていながら、奨学金改革法案を成立させるため妥協し、このような報告書を書いたのだろうか。

第3節でみたように、経済学者のバーは税による高等教育費用負担の逆進性を指摘したが、本人負担の学生ローンが望ましいとも主張している。パルメと似たような考えを持つバーは給付奨学金についてどのように考えているのだろうか。

以下では、バーの論理を踏まえた上で、パルメの調査委員会報告書の論理に矛盾がなかったのかを考えていくことにしよう。

4・4　給付奨学金と資力調査

バーは、イギリスの所得連動返還ローンの制度設計を提唱した。所得連動返還ローン（Income Contingent Loan）は、簡単にいえば収入のX％ずつを返還していくローンで、理論的に最も優れた制度といわれる。比較的公的負担が少なく、かつ負担感も少なく、貧困層のローン回避傾向を緩和することができる手段として注目されている。負担感が少ないのは、所得連動返還ローンでは返済期間が長期にわたり、多くの場合、所得が最低基準額以下の借り手は返済が猶予され、一定期間の後、あるいは一定年齢以上では最終的には返済免除されるためである（小林 2010；2008：158）[5]。

バー（Barr 2004）[6]は、給付奨学金を一定の場合のみ認めている。バーの論理のポイントは、給付奨学金を出すには収入調査が必要だという点である。

バーによれば、すべての情報を学生が知っているわけではない。限られた情報を前提にするならば、特に学生が高等教育の利益を過小評価したり、コストを過剰評価したりすると、ローンを借りないという判断が合理的になってしまう。これがいわゆるローン回避の原因である。

この場合は、収入調査をした上での給付奨学金が大学でのコストをカバーすることが望ましい。自分が大学にふさわしいかどうかがまだよくわかっていないかもしれない貧困家庭からの学生には、初年度に限って給付奨学金を満額で提供すべきである。初年度の終わりには、もう自分がわかってくる。うまくいけば、残りの学生生活を、少なくとも部分的には、ローンでまかなう準備がよりできてくるだろうとバーはいう（Barr 2004：275）。

つまり、なるべくローンが望ましいが、貧困層のローン回避を防ぐという目的にあくまで限定して、給付奨学金を認める。それには必ず収入調査が必要で、調査の上で貧困層だけに給付奨学金を出す。これがバーの論理である。

第3節でみたことと合わせると、バーは、ローン奨学金には資力調査は不要だが、給付奨学金には収入調査が必要だと考えていることになる。これは、給付奨学金が、一般の納税者からの税金によってまかなわれることから、高等教育ですべての大学生に与えてしまうと逆進的になってしまうと考えているからだろう。バーの論理によれば、裕福な者にもっぱら消費される高等教育において、給付奨学金を税金で賄う政策は逆進的になる（Barr 2001:180）。

わかりやすくいいかえるなら、資力調査無しですべての大学生に給付奨学金を与えてしまうと、裕福な子どもの大学生活を支える給付奨学金に、家の貧しさのゆえに進学を断念した高校生が就職し労働者として働いて払う税金がつぎ込まれることになる。それは許されないというのがバーの論理だ。(7)

高等教育がもっぱら裕福な者に消費されるという状況を変えない限り、高等教育の費用負担を税金で賄うことは、どうしても逆進的になる。逆進性を問題にする以上、バーのように給付奨学金は資力調査を行って貧困家庭の学生にだけ給付することにしなければ理論的に一貫しない。

4・5　パルメの決断――個人の独立の優先

おそらくパルメはそれがわかっていたのだろう。第3節でみたように、パルメは理論的にはローンだけの奨学金を望み、給付奨学金を残すことに合理的な根拠はないとみていたからである。すべての大学生に親の資力調査なしで給付奨学金を与えることが逆進的であることはわかっていたはずである。調査委員会報告書の論理に矛盾があることもわかっていただろう。

報告書で明らかな論理矛盾を犯してまで、パルメが実現しようとしたのは何だったのか。

私のみるところ、それは個人の独立である。

親が裕福であっても、親に大学生活の費用を出してもらう限り、子は親のいうことを聞かなければならない。子が文学部志望であっても、親が医学部に行かないと金は出さないといえば、子は親に従わざるを得ない。子が大学での進路を選ぶ際に、親からの干渉を受けず、自由に進路を選択できる社会、個人が独立して決断できる社会をつくりたい。第2節でみた「自由選択社会」。それが、逆進性の問題に目をつぶり、明らかな論理矛盾を犯してまで、パルメが実現しようとした社会であった。

家の貧しさのゆえに進学を断念した高校生が、就職し労働者として働いて払った税金がつぎ込まれている給付奨学金を、裕福な家の子どもである大学生にまで与えてしまってもよい。裕福な家の子どもが、親から独立できればそれでよい。逆進性の問題よりも、個人の独立という価値が優先される。そういう社会や文化を創るのだ。そうパルメは決断し、新たな奨学金制度を創ったのである。

5　日本への示唆

5・1　家族主義からの解放

以上のパルメの決断と制度がスウェーデン社会にもたらしたものは何か。経済的に親子は無縁な存在とみるべきであるという文化である。図表2-1でみたように、上層中流の学生であっても生活費を親に頼らず、政府の奨学金に頼る者が増えている。一九六五年に導入された新奨学金制度ではじめて、親の経済とのつながりは断ち切られ、高等教育に進学するほとんどすべての学生は国からの資金援助を受けるようになった。それ以降、スウェーデン人は、「大学生は大人だ。独立した個人だから、親の経済と分離しなければならない」という考えを受け入れるようになった。現在ではほとんどの学生が、親ではなく政府が、大学での勉学への必要な経済的援助をすべきだと当たり前のように考えているのである（Reuterberg & Svensson 1992:97, 1994）。

本書が序章で設定した問題意識はこうであった。

介護殺人まで起こってしまう、日本での子が親を介護すべきだという家族主義は、変えていくのが望ましい。それには、介護が始まるときまでに子があまりにも多くの援助を親から既に受けているという状況をなくす必要がある。親の人生で二番目に高い大学教育の費用を公的負担にする。最も高い大学の教育費を「脱家族化」し、介護負担の「脱家族化」もめざす。長期的戦略として、若者の自由な進路をまず公的に保障する。人生初期に家族主義の根本を断つ政策を打つ。それによって介護は家族がしなければという考えからの解放と、介護の社会化をめざせるのではないか。

以上のような「家族主義からの解放」が選挙の争点にもなることがあるとしたら、その際には、給付奨学金の支給時に、親の資力調査をするかしないかが決定的に重要な争点となる。

親の資力調査をせずに、給付奨学金を支給する制度を選択するなら、それは、高等教育の費用負担で貧困層から富裕層への税の移転という逆進的な制度問題が生じても、家族主義からの解放を優先すべきであるという決断をしたということになる。

そうではなく、給付奨学金の支給時に、親の資力調査が必要であるという制度を選択したとしたら、それはスウェーデンのような「家族主義からの解放」までは望まず、貧困層からの進学だけを促進するという決断をしたことになる。

以上が本章からの示唆である。

小林（2010）によれば、低所得層ほどローン負担感が強く、ローンを借りないローン回避傾向が起きやすい。ローンだけで学費負担軽減を図ることや高等教育機会を拡大することには限界がある。このため、近年、各国とも再び給付奨学金を重視する傾向にある（小林 2010:20）。また、教育社会学の藤森宏によれば、日本の一九九九年度の奨学金制度改革は「貸与＝借金」の拡大であり、低所得層の利用の伸びは小さい。そこで給付奨学金の創設を模索すべきだとしている（藤森 2009:65–6）。

給付奨学金の創設にあたって、親の資力調査をしないとしたら、それはどういう価値判断をしたことになるのか。それを本章は明らかにできたと考える。

5・2　社会科学の役割——決断の選択肢の明示

本書は、KG・ミュルダールの「価値前提の明示」の方法論によっている。ミュルダールの「価値前提の明示」の方法論はウェーバーへの不満から来ている。ウェーバーは目的が与えられれば、その目的にたどり着くための手段を科学的に決定できるとした。しかし、ミュルダールは「手段は倫理的に中立ではない」と主張する。なぜなら、多くの手段の中から、特定の手段を選択することの中に、どうしても価値判断が入ってくるからである（藤田 2010:92）。手段を選ぶときに、どうしても価値判断が入るのなら、その価値判断を前提として明示した方がよいというのが、ミュルダールの考えである。

本書は、最初に「家族主義からの解放」を価値判断として明示し、どのような価値判断の下にスウェーデンの奨学金政策における親負担主義の廃止をパルメが決断したかを第二章で明らかにした。

私見では、社会科学にとって最も重要なのは、政策制度を根本で支える思想、価値前提をえぐり出すことである。

今後の日本は、高齢者の割合が急速に増えていく。高齢者の投票が相対的に増えていくことで高齢者に有利な選択ばかりがなされ、若者や子どもなど次世代のために必要な政策が選択されなくなるおそれがある（小峰 2010）。

高齢者の介護についてはもはや家族を頼ることは期待できないだろう。つい最近の一連の孤独死報道は、家族にそのような力は残っていないことを示唆する。長期的に介護の社会化をめざすのであれば、何でも家族でやらなければという家族主義の考えを変える決断をする必要がある。そのためには、一見現在だけをみると高齢者に不利にみえる政策、若者の自由な進路をまず公的に保障し、人生初期に家族主義の根本を断つ政策を優先して打つべきである。それはまた、長期的には若者の生産性を高め、少子高齢化が進む日本社会を支える労働者一人一人の能力を高めることになるはずである。

拡大する一方の財政赤字、東日本大震災による予算不足の中で、あれもこれもという、かつてのような大盤振る舞いは不可能である。ある制度を選択することは、必ず一定の価値を選択することになる。ある制度の選択は、どういう価値、どういう未来を選択したことになるのかを、社会科学者は国民にわかりやすく説明し、選挙による国民の価値選択を助ける義務がある。

政治的な意思決定の対象となる選択肢を明示するためには、価値判断を明示した上での研究が欠かせないだろう。どの価値を最重要とすべきかを明示しなければ、政治的な優先順位は決定できず、どのような未来をめざした制度なのかも明示できないからである。国会の委員会や選挙で掲げるべき政治的な優先順位を、全体像として明示するのを助ける研究を本書はめざしている。

注

（1）エルランデルの「強い社会」の要領のよい記述として、（Tilton 1991:176–9）がある。

（2）スウェーデンには一種の税で運営する共同墓がある。実際には低所得者の利用が多いはずだが、多くのスウェーデン人は、「共同墓はすべての人のため」だとし、共同墓のスティグマを回避している（大岡 2014）。

（3）一九六〇年のマッチ工場の男性労働者の月給は五二〇クローネル（以下、略）。その約三分の一が一七五である。靴工場の女性労働者は四二一。一七五はその約二・四分の一。一九六五年の製本所の女性労働者の時給は七・六二。銀行の上級職の年収は五万。一二で割ると四一六七。ハム一キログラムの値段は一九六〇年一二・〇六、一九六五年一二・六五。オーダーメイドのスーツ上下の最安値は一九六〇年二六五、一九六五年二七五であった（Lagerqvist & Nathorst-Böös 2002:107–8）。

（4）社会集団1は、大卒者、社長、大企業経営者、卸売業者、将校、上級ホワイトカラー、地主、校長。2は、農業者（地主を除く）、小中学校教員（校長を除く）、商業者、販売外交員、手工芸者、一部の上級ホワイトカラーと自営業者、下級ホワイトカラーの大部分。3は、労働者、下級ホワイトカラーの一部、非正規雇用者（SOU 1963:48:62）。

（5）バーの所得連動返還ローンについては、（芝田 2006）も参照のこと。

（6）Barr（2004）は、代表的な論文引用データベース Web of Science によれば、所得連動返還ローンを論じるバーの論文の中で引用数が一九と最も多い。

（7）社会学の橋本健二もバーと同様の指摘をしている。大学の授業料をタダにしても、貧乏な家の高校生は進学をためらう。自分が働かないと食べることもできない家族のことを思い、進学せずに働くしかないと考えてしまうから。こうして、大学へ行くのをタダにしても、結局お金に余裕のある家にたまたま生まれた子どもだけが大学生活をタダで楽しむことになってしまう。裕福な子どもからは授業料を取り、貧しい子どもには、授業料だけでなく家賃や光熱費もまかなえるだけの奨学金を与える方が効果的だと橋本は論じている（橋本 2007:54-5）。

第三章　高等教育費の公的負担の根拠

1　教育費の「脱家族化」と進路保障

1・1　親負担主義廃止で人生初期に家族主義の根本を断つ――教育費の「脱家族化」

序章で述べたように、日本では家族が高齢者を介護すべきという意識はなかなか変わらない。介護保険の導入後も介護殺人が減ったとはいえず、その約三分の一が息子による親の殺害である。子が親を介護すべきと思い込む家族主義が強いのはなぜか。

それは、介護が始まる前に、子が多くの援助を親から既に受けているからではないか。家族主義を変え介護殺人を減らすには、人生初期に親子の経済的つながりを断てばよいのではないか。

日本では約六割が大学・短大等に進学する。大学教育は、親の人生で二番目に高い買い物である。無理したから親は子に老後の面倒をみてほしいと考えがちだろう。

長期的戦略として、奨学金の充実により、若者の自由な進路をまず公的に保障する。人生初期に家族主義の根本を断つ。それにより介護は家族がという考えからやがて解放されていくのではないか。

人生初期に教育費の「脱家族化」を図ることで、介護の「脱家族化」を図る政策の可能性を本章は考える。

1・2　少子高齢化社会を支える若者の進路保障の必要性――高等教育費の公的負担増

少子高齢化の日本社会を支えるには、貧困でも有能な若者に進路を公費で保障し、能力を発揮してもらう必要がある。教育費の公的負担を増やし、多くの税収をもたらす大卒者をより多く育成するのである。

少子高齢化のため、高齢者一人当たりの現役世代の人数は確実に減る。高齢者世代を現役世代が支える今の仕組みを維持するなら、現役世代がより良い教育を受け、高収入の仕事に就き、より多くの税金や保険料を負担する必要がある。

だが、日本の高等教育費の家計負担は重く、有能な若者でも貧困家庭からの進学は困難である。日本の財政支出は年金等、高齢者に偏り、教育など「人生前半の社会保障」への支出は少ない。

高齢者への予算を削り、それを若者の教育に回す等の予算見直しが不可欠だが、高齢者も納得できる形での予算編成方法の見直しはどうすれば可能なのか。

本章で参考にするのはスウェーデンである。スウェーデンは一九九〇年代後半には高齢化が世界で最も進み、高齢者の票の比率は世界最高だった。にもかかわらず、高齢者むけの支出を抑え、巨額の奨学金増額を決定する予算編成を行った。また、九〇年代後半は不況による財政危機のまっただ中だったが、巨額の奨学金増額を行った。なぜ、それが可能だったのか、以下でみていくことにしよう。

2　不況期の教育予算増の背景

スウェーデンは財政危機の一九九六〜一九九八年に約一五〇〇億円強の奨学金増額を行った。日本の人口に換算するなら、約二兆一四〇〇億円の増額に相当する（大岡 2010）。日本の二〇一二（平成二四）年度の文教及び科学振興費は約五兆四千億円。いかに巨額の奨学金増額だったかがわかる。

不況下でも巨額の奨学金増額ができたのは、スウェーデンの高齢化率が低かったためではない。一九九五年の高齢者人口指数（二〇〜六四歳人口に対する六五歳以上人口の比率）は三〇・二で世界一高く、高齢者の票の比率は世界最高だった。

図表 3-1　国の財政支出の推移（新分類）1995 ～ 2009

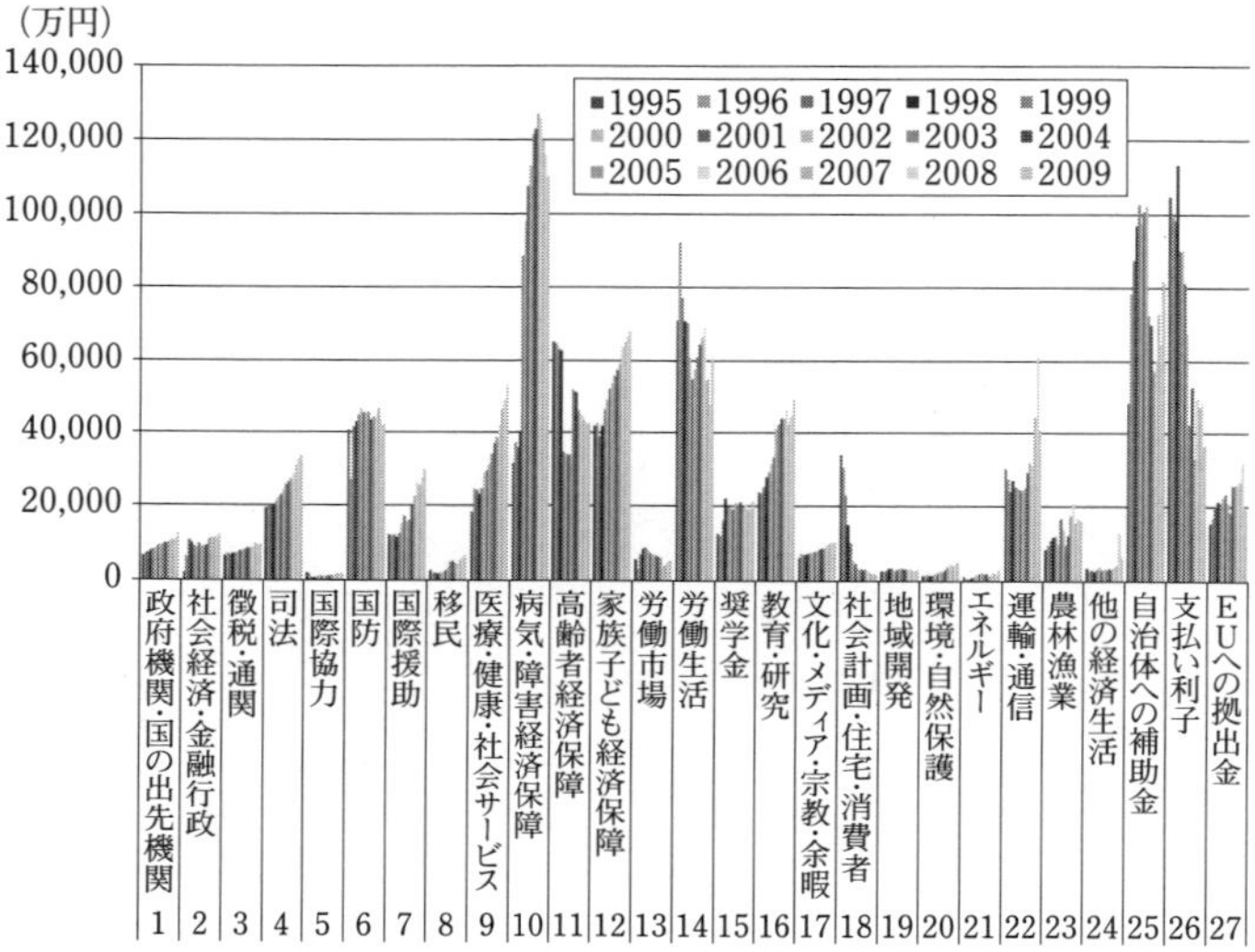

出典：ESV 2010, Tabell 10 より作成

にもかかわらず、高齢者むけの支出を抑え、巨額の奨学金増額を決定する予算編成はなぜスウェーデンで可能だったのか（図表3-1）。

不況期にもかかわらず、一九九〇年代にスウェーデンは高等教育を急拡大した。一九九六年前後の予算で大学入学者枠を三万人も増やした。急増した理由は下記の二つである。

第一に、高等教育在学率がスウェーデンでは当時それほど高くなかった。二五歳以上をみれば約三七%が学生だったが、一九～二四歳では国際的に高等教育在学率が低かった。一九八八年の一九～二四歳の在学率をみると、デンマーク三一・三%、フィンランド二六・四%、ノルウェー二六・〇%に対して、スウェーデンは一四・八%に過ぎなかった。また、一九八〇年代末にはスウェーデンでは産業界に大卒者が四・九%しかいなかった。イギリス一〇・四%、アメリカ一八・一%、日本一一・七%だったのにである（SOU 1993:16:311）。一九～二四歳の在学率だけをみると、一五%未満だったスウェーデンの大学はトロウのいうエリート段階に当時まだあったともいえる（トロウ 1976:61–4）。大学のさらなるマス化が必要であり、特に理数系の定員を大幅に増やした（藤岡 2001:83–4）。

第二に、大卒者は他と比べ失業率が低く、また今後大卒者の需要増が見込めるという予測ができたからであった（Prop. 1995/96:222:6. 6–6. 7）。

財政危機の九〇年代後半に巨額の奨学金増額を行ったのは、社会民主党政権である。一九九〇年代半ばに文部大臣を務めたC・サム（社会民主党）のメール（二〇一二年八月）によれば、奨学金増額は、その前に大学生数を上記の理由から急増したためで、反対は全くなかった。不況期にもかかわらず、高等教育の拡大は明確な政府の方針で、スウェーデンの労働力の教育水準を上げるためだった。高等教育拡大は、メディアからも野党からも反対はなく、人気のある政策だったという。

社会民主党で二〇〇〇年代半ばに文部大臣を務め、二〇一二年八月にインタビューした当時、同党の教育問題責任者の国会議員だったI・ベイランに話を聞いた。彼によれば、高齢者への予算を削り、若い世代に回すよう、高齢者を次のように説得した。すなわち、高齢者は祖父母でもある。彼らは孫たちの教育システムにも関心が高い。そこで孫たちの将来への投資として、より良い教育システムのためにお金を出してほしいと説得したという。

日本であれば多くの高齢者は、「削られた予算が孫たちにいくかどうかわからない。政府に預けるよりも、直接孫に渡した方がよい」と考え、説得されないだろう。

スウェーデンの高齢者が説得されたのは、国民にスウェーデン政府への信頼があったからだとベイランは指摘した。ベイランは、トルコからの移民としては初の大臣をつとめた。彼が強調したのは、スウェーデン政府への国民の信頼がなければ、不況下での奨学金増額改革は不可能だったということである。スウェーデンでは税金の使い道が明快で、政府の説明通りに税金が使われると国民は信頼している。信頼がなければ、増税しても予想通りに税金を集めることはできない。使途が不明な税金を誰も真面目に払おうとしないからだ。南欧やトルコでは政府への信頼がないため、増税してもいくら税収が見込めるかわからない。これでは改革は不可能だという。

スウェーデンのように、政府への信頼があって初めて、高齢者への予算を削り、それを若者の教育に回すという政策が可能になると考えられる。日本でどのようにその信頼を作っていくべきか、今後さらに研究する必要がある。信頼の問題は、第四章、第五章で取り上げる。

3　逆進性

日本の高齢者への予算を削り、それを若者の教育に回す根拠として、財政学者の井堀利宏は、次のように主張する。①少子化や就労問題などの「新しい社会的リスク」に対応して、教育や積極的労働政策などの人的資本政策に支出を増やす必要がある。②そのために、裕福な高齢者の年金額を削減する。③裕福な高齢者に、相対的に貧しい勤労世代から年金という形で所得を再分配することは、公平でない（井堀 2009:102）。

ここで注目するのは③で、貧しい者から裕福な者へ所得を再分配することは公平でないという主張である。これは、年金制度での再分配は逆進的であってはならないという論理である。

この逆進性の問題は、高等教育費を税金で賄う時にあらわれたものと同じである。

第二章で述べたように、バーによれば、高等教育費を税金で賄うのは逆進的である。高等教育は裕福な者にもっぱら消費されるから、高等教育を税金で賄うと裕福な者を利する。また、ローン奨学金には資力調査は不要だが、給付奨学金には必要である。ローンはやがて返還される。だが、資力調査無しですべての大学生に給付奨学金を与えると、裕福な子どもの給付奨学金に、家の貧しさのゆえに進学を断念した労働者が払う税金がつぎ込まれることになる。それは許されないというのが、バーの論理であった。

高等教育が裕福な者にもっぱら消費される状況を変えない限り、高等教育を税金で賄うことは、逆進的になる。逆進性を問題にする以上、バーのように給付奨学金は資力調査を行って貧困家庭の学生にだけ給付することにしなければ理論的に一貫しない。

3・1　逆進性の先行研究

これまで教育費負担の逆進性について、どのような先行研究があるのかを確認しよう。

(1)給付奨学金

高等教育財政に詳しい市川昭午も、学生への資金援助は公正の基準に反しないためには給付でないことを条件とする。給付は逆進的になる確率が高く、ローンならその心配がないからである（市川 2000:52）。

(2)低授業料政策

奨学金・授業料政策に詳しい小林雅之によれば、低授業料政策への典型的な批判は、逆進的だという批判である。大学進学者層は高所得層が多いため、大学への公的補助による低授業料政策は、低所得層（非大卒者）から高所得層（大卒者）への所得の逆進的な分配になる（Hansen & Weisbrod 1969）。

これへの反論もなされ、現在でも論争は決着していない。第一に、高所得者は所得税も多く払っているので、逆進的な分配にはならないという反論がある。第二に、ＷＬ・ハンセンらの主張の前提である大学、とりわけ選抜度の高い大学に高所得層が多いということは必ずしも実証されていないという反論がある。第三に、外部効果があるため、公的補助により低授業料にすべきだという反論である。論争にはまだ決着がついていない（小林 2012a:120）。

低授業料政策が逆進的だという理由で、実際に授業料を徴収したのが、オーストラリアであった。

一九七三年に授業料を廃止したが、八〇年代に高等教育費の政府負担割合が急増したこともあり、一九八九年にすべての国内学生から授業料を徴収することとなった。一九八九年当時の労働党政府が授業料を再導入した理論的根拠の一つは、逆進性だった。当時の連邦内閣の何人かは、授業料無料の高等教育は逆進性の強い経済政策であると強く考えていた（Beer & Chapman 2004:2; McInnis 2008:65–6; 日下田・濱中 2007:161–2, 2012:266）。

第二章でみたジョンストンも、無料の高等教育の逆進性を指摘する。無料の高等教育は今なお中流・上流階級の子らがもっぱら享受している。多くの国ではその費用は、よくても比例的、しばしば逆進的な税によって賄われる傾向がある。よって、ほとんどの経済学者は、完全に無料の高等教育は、貧しい者から裕福な者への所得の効率的な再分配となるとみているという（Marcucci & Johnstone 2007:27）。

⑶私学助成

私学助成の拡大も逆進的だと市川は指摘する。高等教育費を公費で負担するのは平均より裕福な家庭の出身者に補助金を出すことで、私学助成はこれを拡大しようということである。しかも、その財源が高等教育を受けられなかった勤労青少年や中高年層が負担する税金で賄われるのでは、どう考えても公正の原理にかなうとはいえないという（市川 2000:48）。

⑷まとめ

以上、給付奨学金、低授業料、私学助成が逆進的となるという先行研究の指摘をみてきた。それらすべての前提は、高等教育は、より豊かな階層により多く享受されているということである。給付奨学金、授業料無料、私学助成は、いずれも非大卒者も含む一般の納税者が払う税によって負担される。つまり、高等教育がより豊かな階層により多く享受される状態を変えない限り、公費負担を増やせば増やすほど、高等教育は逆進的になるという主張なのである。

3・2　教育の収益率――社会的・公的・私的

一方、より細かく収益率を計算すべきだとするのが、教育経済学の矢野眞和らである。教育の収益率には、社会的・公的・私的の三つがある。①社会的収益率は、教育の全費用と税引き前所得のデータを対応させることで得られるもので、社会全体の費用と社会全体に帰属する収益の比較を意味する。②公的収益率は、税金による費用負担と税収の増分を対応させることで得られる。③私的収益率は、家計の個人費用負担と税引き後所得のデータを対応させる。

①社会的収益率は、社会全体からみて教育供給量が過剰なのか否かについての、②公的収益率は政府の、③私的収益率は個人の、それぞれ教育投資の判断に関わる意思決定基準となる（妹尾・日下田 2011:251-2）。

三種の収益率を互いに比較することで、教育費を政府（社会）と家計（個人）とでどの程度ずつ負担すべきかという規範の検討に役立つ。「私学助成の経済分析」という題の矢野（1984）が以下の三つに整理した（矢野 1984, 1996）。矢野の説明順序を公的負担の小さい順に並べ直すと、以下のようになる。

①再分配強化説

公的負担を一番小さくする立場である。高学歴者から低学歴者への所得再分配を現行税制以上に累進的にする。私的収益率を社会的収益率よりも小さくなるように決定し、結果的には公的収益率を大きくさせればよい。これを規範とすれば、社会的・公的収益率が私的収益率よりも大きくなるよう誘導すべきだと判断される。補助金をゼロにした時、私的収益率が最小になる。その場合、公の費用負担は放棄した税収入だけだから公的収益率は最大になる。

②受益者負担説

可処分所得を個人への帰属、税額を公への帰属とする。これを規範とすれば、社会的・公的・私的の三種の収益率が等しくなるように誘導される。

③外部効果強調説

個人負担を少なく、公的負担を大きくする立場である。学歴間の所得再分配を逆進的にさせることだから不公平である。公的収益率はきわめて小さくなる。だが、この方法が是認されるケースもある。教育の外部効果が税収以上に大きい時である。外部効果が進学者だけでなく社会全体に平等に波及するならば、その外部効果収益率が大きいと判断できるからである。この時私的収益率が公的・社会的収益率より高い状態が是認される。しかし、①②でも外部効果それ自体は存在するはずだから、③の選択は、授業料を下げて進学を促進するという政策意図を持っている。つまり、政府の教育投資が過少だという判断がある（矢野 1996:104–5; 妹尾・日下田 2011）[1]。

矢野によれば、この三つの説と教育機会平等説とは独立した政策である。機会平等説は階級間再分配であり、奨学金などによる低所得層への個人援助政策がなければならない。

私学助成の目的の一部に機会平等政策を含めて考えるべきではない。機関援助が機会平等政策と結びつくのは、経済条件によって進学する機関が分離している時だけである。現在の国立・私立の間に、経済条件による入学選抜制約はない。

国立大学の低授業料に機会平等政策の意図を持たせることは混乱をまねくだけである。国立大学の公的収益率はきわめて低い。それが支持されるためには、国立大学が外部効果強調説にふさわしい機能を持っていなければならない。しかし、国立大学にだけ特有な外部効果を上げることは難しい。

以上のように矢野は述べ、私学助成について下記の結論を書いた。

①現行の私学助成はほぼ受益者負担原則に近く、その意味で効率的である。

②税収入増を上回る外部効果があるとすれば、現在の助成水準の縮小ではなく拡大の方向で検討すべきである。

③私学助成の効率性を基礎にして、国立と私立の溝を取り除く財政システムへ転換させる必要がある。授業料の国私間格差の是正にとどまらず、国立が高い費用にふさわしい良質な教育を行っているとすれば、授業料は国立の方が高くなる場合も生じるはずである。あるいは、国立の公的補助

の縮小も検討する必要が出てこよう。

④以上のシステムを前提とした上で、機会平等化政策を別途考慮しなければならない。それは個人援助でなければならない。私学助成の目的の一部に機会平等政策を含めて考えるべきではない（矢野 1996）。

このように国立大学の学生の中には中高所得者層出身の者もおり、国立大学授業料一律低廉化政策は、裕福な層にも恩恵を与え、場合によっては逆進的所得配分になっているという主張がある。これを是正するためには授業料低廉化政策を放棄し、コストに見合った授業料を徴収し、高等教育機会の確保のためには、別途奨学金を用意するという、次のような高授業料／高奨学金政策の議論がある（芝田 2006:93; 丸山 2004:129）。

3・3　高授業料／高奨学金政策とその批判

高授業料／高奨学金政策を主張する者は、富裕な学生にはフルコストを課し、増加した授業料収入の多くを必要性の高い学生にのみ再配分することにより、大学教育の費用と家計所得の適切な関連を達成できるという。一律の低授業料より効率的かつ公正だという主張である。

これは、低授業料政策の批判として登場した。国公立大学に高所得層が多く進学すれば、低授業料政策は所得の逆進的な配分になる。

ただ、実際の高授業料への移行の背景として最も重要な要因は、高等教育の費用を公的に負担することは、各国とも高等教育のマス化と公財政の逼迫により困難となってきたことである。公正の点に関して、高授業料／高奨学金政策への批判は多い。

この政策が低所得層の進学機会を改善するのは、親の所得を給付基準とした給付奨学金が授業料の上昇をカバーする場合だけである。だが、実際には、授業料は上昇するのに奨学金とりわけ親の所得を給付基準とした奨学金は政治的なサポートがないので減少する危険がある。政治家や有権者は、彼らや彼らの子供たちが最も得すると考えられる公共部門の一部だけを支持しやすい。高等教育予算の学生支援を維持することはほとんどありそうもないという批判である（小林 2012b:17–21）。

3・4　逆進性は無くしうるのか

また、第二章の給付奨学金の逆進性に関する部分を中心に学会で報告したところ、給付奨学金を十分充実させれば、逆進性はなくなると考えてよいかと質問を受けた。「給付奨学金を十分充実させれば、貧しい家庭からも大学に進学できるようになるはずだ。もしそうなれば、貧しい家庭からの税金でまかなう給付奨学金を、裕福な家の子にもっぱら回すという逆進的な事態はなくなるのではないか？」という仮想的・理論的な指摘である(2)。

もし逆進性の問題が無くなるのであれば、親の資力調査なしに給付奨学金を支給することが可能になり、家族主義からの解放を徹底して目指すことが可能になる。

逆進性がなくなる状態を現実的に作り出すことは可能なのだろうか。

否定的な意見もある。たとえば、二〇〇〇年のスウェーデン財務省専門委員会の報告書は、スウェーデンの給付奨学金の割合を大幅に増やした一九八九年の奨学金改革は逆進性を強めたと指摘した。

報告書によれば、給付奨学金の割合を増やしたことは、進学格差を減らす結果にならなかった。

給付奨学金は生涯を通じて資源を再分配する
教育をほとんど受けていない者から高等教育を受けた者へ
貧困者から裕福な者へ。

二〇〇一年に施行された改革奨学金システムも、これらの影響を更に強め、生涯を通じた社会的不平等を拡大しているという（Ds 2000:19:10, 68, 78）。

逆進性を無くすまで、給付奨学金を充実させることは、現実的に可能なのだろうか。

逆進性の問題が生じたとき、対処の仕方は論理的には二つある。

第一は、「逆進的であってもよい。それよりも大事な価値を優先する」と考える。逆進性の問題より、子の親からの「個人の独立」を優先したスウェーデンがその例であった。３・２でみた外部効果強調説も一見これに似ていて、教育の外部効果が税収以上に大きく、社会全体に平等に波及するなら、逆進性があってもかまわないとする。しかし、外部効果強調説は「個人の独立」の優先とは違う。「個人の独立」という価値は、外部効果のあるなしを問わないからだ。

第二は、高等教育が、より豊かな階層により多く享受されている状況を改め、逆進性のある状態をなくすことである。

仮想的な思考実験として、高等教育の私費負担をゼロとし、学生の生活費すべてを公費で賄うケースを想定してみよう。その場合、高等教育が、より豊かな階層により多く享受されている状況を変え、貧しい家庭からの大学進学を促すことができるだろうか。

それに最も近いケースは、授業料が無料で、給付奨学金を充実させたスウェーデンであり、高等教育が世界で最も安く手に入るシステムといわれる（Usher & Cervenan 2005:34）。以下では、スウェーデンの事例を検討してみよう。

4　スウェーデンの給付奨学金

4・1　制度の概要と変遷

スウェーデンの奨学金は、返さなくてよい給付奨学金と、返済が必要なローン奨学金とでできている。

二〇〇六年の標準的フルタイム学生の受給可能額は四週当たり九・六万円（給付 三・三、ローン六・三。レートは、二〇一一年三月時点）。政府により発表されている一人あたりの最低生活水準で

図表 3-2　基礎額に対する奨学金全体の割合（%）

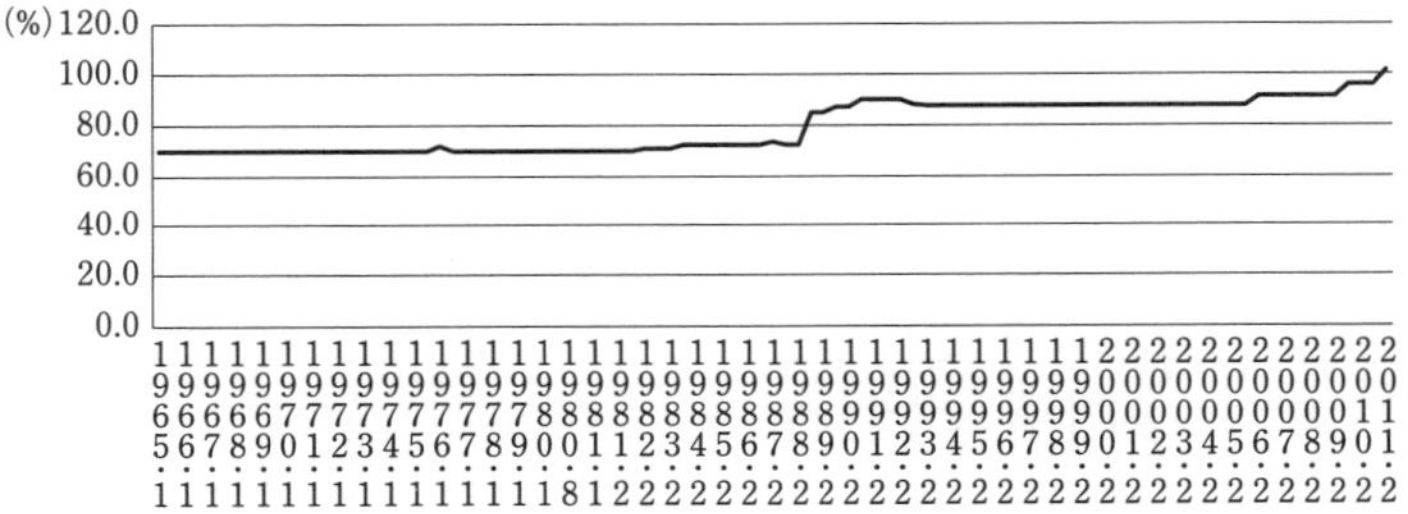

出所：スウェーデン中央就学支援委員会 CJ・ストルト

ある一〇・八万円を下回っている（上山 2012:211, 221）。

年金の積算の基礎となる「基礎額」に対する奨学金全体の金額の割合は、上記の図表3－2のとおりである。

一九六五年に新制度が始まったときは総額の二五％が給付金だった。しかし、この割合は少しずつ減り、一九八八年にはたったの六％になった。給付金部分が減ったのは、受け取る奨学金の総額が生活費指数にリンクしていたからである。この指数がインフレに伴って上がり、返済が必要なローン部分が増えた。給付金もたまに増額されたが、それはほんの少額だった (Reuterberg & Svensson 1994)。

一九八五年に国の委員会が設置され、奨学金の見直しがされた。新しい制度は一九八九年元旦から導入された。月額四〇〇〇スウェーデン・クローノル（SEK）強から五〇〇〇SEKに増額された。最も重要な変化は給付金部分の増額で、月額二五〇弱からほぼ一五〇〇SEKに、すなわち総額の六％から三〇％になった。

なぜ政府は図表3－3のように給付奨学金の割合を六％から

図表 3-3　奨学金総額の内、給付奨学金の割合（%）

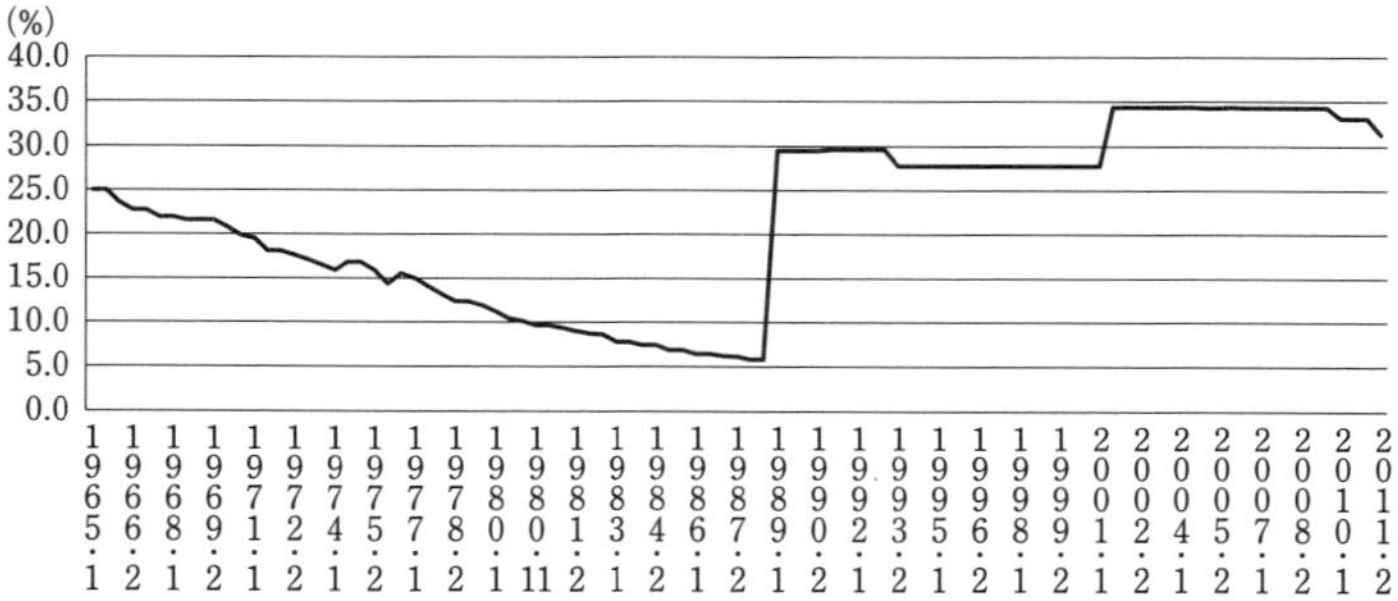

出所：スウェーデン中央就学支援委員会CJ・ストルト

三〇%へ一挙に増やしたのだろうか。

政府調査委員会報告書SOU（1987:39）は、低所得層の学生には負債への恐怖があるから、給付奨学金が他の援助金よりも入学をより促進する効果があるとしていた（SOU 1987:39:116）。スウェーデンの中央就学支援委員会（Centrala studiestödsnämnden、略称CSN。以下「就学支援委」）の研究者CJ・ストルトへのインタビューによれば、上記のSOU（1987:39）のとおり政府が考えたから給付金部分を急増したという[3]。

4・2　入学促進効果の限界

しかし、ストルトによれば、給付奨学金が低所得層の入学を促進する効果を、政府は過大評価していた。

二〇一〇年に実施された、二〇〇五年の高卒で非進学者（調査時点で二四～二五歳）への質問紙調査がある（標本数一四五八、有効回答三六一、回収率二五%）。この調査で、「なぜ高校卒業後、勉強を続けなかったのか?」と聞いた

図表 3-4　高卒者の非進学理由

2005 年高卒者の「なぜ高校卒業後、勉強を続けなかったのか？」に対する回答（％）

	女性	男性	全体
働いていて、勉強よりも仕事を続けたかった	28	59	47
さらに勉強する前に、何か他のことをすることを選んだ	7	7	7
勉強を続けるつもりが全くなかった	5	5	5
勉強するモチベーションがなかった	4	3	3
自分が何を勉強したいのかが分からなかった	28	15	20
自分が勉強したいことに必要な学力が足りなかった	0	2	1
自分が勉強したい教育機関に入れなかった	2	1	1
病気で勉強できなかった	1	1	1
家族の事情で勉強を始められなかった	1	0	0
奨学金の額が少なすぎた	4	1	2
ローン奨学金を使いたくなかった	8	1	4
勉強に着いていけないと思った	1	0	0
他の理由	4	4	4
誤回答	7	2	4

出典：CSN 2011:53, 129

ところ、図表３－４の結果が得られた（CSN 2011:53, 129)。

注目されるのは、奨学金を理由に進学しなかった者は非常に少ないことである。全体では「奨学金の額が少なすぎた」が二％、「ローン奨学金を使いたくなかった」が四％にすぎない。約半分の者が、勉強よりも仕事を続けたかったと答えている。

奨学金が低所得層の入学を促進する効果を、政府は過大評価していた。実際には、他の要因が多くある。家庭環境のために、そもそも入学を希望しない、勉強に自信が持てないとかがある。奨学金があっても、とにかく勉強を始めようとしなかったのだとストルトはいう。

つまり、「給付奨学金さえ充実させれば、貧困家庭の子弟が大学進学を望むようにな

図表 3-5　全入学者数（左目盛り）と伝統大学入学者の割合（右目盛り）

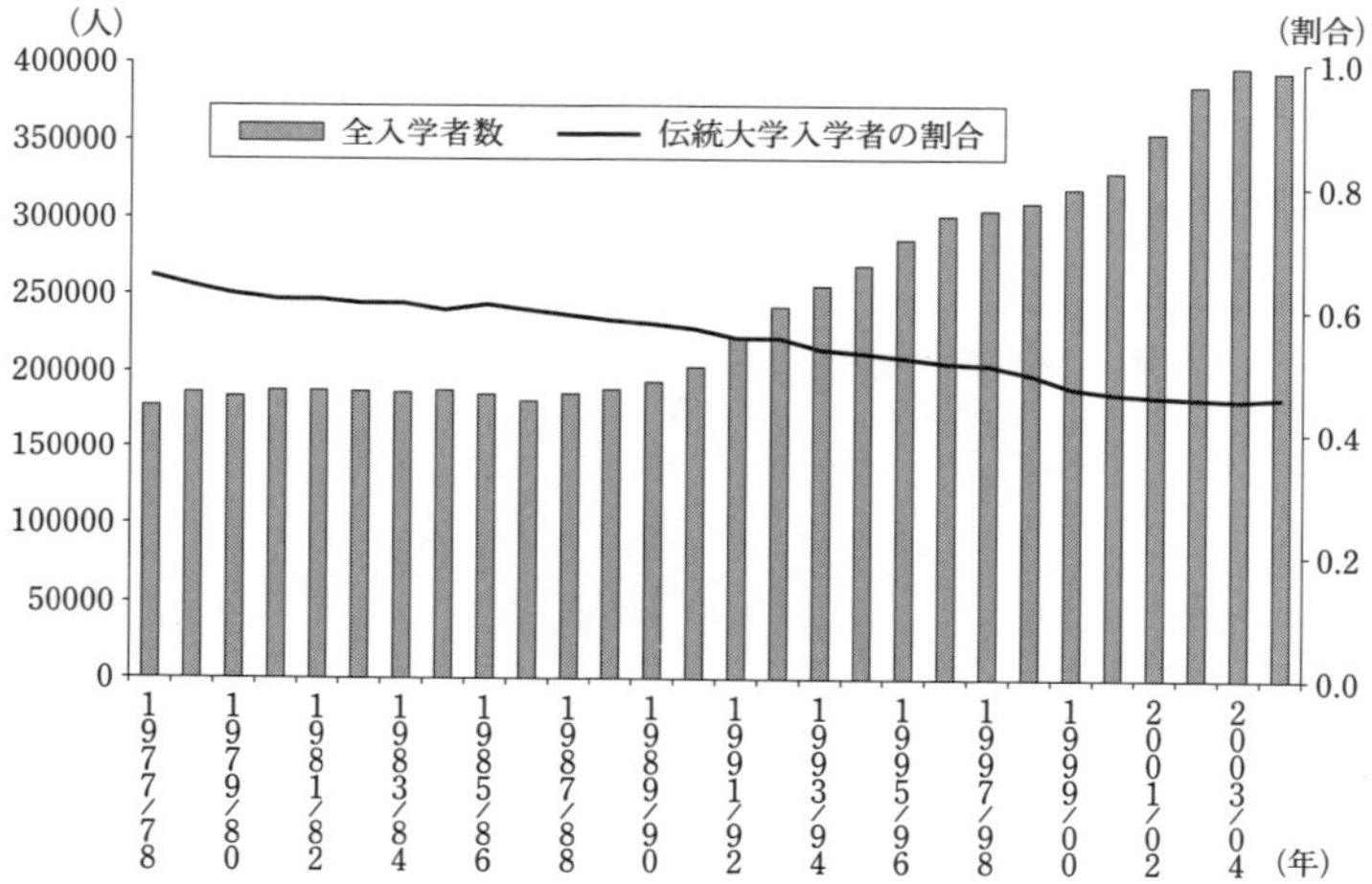

出典：Eliasson 2006:3

る」わけではない。給付奨学金の充実だけでは、高等教育の逆進性を緩和することはできなかったのである。

4・3　定員数増がむしろ有効

一九九〇年代に大学と大学定員数を増やした効果の方が、給付奨学金の割合を増やすことよりも、入学促進効果が大きかった。

一九九三〜二〇〇三年の大学と大学定員の拡大（図表3－5参照）は、進学格差を減らした。労働者階級の子は、下宿代など余計なコストがかかるため、大学の場所が遠ければ進学をあきらめがちである。学べる場所が全国に広がったことは、入学を促す効果があった。図表3－6の細い点線が労働者家庭だが、大学生の割合が増えていることが分かる（SOU 2009:28:106）。

図表 3-6　社会階層別の大学生（35 歳未満）の割合（%）1993/94 ～ 2005/06 年度

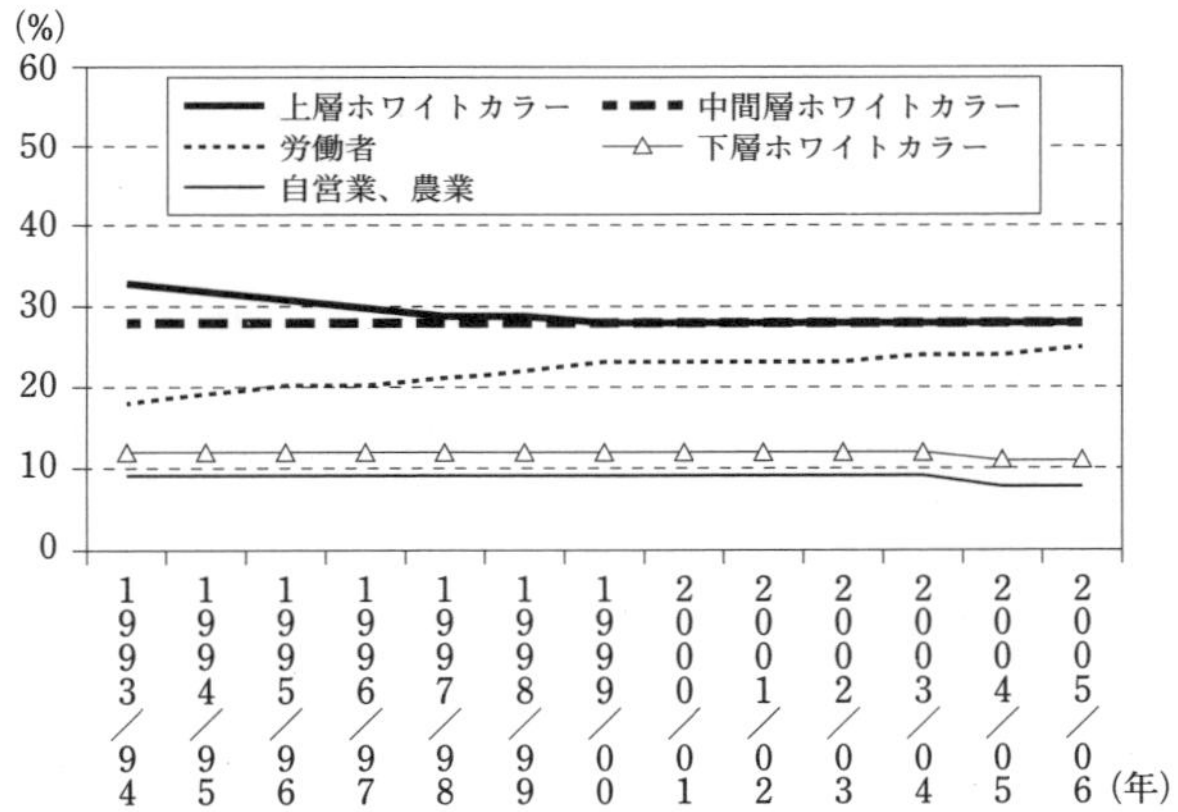

出典：SOU 2009:28:106

また、最近の研究でも、大学への距離が遠いと、労働者階級の若者は進学をためらう効果があることがわかっている（Hällsten 2010:842）。

就学支援委のストルトが書記として作成に携わった二〇〇九年の政府調査報告書によれば、奨学金が高等教育への全体での進学促進に効果があることは明らかにされてきた。しかし、国際的な研究によれば、奨学金の増額が、労働者階級の子の学生の割合につながるかどうかは定かでない。ただし、スウェーデンの状況の研究は、奨学金はある程度の平等化効果があることを示しているという（SOU 2009:28）。

だが、これに対し、その一年前に財務省が発表した「長期調査報告書二〇〇八」では、奨学金が逆進性を強めたことを次のように強調していた。

高等教育への進学促進効果では、調査対象期間中に奨学金の意味が変化した。一九九二年の政府調査報告書は、特定の社会階級に有利な効果を奨学金が与えているか否かを調査した。その結果、効果は時によって変化したことがわかった。調査期間の最初には奨学金は高等教育への社会的な進学格差を抑えるよう働いたが、期間の最後にはむしろ格差を強めていた。これは高い社会階級の学生が、成績が低くても、奨学金のおかげでより多く勉強を続けたためである。この効果は、低い社会階級の成績のよい学生が勉強を続けることを促す点で奨学金が持つ積極的な効果よりも大きかった（SOU 2008:69:36）。

図表３－４でみたように、高卒者の非進学理由として奨学金の問題をあげる学生は五％未満であった。図表３－３のように給付奨学金の割合を大幅に高めても、入学を促進する効果はあまり大きくなかった。

前項で述べたように、「給付奨学金さえ充実させれば、貧困家庭の子弟が大学進学を望むようになる」わけではない。大学の授業料が無料であるスウェーデンでも、給付奨学金の充実だけでは、逆進性を緩和することはできなかった。

授業料無料は、授業料と同額の給付奨学金の受給と実質的に同じである（小林 2012b:5–6）。授業料が無料のスウェーデンは、授業料と同額の給付奨学金を既に支給しているとみなせる。その上さらに給付奨学金を充実させても、貧困家庭の子弟は大学進学を望むようにならず、逆進性を緩和できなかった。

家庭環境のために、そもそも入学を希望しない、勉強に自信が持てない。奨学金があっても、とにかく勉強を始めようとしなかったのだと就学支援委のストルトは指摘した。世界で高等教育が最も安く手に入るシステムといわれるスウェーデンですら、給付奨学金の充実だけでは、貧困家庭の子弟は大学進学を望むようにならなかったのである。よって、給付奨学金を充実しただけでは、貧しい家庭からの大学進学を促し、高等教育が豊かな階層により多く享受されている状況を変え、高等教育費を逆進性がなくなる状態を現実的に作り出すことは不可能に近いだろう。

進学格差を減らす効果が大きかったのは、一九九〇年代の大学と大学定員数の拡大であった。大学が近くにできたため自宅からの通学が可能になり、それまで下宿代などのために進学をあきらめていた労働者階級の子も大学へ進学するようになった。

これは既に大学の授業料が無料であるスウェーデンであったために、大学が近くにできたことで進学格差を減らす効果が大きかったと考えられる。

4・4　日本の改革への示唆

では、大学の授業料が高い日本で、大学を地方に分散させるだけで、進学格差を減らすことは可能だろうか。

日本の現状では否といわざるとえない。最も安い国立自宅女子でも約一四〇〇万円以上と、大学教育は親の人生で二番目に高い買い物である。そのため、親の年収によって高卒後の進路が大きく分かれる進学格差がある。第一章の図表1－2をもう一度みていただきたい。親の年収が増えれば四年制大学への進学が増え、就職が減っていた。

逆進性が無くなるには、図表1－2の四年制大学への進学を示す上向きのグラフの線が水平にならなければならない。

完全に水平になるのが難しいことは予想できる。一律にすべての大学生に同額の給付奨学金を与えた場合、進学の線の傾きはそのままで上方移動するだけになるのではないか。逆進性を問題とする以上、少なくとも進学の線の傾きが将来的に水平に近づいていくと予想できなければ、一律に同額の給付奨学金を支給する根拠はなくなる。

仮に一律に授業料を無料としたらどうか。これは大学生全員に授業料と同額の給付奨学金を与えるのと同じである。スウェーデンで起こったことをみれば、最初は低所得者層の大学進学を促進するだろうが、高所得者層の学生が、成績が低くても授業料無料（＝同額の給付奨学金）のおかげでより多く大学進学をするという逆進的な状態になる可能性がある。財政上も巨額の費用を要するから、現在の日本ではすぐには採用しにくい政策だろう。

残る方法として現在考えられるのは、①給付奨学金を親の所得調査をした上で低所得者層の学生に給付するか、②給付奨学金は導入せず、オーストラリアのような卒業後に支払いが始まる所得連動返還ローンを導入することである。

①については、人生初期に家族主義の根本を断つという本章の第1節1・1の目的からみると、貧困家庭だけに給付奨学金の給付を絞ることになり、中高所得層の家族主義の根本を断つという目的は達せられない。

ただ、貧困家庭からの大学進学は可能になるので、少子高齢化社会を支える若者の進路保障という第1節1・2の目的は達成可能であろう。

ただし、貧困家庭だけに援助金を絞ると、中間層以上が賛成しない可能性がある（Johnstone 2011:335）。第二章のスウェーデンの奨学金改革と同じ話である。返済を不要とする給付奨学金で逆進性の問題が生じるのを避けるためには、所得審査をし、貧困層のみに給付することが必要である。しかし、こうすると、給付奨学金をもらえない中間層以上は、自分たちが利益を得られない。そのため、貧困層のみに給付する給付奨学金制度の提案には賛成投票をしないのではないかと予想される。

②のオーストラリアのような卒業後払いは、実質的には無利子ローンと同等である（小林 2012b:33-4）。また、オーストラリアの所得連動返還ローンは、卒業生の年収が一定程度以上に到達しない年には、授業料返済義務は生じない。大学入学時に授業料を用意する必要が無いため、不利な階層出身者の進学機会を高める効果をもつことが予想されるが、実際には不利な階層出身者の進学機会に卒業後払いは正の効果も負の効果もオーストラリアでは与えていないという（日下田・

濱中 2012:279）。

②については、人生初期に家族主義の根本を断つという第1節1・1の目的からみると、少なくとも形式上は親の負担から学生本人の負担に移ることになり、目的達成の可能性が出てくる。ただ富裕層の親は、子へ授業料相当の援助を行う可能性がある。ローンを子に負担させるのを嫌うからである。そこで、家族主義の根本を断つ目的のためには、授業料の前払いを認めず、あくまで子である学生本人が就職してから源泉徴収等で授業料を返還する制度が必要だろう。

オーストラリアでは、不利な階層出身者の進学機会に卒業後払いの所得連動返還ローンはマイナスの効果を与えていない（Chapman 2005:68–70）。授業料がもともと無料であったところに授業料が有料とされ所得連動返還ローンが導入された。授業料に相当する一律の給付奨学金を廃止して、ローンを導入したことになる。貧困家庭からの大学進学は難しくなるはずだ。それにもかかわらず、貧困家庭からの大学進学に負の効果を与えていない点で、卒業後払いの所得連動返還ローンは評価できる。

一方、日本では既に授業料は有料である。それを卒業後の後払いの無利子ローンとし所得に連動して一定割合だけを支払えばよいとする。しかも、卒業生の年収が一定程度以上に到達しない年には、授業料返済義務は生じない。少子高齢化社会を支える若者の進路保障という第1節1・2の目的に向けて、少なくとも現状よりは改善が期待できる。

関連する制度として、行政法人日本学生支援機構は、平成二四年度から新たに「所得連動返還型無利子奨学金制度」を第一種奨学金の中に創設した。すべての意志ある学生等が安心して教育を受けられる環境を整備するため、家計の厳しい世帯（給与所得世帯の年収三〇〇万円以下相当）の学生等に対し、奨学金の貸与を受けた本人が、卒業後に一定の収入（年収三〇〇万円）を得るまでの間は返還期限を猶予するものである。(4)

だが、既に繰り返し述べたように、貧困家庭だけに無利子奨学金を絞ると、中間層以上が賛成しない可能性がある。この制度への政治的支持を増やすためには、利用可能世帯を中間層以上へも拡大する必要があるが、どこまで拡大することが公正の観点からは許されるだろうか。(5)

家族主義の根本を断つという第1節1・1の目的からすれば、財源を手当てし、すべての世帯が利用可能な制度にする必要がある。この制度はローン奨学金であるから、逆進性の問題は生じないようにも一見みえる。

しかし、所得連動返還ローンを無利子とするため、政府が行う利子補給への批判がある。ローンを借りる者は中所得層に多いので、利子補給が中所得層への「隠れた補助」になっているという批判である。第二章のバーは所得連動返還ローンの制度設計を提唱したが、利子補給をやめて、中等教育における学力向上や学習意欲増大、さらに情報ギャップの縮小などの政策に用いる方が、高等教育機会の格差是正には有効だとしている（Barr 2009; 小林 2010）。つまり、所得連動返還ローンでの政府の利子補給も、中所得層への「隠れた補助」になっている点で、逆進的だといいうる。逆進的な制度はすべて許されないとし、政府の利子補給をやめるべきだと主張するバーは、理論的に実に一貫している。

「所得連動返還型無利子奨学金制度」は、親ではなく、あくまで子である学生本人が負担するという点で、人生初期に家族主義の根本を断つという第1節1・1の目的達成につながる可能性はある。家族社会学の宮本みち子は、若者の「自立」を重視する立場から、北欧の事例にも触れつつ、高等教育では奨学金やローン利用で「教育のコストは本人負担というしくみを」という提言を行った（宮本 2002:157-60, 168-71）。教育財政学の末冨芳が評価するように、若者の「自立」を尊重するという規範的立場やその阻害要因となっている親子間の経済関係の観点から、教育費を問題化する点で宮本の視点は独自である（末冨 2010:48-9）[6]。

だが、既に述べたように、親ではなく子の学生本人が負担する所得連動返還ローンも、そこでの政府の利子補給は、高等教育が裕福な家庭の者にもっぱら消費される状況を変えない限り、中所得層以上への「隠れた補助」になり、逆進的にならざるをえないのである。

5　高等教育よりもまず就学前教育を充実

以上、日本で高等教育の逆進性をなくすこと、あるいは緩和することは、高等教育のみに注目したのでは難しいことを確認した。

その理由は、貧困家庭の子どもが大学に進学することには、大きな無理があるからでもある。負担が比較的軽い国公立大学に進学し、奨学金を取れる学力をつけるには、塾などの公教育外の投資が日本の現状では必要である（阿部 2008b:160）。第一章でみたように、国立大学への進学者の親は、明らかに一一〇〇万円以上の高所得者が増えている。塾代等を出す余裕のない貧困家庭の子どもは、高等教育への進学の機会を奪われている。

家庭の貧富を問わず、大学に進学できる制度を日本で作り、高等教育の逆進性を緩和するには、大学の教育費負担制度をいじるだけでは足りない。高等教育以前の段階から公的教育を充実させ、貧困層からも大学進学への意志と能力を身につけうる若者が出て来られる社会的条件を整えることが必要である(7)。

そのためには、就学前教育の無償化と質の充実を、高等教育への公的資金の投入よりも優先すべきだろう。

理由は、①就学前教育が最も投資効率が高いからであり、②就学前教育の充実は女性の就労も促すからである。

では、いつ高等教育への投資を増やすべきか。

現状では日本の大学生すべてに対して授業料を無償化し、給付奨学金を与えるのは、逆進的であり時期尚早である。現状の日本では、資力調査を行って、貧困家庭の大学生にだけ、授業料を無償化し、給付奨学金を与えるべきである。

つまり、スウェーデンのような、大学生すべてに授業料を無償化し、給付奨学金を与え、子どもという個人の親からの経済的独立を、逆進性の問題よりも優先するという考えはとらない。第1節1・1に述べたように家族主義の経済的基盤を人生初期に断つことは重要ではあるが、公正の視点からは、逆進性の問題を無視できない。

まず、高等教育の逆進性の問題の解決を図るべきである。もっぱら裕福な家庭の子弟がより多く高等教育を享受するという現状を改革するために、高等教育以前の段階、生まれた後、できるだけ早い段階から公的教育を充実させ、貧困層からも大学進学が可能となる社会的条件を整えるべきだ。つまり、人生初期に家族主義の最大の経済的基盤である高等教育費の親負担を断つことよりも、少子高齢化が激しい日本社会を持続可能にするため、貧困層でも大学進学への意志と能力を身につけられるよう、子ども・若者のための社会システム作りを優先すべきだと本書は主張したい。そのために有望なのが、就学前教育の無償化と質の充実である。

5・1　経済成長戦略としての幼児教育

米中央銀行・連邦準備制度理事会（FRB）バーナンキ議長は、二〇一二年の児童保護基金の総会の演説で、幼児期の教育はきわめて重要と説いた。良質な教育で貧困が減少、将来の所得増加や持ち家率が高まるため、幼児教育への投資が必要だと訴えた。「幼児教育は良い投資で、インフレ調整後の年間収益は一〇％以上になるだろう。これほどの収益が見込める投資案件はほとんどない」。幼児教育への投資は、子どもや家庭はもちろん、社会全体の利益になる。ノーベル経済学賞の米経

図表 3-7　子どもの年齢別にみた人的資本投資の社会的収益率

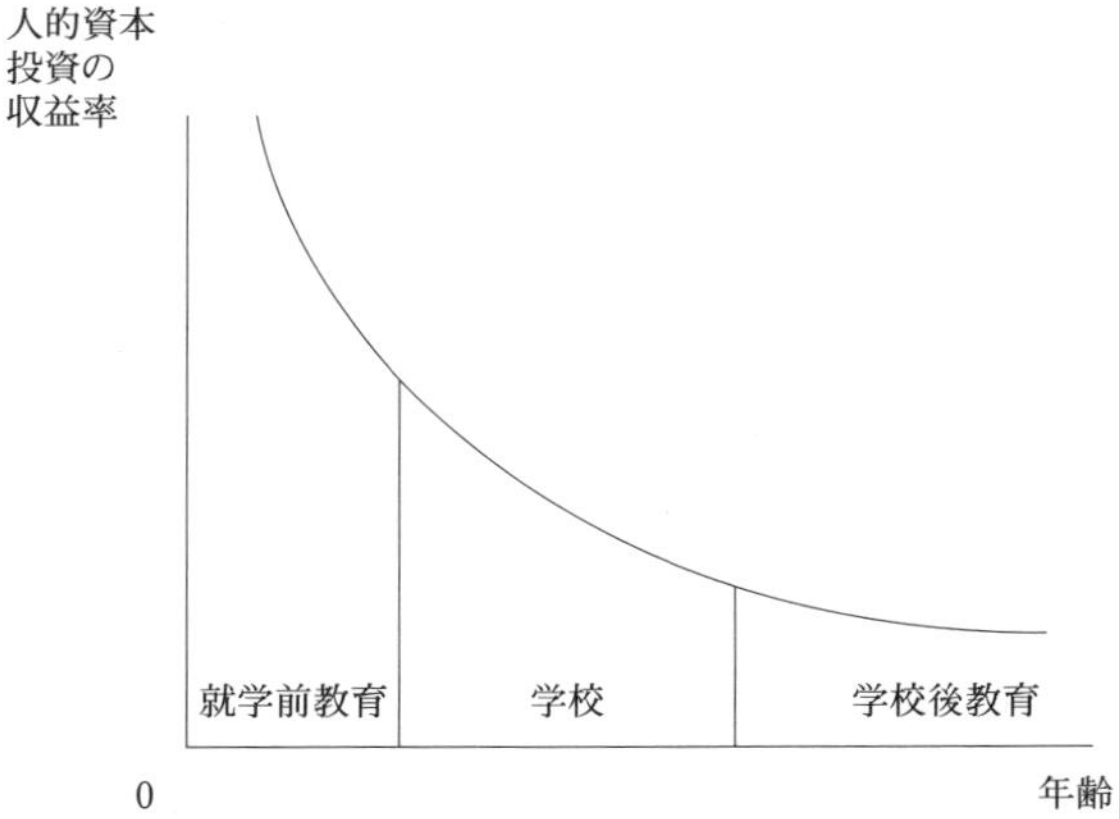

出典：池本 2011:32;OECD 2006:38

済学者J・ヘックマンを引用し、バーナンキ議長は以上のように主張した[8]。

また、少子化・教育問題を研究する池本美香によれば、就学後の教育の効率性を決めるのは就学前の教育という研究成果から、諸外国では幼児教育・保育政策が経済成長戦略として注目されている。

OECDの幼児教育・保育政策に関する国際共同研究報告書は、年齢が低いほど人的資本投資の社会的収益率が高いというヘックマンらの研究（Cunha et al. 2006）を取り上げ（図表3－7）、保育制度のさまざまな波及効果に関する他の国の研究も紹介した。経済的な観点から幼児教育・保育制度へ投資することの正当性を指摘した（池本 2011; OECD 2006）。

5・2　貧困の連鎖を断つ

経済学の大竹文雄は、ヘックマンの研究を紹介しつつ、就学前教育が貧困の連鎖を断つ鍵と主張する。恵まれない家庭に育った子の経済状態や生活の質を高めるには、幼少期の教育が重要で、就学前教育の有無が教育的、経済的な差を生み出すとヘックマンはいう。

依拠するのは、一九六〇年代にアメリカで行われたペリー就学前計画の実験結果である。恵まれない三～四歳のアフリカ系アメリカ人の子を対象に、午前中は学校で教育を施し、午後は先生が家庭訪問をしての指導が約二年間続いた。終了後、被験者となった子と、就学前教育を受けなかった同様な経済的境遇の子との間で、経済状況や生活の質に違いが起きるのか、約四〇年間、追跡調査した。

結果は、有意な差があった。就学後の学力の伸びへのプラス作用だけでなく、実験を受けた子は、そうでない子と四〇歳時点で比較して、高校卒業率、平均所得、持ち家率が高く、また生活保護受給率等が低かった（大竹 2009）。

所得や労働生産性の向上、生活保護費の低減など、就学前教育による社会全体の投資収益率は、一五～一七％と非常に高い。これは通常の公共投資ではあり得ないほどの高い投資収益率である。

就学前教育を受けた子どもで顕著なのは、学習意欲の伸びだった。一方、ＩＱを高める効果は小さい。高所得や社会的成功には、ＩＱなどの認知能力と、学習意欲や労働意欲などの非認知能力の両方が必要だが、ペリー就学前計画は、子どもたちの非認知能力を高めた。

図表 3-8　日本の年齢階級別貧困率

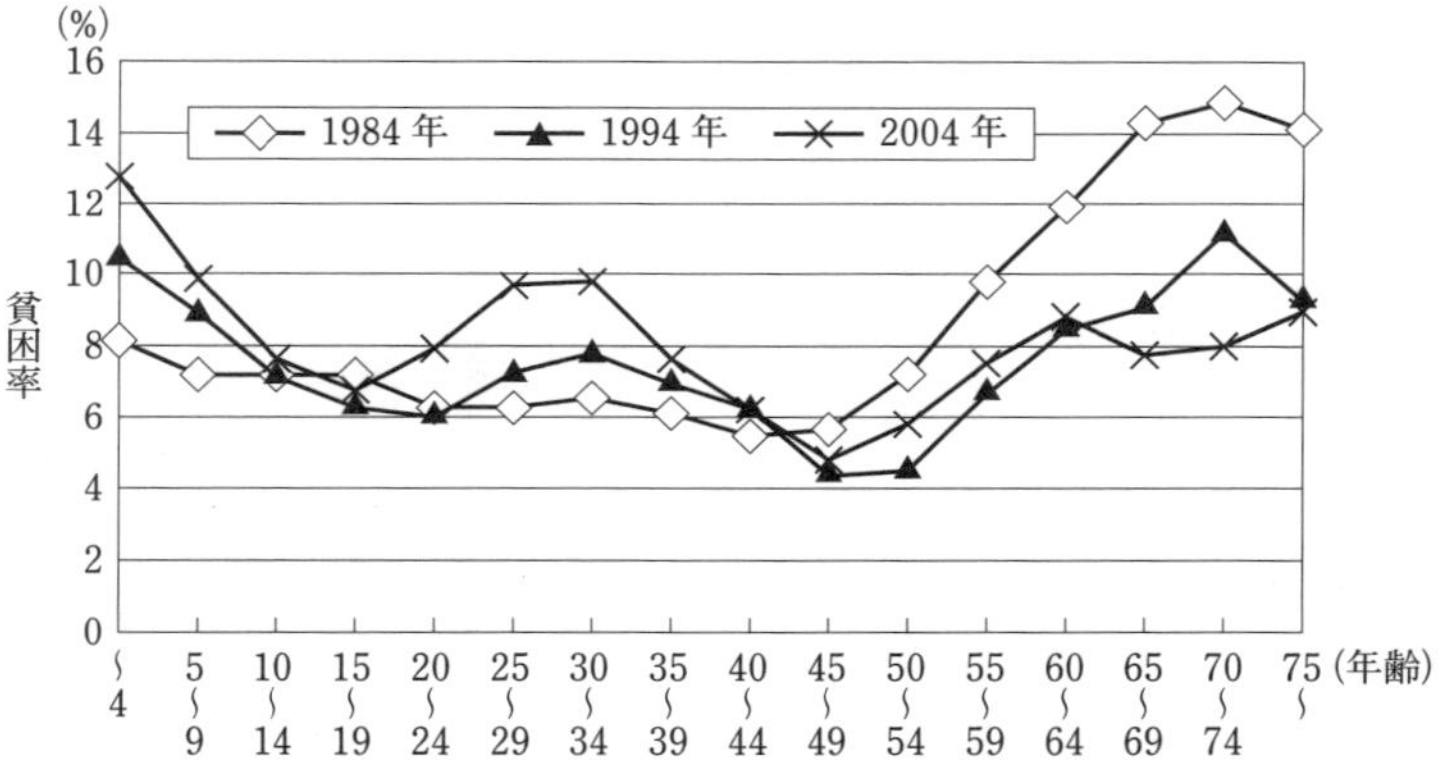

出典：大竹・小原 2011:149; 大竹 2009

三、四歳の時期に適切な教育を受けなかった子どもは、教育投資の効果が小さくなり、学習意欲を高めることは難しく、効果は限定的になる。教育を受ける機会が少ない経済的に不利な子どもたちに、就学前から公的な教育支援を行い、その後も支援を続けることが望ましいとヘックマンは主張する。「恵まれない境遇にいる子どもたちへの教育投資は、公平性と効率性を同時に促進する稀な公共政策」であると。

ヘックマンの主張を受けて、大竹は就学前の子どもがいる家庭の貧困率の日本での上昇を問題視する。

図表3-8「年齢階級別貧困率」をみると、五歳未満の就学前の子どもの貧困率が飛び抜けて高い。その親の世代にあたる二〇~三〇代の貧困率の上昇が原因である。この傾向が顕著になったのは、若年の非正規雇用労働者が増加した一九九〇

年代後半から二〇〇〇年代に入ってからである。

家庭の経済格差が、子どもの学力格差につながり、さらに子どもが大人になってからの経済状態に影響を及ぼすことが懸念される。つまり日本でもアメリカと同様に、「教育を受ける機会が少ない経済的に恵まれない子どもたちに、就学前から公的な教育支援を行うことの必要性」が高まっている。具体的には、貧困層への幼児教育の無償化などが考えられる。幼児教育の重要性を根拠にして、その全面無償化を主張する者もあるが、財源が限られているため、貧困層の子どもを優先すべきと大竹は主張する。(9)

5・3　今後の課題――選別主義から普遍主義へ

大竹は財源の問題から、貧困層に限って幼児教育を無償化する選別主義を主張した。

一方、普遍主義を主張するのが、エスピン・アンデルセンである。彼も、子どもへの投資の収益が大きいことを指摘する。恵まれない子どもへの投資収益が大きいので、単純な費用便益計算では選別主義になる。

だが、貧困層に集中する選別主義ではなく、すべての層の子どもを対象とする普遍主義を彼は主張する。

その理由は、三つである。①親が子を養育することが、すべての人々にプラスの外部効果をもたらすから、ある親から他の親へという再分配でなく、すべての親へ等しく再分配すべきだ。②幅広い市民が政策を支持することが、十分な財源調達には不可欠である。すべての層の子どもを対象にした方が支持は広がりやすい。③学習不足は低所得の家族に限らない。学習の不足は家族の「文化」と密接に関係する。家族の文化を官僚が特定するのは事実上不可能である。と、彼はいう。

ここでのエスピン・アンデルセンの主張の特徴は、普遍主義がよいと断言しないことである。結論は、今後の目標によって変わるとする。アメリカのように「底上げ」に目標を限定するなら、貧困層に集中する選別主義となり、不平等が子どもの機会に及ぼす影響を一律に最小化することをめざすなら、普遍主義となる。

また、普遍主義の潜在的な欠点は「底上げ」に完全に成功するとは限らない。移民などに積極的に投資するアファーマティブ・アクションがヨーロッパでも必要だという（Esping-Andersen 2009=2011:147-8）。

北欧諸国はまず普遍主義による子どもへの社会的投資を充実させたが、それでは救いきれない移民への教育対策を「底上げ」として行なう必要が出てきたとエスピン・アンデルセンはいう。日本では、その逆である。財源の問題から、さまざまな面で貧困層に投資を集中する選別主義から、現実には出発せざるを得ないだろう。

問題は、日本が今後も選別主義に留まり続けてよいのかという点である。選別主義的なサービスは、人々の間に偏見を生み出し、社会の安定化を妨げる可能性が高い（菊地 2008:61）。中間層以上からの幅広い政治的支持が見込める普遍主義への制度の移行を、将来的には日本も目指していくべきだろう。貧困層だけでなく中間層以上の教育費も公的に負担していくことではじめて、親から子への多大な経済的援助という家族主義の根本を断つことができる。すべての子どもが親から自由に、自分の進路を決定できる文化を創り出すことをめざした制度の構想が求められる。

教育費負担における選別主義から普遍主義への移行は日本に必要なのか、またどうすれば可能なのか。第Ⅱ部では、就学前教育に焦点を当てて、この問題を考えよう。その上で、終章では高校などの中等教育までの各教育段階で、どのように教育費負担を公私で分担すれば、高等教育の逆進性を緩和できるのかを考えてみたい。

注

（1）これに対し、大学の学部教育の外部効果は少なくなっていると、教育の経済学の荒井一博は主張する。

大学の研究成果は、基本的には社会全体が無料に近い費用で利用できるので外部経済といいうる。ただし、学部学生が教育を受けることで研究に貢献できる程度は大きくない。よって、学部レベルの教育の外部性は少ない。経済の発展の初期段階では、少数の優秀な官僚・技術者・教師が多数の人間に多大な利益（外部経済）を与えることが起こりやすかったが、今日の先進国では少なくなっている。

よって、国公立大学に公的補助を集中する理由はあまりない。授業料が低ければ、親が低所得でも大学進学できる学生が出てこよう。しかし、親が高所得者の学生にも、一律に低い授業料を設定する根拠はない（荒井 2002:27-30）。

（2）福祉社会学会第一〇回大会（二〇一二年六月・東北大学）の自由報告「人生初期に家族主義の根本を断つ――スウェーデンの大学での親負担主義の廃止」に対して、徳島大学樫田美雄氏と大阪大学久保田裕之氏（所属は当時）からご質問をいただいた。記して感謝する。

（3）中央就学支援委員会については、（橋本義郎 2007）を参照。

（4）独立行政法人日本学生支援機構の在り方に関する有識者検討会第1WG報告書（案）（2013. 10. 1取得、http://www.kantei.go.jp/jp/singi/koyoutaiwa/wakamono/dai3/siryou9. pdf）.

（5）平成二三年国民生活基礎調査の概況によれば、所得の中央値（所得を低いものから高いものへと順に並べて二等分する境界値）は四二七万円であり、平均所得金額（五三八万円）以下の割合は六一・二％となっている。また、子が大学へ進学するのは世帯主四〇、五〇代が多い。四〇代の平均所得金額は六三四万円、五〇代は七一四万円である（厚生労働省 2012「平成23年国民生活基礎調査の概況」2013. 10. 1取得、http://www.mhlw.go.jp/toukei/saikin/hw/k-tyosa/k-tyosa11/dl/12. pdf）。

よって、所得連動返還型無利子奨学金制度に対して過半数の賛成を得るには、少なくとも四三〇万円以下の所得の世帯は利用可能とする必要がある。制度への多くの支持を得るためには、平均所得金額七一五万円以下の所得の世帯は利用可能としていく必要があるだろう。

（6）社会保障等の政策研究の広井良典は、二〇～三〇歳のすべての個人に月額四万円程度の「若者年金」の支給を提唱している（広井 2006:98-108；末冨 2010:46-8）。「若者年金」構想はベーシック・インカムの部分的導入など教育費の問題に限らない広い射程をもつので、その検討は今後の課題としたい。

（7）この主張は、本章第4節で述べたバーの主張（所得連動返還ローンの利子補給をやめ、中等教育での学力向上や学習意欲増大等の政策に用いる方が、高等教育機会の格差是正に有効）と論理は同じである。

（8） Bernanke, Ben S., 2012, "Early Childhood Education," Board of Governors of the Federal Reserve System, Washington, DC: Board of Governors of the Federal Reserve System, (2013. 10. 1 取得、http://www.federalreserve.gov/newsevents/speech/bernanke20120724a.htm).
恩田　和（2012）「幼児教育は国全体の利益につながる格好の投資先」MAMApicks,（2013. 10. 1 取得、http://mamapicks.jp/archives/52077620.html).

（9） これまで日本の教育社会学では、教育格差の問題を論じる際に、幼児教育が注目されることは少なかったともいわれる（浜野 2011:60）。ただ、第六章でみるように、日本学術会議の教育学の展望分科会は既に二〇一〇年の提言で、格差是正のため、幼児教育の無償化を後期中等教育の義務化よりも先進諸国が優先していることを指摘している（日本学術会議 2010）。

第Ⅱ部　就学前教育を無償化し信頼を創る

第四章　子どもの貧困解消
――普遍主義か選別主義か

1　保育と大学――普遍主義への転換時期の違い

普遍主義への転換という視点からみると、スウェーデンの保育・就学前教育と大学奨学金は対称的であった。普遍主義的なサービスで有名なスウェーデンでも、すべての保育・教育分野において普遍主義が最初から採用されたわけではない。第二章では、大学の給付奨学金を取り上げ、普遍主義に転換した時代背景と政策論理を明らかにした。本章では、大学奨学金と対比しながら、保育・就学前教育での普遍主義への転換が、どのような時代背景と政策論理のもとで可能になったのかを明らかにしたい。

第二章でみたように、普遍主義が先行して採用されたのは、大学奨学金である。かつては高所得の親を持つ学生は給付奨学金を得られなかった。しかし、一九六四年に親の資力調査を廃止して全学生に給付奨学金を支給することにし、普遍主義をとった。当時の奨学金改革をすすめたパルメは、給付でなくローンの奨学金だけを当初は望んだ。給付奨学金の二つの問題（①全学生に与えると、国民全体が払った税を、将来は高所得になる学生の生活を支えるために使うことになる。国家が、多数派の低所得層から、恵まれた少数の人々へお金を移していいのか、という逆進性、②学生の親の収入を考慮に入れるべきか）を、ローン奨学金は解決するからである。ローンであれば、①大卒者への税金の移動にならないし、②お金は戻るから親の経済状態は関係なくなる。だが、第二章でみたとおり、最終的には高所得の親の子も含むすべての学生に給付奨学金を与えることにし、普遍主義を採用した。

一方、保育では、逆進性は問題にならないはずだ。大学教育は高所得層の親の子がより多く消費するため逆進性が問題になるが、保育サービスは貧困家庭の子どもも消費するからである。しかし、保育サービスの普遍主義化は遅れた。

保育サービスでは、当初はサービスを利用できる者を厳しく制限する選別主義が取られた。サービスの供給量が増えるとともに、利用者を選別するための資産調査は徐々になくなっていった。保育サービスは、親のいる子どもや中産階級の家族も利用できるようになった。しかし、その場合でも、親はサービスに対してお金を支払わねばならなかった（Forssén 2000:12）。二〇〇二年になって初めて、失業中や親休暇中の親の子どもも保育を受けられるようになり（訓覇 2010:47）、保育料に上限を設定する制度が導入された（秋朝 2010b:83）。これにより、スウェーデンの保育・就学前教育は普遍主義になったといわれる（Naumann 2011:9）。

逆進性が問題にならない保育の方が、大学の給付奨学金よりも、スウェーデンではなぜ普遍主義化が遅れたのか。本章はこの問題を検討し、大学奨学金との違いを浮き彫りにしつつ、保育で普遍主義が遅れて採用された時代背景と政策論理を明らかにしたい。

スウェーデンの保育の普遍主義への歩みをみる前に、まず次節では普遍主義が望ましいとされる理由を確認する。

2　普遍主義が望ましい理由と問題点

すべての人に一律に給付を行う「普遍主義」が、資力調査をして受給者を限定する「選別主義」より望ましい理由は何か。福祉社会学の武川正吾らの議論をまとめると、次の五つになる（武川 2012）[1]。①政治的支持を得やすい、②スティグマが発生しない、③働かない方が得という「貧困の罠」が起こらない、④社会の階層分化が起こらない、⑤（中長期的には）格差を縮小できる[2]。逆に、普遍主義の問題点は、①支出規模が大きくなり、負担への合意調達が困難、②逆進性の二つである。

①普遍主義的な給付は政治的支持を得やすい。第二章第2節でみた「中間層の福祉国家」と同じ

話である。普遍主義的な給付は国民全体の利益となるので、政治家にとってその拡大を推進しやすい。選別主義的な給付は、利益を得るのが少数の人々に限られるので、有権者の多くは、その拡大に積極的になりにくい。むしろ、その抑制に積極的となる。生活保護がその例である。

②選別主義での厳格な資力調査はスティグマ（恥辱の烙印・負のレッテル）を生む。受給資格が厳格になり、有資格者が少なくなると、彼らは社会で例外的な存在になってしまう。そうなると、社会の他のメンバーから逸脱者の扱いを受けるようになり、スティグマが貼られる。少数派による公的なサービスの利用は「依存」とみなされがちだ。生活保護の受給はその典型である。

スティグマによる自主規制で、受給資格がありながら申請しないことがある。生活保護基準未満の低所得世帯数に対する被保護世帯の割合は、二〇〇四年二九・六％、二〇〇七年一五・三％である。低所得者の七〇％から八五％は生活保護を受けていない。

③選別主義では、働かない方が得という「貧困の罠」が生じる。受給するための収入基準から少しだけ下の人は、収入が増えると基準を超えてしまい、社会保障給付が減ったり、税金が増えたりして、かえって最終所得が減ってしまうことがある。これでは受給者は働く気を無くしてしまう。

④選別主義は社会の階層分化を進める。資力調査は「二つの国民」を生む。私的サービスを利用する一流の市民と、公的サービスを利用する二流の市民へと分裂させる可能性がある。たとえば、イギリスでは、かつて公営住宅はモデル住宅で、民間の賃貸住宅は貧弱だった。しかし、一九八〇年代、政府は民営化政策で公営住宅を大規模に払い下げて、売れ残った公営住宅への入居者の選別

を厳格化した。その結果、公営住宅は、ホームレスなど社会の少数派が入居するための住宅へと性格を変えた。公営住宅は、モデル住宅でなくなり、貧弱なイメージのものになってしまった。

⑤（中長期的には）選別主義よりも普遍主義の方が格差を縮小できる。「選別主義は、効率的な資源配分。給付のための総支出が一定の場合、資力調査を導入すれば、一番困っている人の給付を引き上げられる。費用は同じだが、効果が大きくなる」といわれることがある。だが、マクロ・社会全体の水準では、受給者を限定する選別主義の方がかえって必要な者に届きにくくなる。

国際比較では、資力調査のない普遍主義的な給付の国の方が、必要な者に限る選別主義の国よりも、再分配後の平等が進んでいる、すなわち必要な者に給付が届いている。

政治経済学のコルピとパルメは、これを「再分配のパラドクス」とよぶ（武川 2012）。

最終的な再分配の大きさについては、次の式が成り立つ。

最終的な再分配の大きさ＝低収入者への選別性の強さ×再分配する予算の大きさ

下辺で低収入者へ限定すればするほど、再配分する予算は小さくなる。選別性を高め（貧困層に重点的に給付）、最小限の資源を用いて最大限の再分配効果を得ようとすればするほど、最終的な再分配効果は小さくなり、貧困・格差の削減は困難になる。よって、選別主義より普遍主義の方が、（中長期的には）効果的に格差を縮小させる。

ただし、支出規模が大きくなるので、負担への合意調達が困難となる（Korpi & Palme 1998; 高端 2012:96）。この点が、普遍主義の問題点①である。

普遍主義の問題点②は、第二章や第三章でみた高等教育の公的負担の逆進性と同じ問題である。普遍主義は、いちばん困っている人々の犠牲（一般労働者への課税）によって、それほど困っていない人々（裕福な家の大学生）に給付してしまうかもしれない。一方、選別主義は、人々の公正観に合致する。一番困っている人に優先的に給付を行うからである。

しかし、普遍主義の長所⑤として「再分配のパラドクス」で説明したように、選別主義は短期的に人々の公正観に合致するだけであり、（中長期的には）選別主義よりも普遍主義の方が格差を縮小できる。

以上が、普遍主義が望ましいとされる一般的な理由と問題点である。

次節では、上記のことを念頭に置きながら、スウェーデンの保育において普遍主義がどのように実現されていったのかをみてみよう。

3　スウェーデンの保育の歴史と普遍主義

3・1　一九七〇年代の改革

スウェーデンの保育所などの登録児童数は、一九七〇年代から急激に増えた。保育制度の大きな改革は一九七〇年代初めに行われた。一九七五年に保育所と幼稚園が統合され、就学前学校(förskola)＝プレスクールとなった。

保育における選別主義から普遍主義への転換が目指されたわけだが、この時点ではあくまで「働く親」のためのものであり、「すべての子ども」のためという普遍主義の徹底ではなかった。社会政策学のI・ナウマンもいうように、スウェーデンにおける保育と就学前教育の普遍主義化は数十年に及び、段階的に行われたのである(Naumann 2011:7)。

一九六八年に保育施設調査委員会が設置された頃の保育所では、入所には所得調査による選別が行われていた。シングルマザーの子どもが多く入所しており、多くの人は保育所は一種の必要悪だとみなしていた(Korpi 2006=2010:37)。

一九七二年には、一九六八年保育施設調査委員会が最終答申を出し、保育所と幼稚園の統合を提言した。保育改革の基本理念として、①すべての親が家庭生活と生計労働を両立しうるような条件整備は、社会が責任をもって行うべきで、②保育事業で、生育環境の格差を埋めるべきだなどとされた(Korpi 2006=2010:40)。

①の理念は、突き詰めれば、親の労働のためである。子どものためではない。②の理念は、子どものためだといえるが、生育環境の格差を一挙に減らすような普遍主義的な政策がすぐにとられたわけではなかった。

一九七三年に国ははじめて無償での半日就学前教育をコミューン(基礎自治体)に義務づけたが、

この時点では六歳だけに限られていた（訓覇 2010:43; Naumann 2011）ことからもそれがわかる。

一九七五年に就学前学校法（förskolelagen）が施行され、保育所と幼稚園が統合された。一九七六年には、政府と基礎自治体連合が協定を結び、五年間で保育所の定員を一〇万人分増加させ、国の補助金を充実することにした。国の財源は、雇用主から特別税を徴収してまかなった。従来、児童ケア費用は、基礎自治体税、国庫補助金、親が負担する保育料で賄われた。そこに児童ケアの拡充のため、労働力供給の点で恩恵を受ける使用者の費用分担が加わり、一九九二年の経済危機克服パッケージ導入時に廃止されるまで維持された。

使用者負担全体の割合は一九七〇年代に急速に引き上げられた。租税および社会保険料負担全体の内訳をみると、使用者負担全体の割合は一九七〇年の一一・九％から一九七九年には三一％になった。料率が最も高くなったのが一九九〇年の三九％で、二〇一〇年が三一％であった（秋朝 2010a:36）。

保育と就学前教育の拡大のための国の財政支出は大きくなった。保育と就学前教育のための社会的支出は一九六三～六四年の〇・一五％から一九八七～八八年には二・七五％になった。一九七五年から一九九〇年の間に、一歳から六歳までの子どもの保育と就学前教育の利用率は一七％から五二％へと拡大した。これほどの量的な拡大にもかかわらず、多くの女性が働きに出るようになったため、保育の待機児童の列は長かった。一般的に保育所を利用できるのは、働いている親を持つ子どもや障害児に限られていたのである（Naumann 2011）。

つまり、保育所は実際には「働く親」のためのものになっていた。「すべての子ども」のための普遍主義的なサービスを行う場ではなかったのである。

なぜ「すべての子ども」のためのサービスとされなかったのか。それは、まだ子どもが将来「働ける存在」としてみなされていなかったからだろう。働けるのは親だけである。よって、「働く親」のための保育サービスさえ充実させれば十分だと発想していたと考えられる。

その考えは徐々に修正されていく。将来「働ける存在」として子どもをとらえ直すようになるのである。以下では、それを確認しよう。

3・2　一九九〇年代の改革――民営化・地方分権化と保育料引き上げ

一九九〇年代までは、私立の保育と就学前教育サービスは公的な児童ケアが足りない場合に、親協同組合（Föräldrakooperativ）による保育所などが例外的に認められているだけだった。

保育所の民営化をめぐる議論は、一九八〇年代になり保守ブロックが展開し、民間企業による運営で、低コストで質の高いサービス供給が可能となると主張された。電機メーカー大手のエレクトロラックス社が保育事業を展開するピュスリンゲン株式会社を設立したことを契機に、議論が本格化することとなった。社民党は、保育の市場化により保育料の格差とそれにともなう質の格差が生じることを懸念し、民営化に反対する姿勢をとっていた。ただし、社民党の右派の中には、一定の枠内で民間企業の保育事業への算入を認めるべきだとの意見もみられた。全体としては、社民党政権は民営化反対の立場から、営利目的で設置された保育所を国庫補助金の支給対象から除外する法律（通称、ピュスリンゲン法）を一九八四年に成立させ、私立保育所に対するさまざまな規制を設けた（Naumann 2011; 高端・伊集・佐藤 2011:43）。

しかし、一九九一年九月に政権交代が起こり、四党による中道右派連合政権が成立した。保守政権は自治体運営でない私立の保育・就学前教育サービス施設の設立に関する規制のほとんどを一九九二年に廃止した。一九九二年にはピュスリンゲン法が廃止され、保育事業への参入が自由化された。それ以後は営利目的の保育所にまで公的資金を利用することが認められるようになった。また、これまでの国から自治体への使途を詳細に特定した補助金は、使途を限定しない一括補助金に一九九三年に変更された（Naumann 2011; 大野 2010:16）。

また、一九九〇年代の経済危機による財政再建策と国から地方への交付金の減額は、保育料の地域間格差をもたらした。一九九一年のバブル経済の崩壊による経済成長の停滞を受け、同年にできた穏健党中心の保守中道連立政権は支出抑制による財政再建策に取り組み、社会保険制度における所得保障率や各種の社会支出の抑制を図り、地方への財政移転の縮小にも踏み込んだ。基礎自治体では、経済危機による税収の減少に加え、国からの交付金の減額で、予算の削減を余儀なくされ、保育でも保育士の解雇によるコスト削減が行われた。

同時に、一定程度の予算を確保する必要から親が負担する保育料の引き上げが実施された。それまで運営費の一〇％程度で推移していた親の負担割合が九〇年代に倍増し、基礎自治体間の保育料の格差が顕著にみられるようになった（高端・伊集・佐藤 2011:42）。保育・就学前教育の全体のコストのうち親の保育料が占める割合は、一九九〇年の一〇％から一九九九年には一八％に増えた（Bergqvist & Nyberg 2001:265; Naumann 2011）。

一九九四年に社会民主党は政権を奪回し、保育の自由化は廃止されたが、質や安定性の基準をクリアすれば、企業等も就学前学校や学童保育所を設置することが可能になった。

一九九四年から一九九七年の間に、就学前学校・家庭保育所に通う子どもの割合（一～六歳）は、五九％から六五％に上昇した。不況で公的予算が増えない中で、親の保育料を上げながら保育拡大を強行したのである。一九九七年の保育に投入された公費は、一九九一年と同額の四二〇億クローネルであった。この間、児童登録数は一八万五千人の増である。一施設あたり平均して三〇％のコストが削減されたことになる（Korpi 2006=2010:85）。

3・3　普遍主義の再活性化

これらの規制緩和、民営化、地方分権化という変化は、保育・就学前教育における自治体間の格差をもたらした。しかし、一九九〇年代後半から二〇〇〇年代の初めにかけて、この流れを押しとどめようとする改革が行われた。その際に新たに強調されたのが、普遍主義であり、中央国家のコントロールの復活である。

保育・就学前教育における教育の視点が強調され、一九九六年には公的児童ケアの行政責任が社会省（Socialdepartementet）から教育省（Utbildningsdepartementet）へと移管された。一九九八年には就学前学校最初のナショナルカリキュラムである就学前学校学習指導要領（Läroplan för förskolan: 通称 Lpfö98）が策定された（大野 2010:18）。この教育の論理にしたがって、一九九九年には幼児期の教育への制定法上の権利はすべての子どもに拡大され、失業中や働いていない親の子どもも含むようになった。一九九九年の法律は、すべての一歳以上の子どもに申請から三ヵ月以内に保育の場所を用意することを自治体に義務づけた（Naumann 2011:9）。二〇〇三年には四歳児と五歳児の保育が無償化された（Korpi 2006=2010:100）。

この教育の論理とは、子どもを将来、「労働力となりうる存在」とみなすものである。拙著で述べた福祉国家は「労働力の再生産」のためにあるという論理（大岡 2004）が、ここにもみられる。

二〇〇〇年には政府は保育料に上限を設定する制度（マックス・タクサ）の導入を決定した。保育料の上限は、子ども一人目が家計収入の三％、二人目が同二％、三人目が同一％でとされ、かつそれぞれの金額が、一一四〇、七六〇、三八〇クローネルを超えないこととされた（秋朝 2010b:77）。前述のナウマンはこれでスウェーデンの保育・就学前教育は完全に普遍主義になったととらえている（Naumann 2011:9）。

しかし、普遍主義化を子どもの視点からみれば、どのような親を持っていても、就学前学校に行く法的な権利があるとされたことがむしろ重要である。保育料上限設定制度等に関する政府案は、「保育料が高いために、そして親が失業中または親休暇中だからといって、子どもが就学前学校に通えなくなってはならない。就学前学校は、家庭の社会的経済的状態にかかわらずすべての子どものものであるべき」と明言していた［Prop.1999/2000:129:8］（秋朝 2010b）。この政府案が二〇〇〇年一一月に国会で可決成立し、三年かけて段階的に実行することが決定された。こうして、失業中や親休暇中など働いていない親を持つ子どもも保育・就学前教育への権利を持つようになった。このときはじめて保育・就学前学校は「働く親」に対してではなく、「すべての子ども」に対する普遍主義的なサービスになったのである。

3・4　保育の普遍主義化の背景

二〇〇〇年にスウェーデンが子どもの保育の普遍主義化を決定した背景には、第一に、一九九〇年代の子どものいる家庭の経済状態の相対的悪化があった。全国の全世帯の平均を一〇〇とした場合の、子どものいる家庭の家計水準の割合は、一九九一年には九九・二％だったが一九九八年には九一％に下がった。子どもを持つ母親のひとり親家庭の貧困率は一九八七年の一八％から，九四年には二六％に上昇した。

第二に、保育料の地域間格差の拡大も背景にあった。スウェーデンの労働組合の全国組織ＬＯ組合員の平均的な家庭でみた場合、子ども二人を就学前学校に通わせると、居住地による保育料の差は七倍以上に膨れ上がる場合もあった（秋朝 2010b:85）。この状況をもたらしたのは、3・2でみた一九九〇年代の経済危機による国から地方への交付金の減額と、親が負担する保育料の引き上げである。

第三に、外国人や失業者の多い地区では、子どもの就学前学校在籍率が低かった。一九九九年九月の学校庁調査によると、約二四％の子どもが就学前学校に通っていなかった（秋朝 2010b:85）。また、全体の半数近くの基礎自治体で、親が失業した場合、その子どもが保育所に在籍できないという規則が導入された。保育料上限設定制度等に関する政府案は、失業中の親の子どもで児童ケアを受けられるのは、自治体の二八％に過ぎないことを指摘している（Prop. 1999/2000:129:11）。

このような①子どものいる家庭の貧困化、②保育料の高騰と地域間格差、③失業者の子どもの就学前学校在籍率の低さに対し、九〇年代後半には対応策が議論され、二〇〇二年に保育料の上限設定制度（maxtaxa）が導入されるとともに、失業者の子どもも保育を受けられるようになった（高端・伊集・佐藤 2011:42）。保育は「すべての子ども」への普遍主義的なサービスになったのである。

なぜ「すべての子ども」への普遍主義的なサービスにしたのか。「すべての子ども」がスウェーデンの将来を担う「働ける存在」になりうる者としてとらえ直されたからである。

一九九六年に首相に就任したヨーラン・ペーションは、施政方針演説で「スウェーデンは知識国家（kunskapsnation:a nation of knowledge）をめざす」と宣言した。この宣言で彼は、「生涯学習は失業に対する政府の政策の基盤となるべきだ。スウェーデンは高い能力を持って競争できなければならない。そのためには、就学前学校から大学まで、あらゆる教育機関で質を高めることが前提となる。基礎学校の最初の重要な学年をよりよくすることに、就学前学校は貢献しなければならない」と述べた（Korpi 2006; 大野 2010）。同じ一九九六年に、公的児童ケアの行政責任は社会省から教育省へ移管された。

ここでの政策目標は、生涯学習の基礎となる就学前学校での教育の質を高めることで、「失業しない存在」すなわち「働ける存在」を作り出すことにある。「すべての子ども」は、スウェーデンの将来を担う「働ける存在」にならなければならない。どのような家庭環境にあっても「すべての子ども」は就学前学校の教育を受け、将来できるだけ失業しない「働ける存在」になる必要がある。ここには「労働力の再生産のために福祉国家はある」という論理（大岡 2004）の徹底がみられる。

3・5　貧困の罠とマージナル効果

児童ケアに保育料上限設定制度が導入された背景には、一九九〇年代初頭の経済危機による基礎自治体財政の悪化から、親が負担する保育料が引き上げられたことの他、親の所得変化に対するマージナル効果の大きい料金体系が一般化したことがあげられる。マージナル効果とは、所得が増えても、所得税が増え、所得で決まる手当額（生活保護手当、住宅手当等）が減少して、かえって最終所得が減ってしまうことである（秋朝 2010b）。

マージナル効果は、第2節でみた「貧困の罠」と同じ問題である。秋朝（2010b）によれば、基礎自治体が歳入を確保するために、保育時間数や所得の変動を敏感に捕捉する料金体系を採用するようになった結果、労働時間の延長等により所得が増加しても、その分、保育料が値上がりし、さらに、所得税増や住宅手当減などを加味すれば、所得の増分が手元に残らないという事態が発生する。この料金体系は、とりわけ、低所得者、失業者、パートタイム労働者にとって、労働を通じた社会参加や、所得を増やして生活水準を向上させるための障害になると考えられた。

一九九九年三月に政府提案「一九九九年経済・予算政策の指針案」(Ekonomiska vårproposition för år 1999)［Prop.1998/99:100］が国会に提出された。指針案によれば、保育料上限設定制度を導入する理由は、二つに分けられる。

一つ目は、教育の観点である。「1・4・1　教育の国、スウェーデン (Sverige en nation i utbildning)」では、知識や教育を、不公平を拡大し亀裂を深めるものではなく、高い就業率と成長とを実現する鍵ととらえる。就学前学校が生涯の学びの最初だからこそ、四、五歳児の就学前学校への参加を年間五二五時間無料とする一般就学前学校や保育料上限設定制度を、段階的に導入するために資金を投入するという。

二つ目は、労働市場政策上の理由である。保育料上限設定制度が、マージナル効果の大きい料金体系の是正という意図を持っていることは既に述べた。マージナル効果の大きい料金体系は、労働か手当かという選択をもたらしかねない。指針案中の「1・5・2　手当から労働へ (från bidrag till arbete)」では、「貧困の罠を無くし、マージナル効果を減らす長期的対策をうつこと」を政府の使命と位置づけ、一般就学前学校と保育料上限設定制度の段階的導入の他、低所得者への減税、就学支援の改善、借家にかかる住宅税減税による賃料の引き下げ等、分配効果を重視した施策を提示した（秋朝 2010b）。

指針案では二つの理由に分けられているが、そこに共通するのは「働ける人」を作り出そうという意志である。教育は高い就業率を実現するためであり、労働市場政策上ではマージナル効果を減らし労働への意欲を高めることが目的であった。ここにも「労働力の再生産のために福祉国家はある」という論理は一貫して流れている。

4　普遍主義の長所と問題点からみた保育と大学

最後に、普遍主義の長所と問題点という視点から、スウェーデンの保育と大学の歴史をみると何がいえるかをまとめとして考えてみたい。

普遍主義の長所①政治的支持を得やすい。

大学と比べ保育の利用者は低所得層にも広がり、保育の普遍主義化の方が先に進みそうだ。しかし、「すべての子ども」のための保育の普遍主義化は、大学より遅れた。保育がかつては「働く親」のためのものだったからだ。「すべての子ども」のためと保育を普遍主義化するには、保育を「将来の労働力を再生産」するための就学前教育としてとらえ直すことが必要だった。

長所②スティグマが発生しない。

大学の給付奨学金のスティグマ化はもともとなかった。[3] 普遍主義化で、裕福な家の子も給付奨学金を受け取るのが当然だと徐々に考えるようになった（大岡 2011）。一方、保育は普遍主義化の前には、保育料が高騰し地域格差が大きくなっていた。保育料の高騰からはスティグマ化は起こらない。保育料が高騰すれば、より裕福な層が保育を利用するからである。もし裕福な層だけが保育所を利用するようになり、そこに税金の補助が行われると、むしろ逆進性の問題につながる。

長所③働かない方が得という「貧困の罠」が起こらない。

保育と違い、大学教育はすべて公的負担で授業料は無償。国立だけでなく、政府が資格を与えている場合、私立でも無償（小林 2012b:200）。よって「貧困の罠」は起こらない。また、給付奨学金での親の資力調査廃止という普遍主義化で、「貧困の罠」は起こりようがなくなった。一方、保育には「貧困の罠」が出てきた。自治体が歳入確保のため、所得変動を敏感に捕捉する料金を採用した結果、より多く働き所得が増えても、保育料が値上がりし、所得税増や住宅手当減等で、かえって最終所得が減ったりした。そのため保育料上限制度による普遍主義化が必要になった。

長所④社会の階層分化が起こらない。

大学は国立私立を問わず無償という普遍主義のため、イギリスの公営住宅の貧弱化のようなことは起こらない。一方、保育では株式会社立を認めるなどの民営化が行われたが、民営化されたのはサービス生産だけで、財源は地方所得税を中心とする公的なものが主である。民間事業者が利用者からとる保育料は、公立保育所の運営経費に見合う額の範囲内で決められる（秋朝 2009）。保育料上限制度の導入によって、社会の階層分化はより起こりにくくなったと予想される。

長所⑤（中長期的には）格差を縮小できる。

大学での給付奨学金の普遍主義化で、中長期的に格差を縮小できるかは不明である。第三章でみたように、少なくともスウェーデンでは、一九八九年に給付奨学金の金額を急増しても、貧困家庭の子弟が大学進学を望むようにはならなかった。むしろ一九九三〜二〇〇三年に大学と大学定員数を増やしたことの方が、入学促進効果が大きかった。この間、他と比べて労働者家庭での大学生の割合が明らかに増えた（大岡 2013）。一方、保育では、エスピン・アンデルセンによると、保育が充実した一九七〇年代前半生まれ世代では、父親が低学歴でも、高等学校段階の教育を終えて、高卒の資格を得る者が大幅に増えた（Esping-Andersen 2009=2011:138-40）。

普遍主義の問題点①支出規模が大きくなり、負担への合意調達が困難。

大学の給付奨学金が普遍主義化された一九六〇年代には、まだ大学生は少数のエリートだった。また経済成長期でもあったので財源確保は難しくなかった。一方、保育は労働力不足に対応して女性の社会進出を促すため必要だとして負担への合意がなされた。しかし、「働く親」のためのサービスととらえている間は、失業中の親の子どもには無関心だった。少子高齢化に将来も対応していくため、すべての子どもは今後の「知識社会」を担う存在と位置づける必要性が訴えられるようになってはじめて、保育・就学前教育の普遍主義化への合意が調達された。

問題点②逆進性。

もっぱら富裕層が多く大学へ進学するという進学格差を無くさない限り、大学の給付奨学金を普遍主義化することは逆進的にならざるを得ない。一方、保育の普遍主義化を、保育は失業中の親の子も含む「すべての子ども」の権利とすることととらえるなら、逆進性はない。しかし、普遍主義化を保育料の上限設定ととらえると微妙になる。日本のように所得に応じて保育料を負担すべきだという考えもありうる。その考えからみれば、保育料の上限設定は、低所得者も含む一般の納税者からの税金を、高所得者の保育料を安くするために注ぎ込んでいるから逆進的である。保育料の上限設定では、逆進性の問題よりも少子化対策を優先するという決断がなされていることになる。

徹底して「働ける存在」を作り出そうというスウェーデンの強い意志とそれにもとづく政策の発想を、少子高齢化がさらに進んでいる日本も見習うべきである(4)。ただし、スウェーデンが当初そうだったような、「働く親」のためだけの保育・就学前教育をめざすべきではない。「すべての子ども」のための保育・就学前教育を普遍主義的に充実していくべきである。

5　対称的な日本の待機児童

働いていない親の子どもに対しても公的な保育サービスを提供するというスウェーデンの普遍主義は、失業中や育児休暇中の親なら「保育に欠ける」ことはないとして待機児童にも含められない日本の現状とは、あまりにも対称的である。

厚生労働省保育課によれば、「保育園待ち」状態で育休を延長するのは今の日本では待機児童ではない。「認可保育所に入れるのは同居する家族も児童を保育できない場合。育休中だと保育ができないとは言えないので、待機児童ではない」（朝日新聞 2013. 4. 3）[5]。

日本ではいったん失業や育児休暇に入ってしまうと、「保育に欠ける」ことはないとみなされ、保育所には入れない。求職活動をすれば保育所には入れますかと聞かれ、入れないなら採用できないといわれる。保育所に行けば、働いていますかと聞かれ、働いていないなら「保育に欠ける」ことにはならないので保育所には入れませんといわれる。日本にはいったん親が失業や育児休暇に入ってしまうと、そこから抜け出すのが難しい自治体がある。その子どもは保育所に通う権利を奪われてしまう。この現状は改革が必要だ。

朝日新聞によれば、二〇一二年成立した子ども・子育て関連三法では「保育に欠ける」という表現は消え、「保育を必要とする子ども」を客観的に自治体が認定する仕組みをこれからつくる。必要と思う人全員が利用できるようになるかどうかは、この認定がカギを握る。この仕組みなどを決める議論が二〇一三年度から始まっている（朝日新聞 2013. 4. 3）。政府の「子ども・子育て会議」は、二〇一五年度から始まる保育の新制度で、認可保育所や小規模保育などの利用要件の基準案を二〇一三年一〇月にまとめた。保護者は利用を申し込む前に市町村から「保育の必要性」の認定を受ける必要がある。新たな基準では、現在の要件に加え、①パート・在宅勤務、自営業など基本的にすべての就労、②求職活動中、③職業訓練を含む就学などでも保育所の利用を認めると明記する（朝日新聞 2013. 10. 4）[6]。

①「働く親」だけでなく、②③のように将来、「働く親」になれる親たちにも、広く保育所の利用を認めるという基準案は評価できる。少子高齢化を支える働き手をできるだけ多く作り出し、少子化に歯止めをかけようという政策意図が、よりみえやすい案になっているからである。

しかし、そこにとどまらず、将来の日本を背負っていく「すべての子ども」の視点からの普遍主義化をめざす議論が行われるべきである。スウェーデンでも、就学前学校はまず「子ども」のためにあるべきという理念が、「両親」や「社会の労働需要」のために変容していくかもしれないと懸念されている（大野 2010:19）。日本保育学会保育政策研究委員会は、二〇一二年に成立した子ども・子育て関連三法は、「すべての子どもが尊重され、その育ちが等しく確実に保障されなければならない」という平等主義の視点の強調が明確でないと指摘している（全国保育団体連絡会・保育研究所 2012:235）。

日本では少子化対策が「働く親」のためだけの政策として発想されがちである。そうではなく、将来の日本を背負っていく「すべての子ども」に平等な保育や就学前教育を普遍主義的に用意することを目指す議論も行うべきである。(7)

6　普遍主義と政府への信頼の関係

6・1　増税には政府への信頼が必要

普遍主義をとるには巨額の財源、つまりは増税が必要となる。しかし、日本では増税して得た財源を政府が透明性をもって適切に使うだろうという、政府への信頼が非常に弱い。現状の信頼の低さのままでは、普遍主義を取るための増税だと政府が説得しても日本の人々は信頼しないだろう。

財政社会学の井手英策によれば、人々の社会的な信頼への問い（「他人と接するとき、相手を信頼できるか、用心した方がよいか？」）と、政府への信頼への問い（「おおよそ政府の人々は信頼できるか？」）について、肯定的な評価（「いつでも信用してよい・たいてい信用してよい」、「強く賛成・賛成」）をしている日本人の割合は、先進国で最低である（井手 2011:89-90）。

井手によれば、信頼については以下の二つのアプローチが対峙している。

第一に、新トクヴィル的アプローチは、ネットワークや自発的組織の役割、それへの参加（＝マイクロで水平的な人々のつながり）を重視する。市民社会の伝統や、社会関係資本の伝統的な蓄積の影響を強調する。

第二に、制度中心アプローチは、制度的／政治的信頼と社会的信頼の関係、そこで政府が果たす役割を重視する。

6・2　人々を等しく扱い、社会的信頼を強化――ロススタイン

低所得層に給付を限定する選別主義では、中間層は給付の受給者になれない。よって、中間層と低所得層の間の不信感は増幅される。選別主義は、政治的に持続しにくいのである。

したがって、普遍主義で人々を等しく扱うことが、政府の政策執行における信頼を高めるうえで決定的に重要だとスウェーデンの政治学者B・ロススタインは指摘する。ロススタインが強調するのは、政府の提供サービスを支える理念である普遍主義が、社会的信頼に与える正の影響である。

この議論の問題点は、一種の政府決定論で、福祉国家が社会的信頼を一義的に規定すると考える傾向が強いことである。

これに対し、水平的なネットワークと公共部門の垂直性の関係について精力的に仕事をしているのが、R・パトゥルニーである。

パトゥルニーもロススタインと同じく普遍主義に注目する。普遍主義の国では、人々は誰もが生活や生存の基礎的な保障が行われていることを知っている。それゆえ、他者が敵対的であるリスクが低く、不信感を抱く必要性も乏しい。このような「社会的権利」を保障するシステムで、政府の社会政策が個人や家族の信頼を促進するような状況を生み出せば、新保守主義的な家族主義に陥ることなく、政府がその代替的な機能を果たせるようになるとパトゥルニーはいう（井手 2011）。

6・3　普遍主義の前提が社会的信頼？

普遍主義をとり中間層を受益者とする戦略は、中間層と低所得層の社会的分断を阻止し、増税可能な環境を整えるという意味で有力な選択肢だと考えられる。

しかし、そもそも普遍主義的なサービスが実現可能なのは、人々の信頼が既に高いからではないのか。事実、最近の実証研究では、ロススタインの議論を批判する文脈で、社会的信頼が既に高い国において、政府の歳入や歳出の水準が大きくなるという指摘がなされている（井手 2011:92）。

ここで問題とされている社会的信頼と普遍主義の関係は、「鶏が先か、卵が先か」の問題に似る。井手のいうとおり、①普遍主義的なサービスが「政府制度や政策の執行過程への信頼」（「政府制度全般への信頼」）を高め、社会的信頼を強化するというロススタインの指摘する経路が確かに一つある（井手 2011:95）。次のような経路である。

①普遍主義の実行 → 「政府制度全般への信頼」の上昇 → 社会的信頼の強化

だが、もう一方で、②官僚や政治家という「財政制度の立案者、執行者」に対する人々の信頼（「政府への信頼」）の程度が低ければ、すなわち人々の利害やニーズが政治過程に反映される程度が低ければ、増税は難しくなり、税収を多くすることはできない。それは普遍主義的なサービスの実現を困難にし、それが財政制度の運営主体に対する信頼、それらの主体による政策の執行過程への信頼、そして社会的信頼と関連するという経路を考察する必要がある（井手 2011:95）。これは次のような経路である。

②「政府への信頼」の低さ→普遍主義の困難→「政府制度全般への信頼」低下→社会的信頼の低下

井手がいうように、日本の現実をみる場合、「政府への信頼」を高めるための制度のあり方が慎重に検討されねばならない。身近な地方自治体による財政の意志決定を住民に開かれたものとするための制度設計が必要になってくる。国と自治体という政府間の財政関係、権限配分といった「垂直的関係の再編」が人々の信頼に与える影響をもっと掘り下げて考える必要がある。中央政府が自発的組織に画一的な補助金を与えることは、人々の主体的な活動を妨げる効果を持つといわれている。だとすれば、地域や個人の事情に応じた柔軟な助成を行うために、地方分権と税財源の地方移譲を進めることが不可欠のはずである。人々の行政や議会への監視を有効にするとともに、最も身近な自治体職員と人々の主体的な政治参加が密接に絡み合う状況を作り出す必要がある。

その際、注意すべきなのは、分権化とともに公共部門の資源をもっと市民に開放し、自治体職員と人々の協業によって、人々の新しいつながりの構築を図ることである（井手 2011:97）。

6・4　中間層が寛容さを取り戻す条件

井手は、財政学の伝統的な考え方は、「量出制入」原則、「支出を量って収入を制する」であるとする。人々のニーズをはじめに考え、そのために求められる財源を、みんなで負担し合う。収入の範囲内でやり繰りするのは、「量入制出」。財政のあるべき姿からはむしろ後退である。

財政がめざすのは、低所得層が他者から承認され、尊厳を持って生きていける社会、中間層がそのための負担をいとわない社会である。人間を所得の多寡で区別する選別主義にもとづいて救済する原理ではなく、人間であるからには、当然必要となる財やサービスを普遍主義的に支えていくことが財政の原理だとする。

中間層が寛容さを取り戻すための条件、すなわち、行政サービスのあり方、社会の連帯、増税への合意を形成するための条件、をまず論じるべきという。

また、国と地方の役割は次のように異なるとする。

国——生存保障。自治体の財政力格差をこえて、国が生存権を保障する。生存を補償する対象を特定するため、選別主義である。

地方——生活保障。育児・保育、養老・介護、教育など、所得の多寡とは関係なく、中間層や富裕層を含めて、誰もが必要とする対人社会サービスは地方自治体が供給する。サービス提供にはマンパワーが必要で、何が必要かを知るにも人々に身近であることが条件だからである。

よって、自治体の使命は、普遍主義にもとづき、人々の生活を保障することだとする。それによって、三つの効果を期待できるという。

①増税への合意形成を容易に。

中間層を受益者とし、その生活の豊かさを保障することは、増税への合意形成を容易にする。しかも、身近な自治体が実現するから、意志決定への主体的な参加を通じて、自分たちの利益を実現することで、人々の行政や政治への信頼感も強まる。

②自治体への信頼を強めれば、国への信頼も強くなる。

国の中核機能である再分配、生存保障も強化される。

自治体が的確にサービスを提供できる環境を整えることが、公共部門の財源調達の可能性を高め、国の機能も強化される。

③普遍主義を広げ、尊厳の平等化を実現し、社会的信頼も強化。

普遍主義をできるだけ広げ、特別扱いされる人々の領域、選別主義の領域を減少する。このためには、国から地方への税財源移譲が必要である（井手 2013:152）。

ただし、井手の言う効果②については、単純にそうなるのかという疑問がある。身近で監視できる自治体職員は信頼できても、監視できない中央官僚は信頼できないのではないか。震災復興予算が他地域へ流用された問題を考えれば、自治体への信頼が中央官庁にも向かうような制度的な仕組みを作っていく必要があるだろう。

また、井手は、「自治体職員と市民の協業で、信頼の構築を図る」ことを主張する。公共図書館などを地域に開かれた参加の場として活用することで、人々の信頼をつなぎ合わせていく。公共部門の人的、施設的資源を積極的に活用しながら、人々と公共部門の交差する地点で、政府への信頼を作り上げていくのである（井手 2011:97-8)。

上記のような協業による信頼の構築を、日本でも保育所や幼稚園でできる可能性はないだろうか。スウェーデンの保育料上限設定制度を参考にしながら、国の政策として保育所や幼稚園の普遍主義的な無償化を目指し、実際の運営を自治体と市民が協力して行っていけば、国と自治体への信頼を同時に創ることができるのではないか。

次章では、以上のような視点から、スウェーデンの親協同組合による保育所の可能性を検討する。

注

（1）普遍主義と選別主義の論点について、より詳しくは（平岡 1991, 2003）をみよ。

（2）普遍主義がよりよい理由として、以下の二点の選別主義の技術的問題がある。だが、納税者背番号制度などの導入で所得や資産の正確な把握が簡単に可能になれば問題は解消する。たとえば、所得や資産の把握が簡単にできるスウェーデンでは問題にならない。

第一に、正確な所得や資産の把握が難しい。給与所得者と自営業者では税務署による所得の把握が大きく違う。たとえば、クロヨン問題であり、所得の把握率は、給与所得者九割、自営業者六割、農林水産業従事者四割といわれる。

第二に、給付の有資格者と無資格者の区分を正確にしようとするほど、行政コストは高くなる。所得制限をすると、所得を調べる事務作業が膨大になる。こうした管理費はなるべく削って、給付自体に回した方がよい（武川 2012)。

第一の点に関係する奨学金の基準をみてみると、日本学生支援機構の二〇一四（平成二六）年度入学者用の家計基準は、給与所得世帯とそれ以外の世帯で大きく異なる。たとえば、入学前の予約採用での無利子の第一種奨学金の家計基準（三人世帯）は、給与所得世帯では七五二万円以下だが、それ以外の世帯は三〇三万円以下となっている（日本学生支援機構 2013「奨学金を希望する皆さんへ」2013. 11. 18 取得、http://www.jasso.go.jp/saiyou/documents/h26daigakutouyoyaku.pdf）。

（3）少数の利用者しか利用できない公的サービスであっても、奨学金の受給者はスティグマが付与されないだけでなく、威信が付与される。奨学金の採用に資力調査があったとしても、採用者はそれ以上に、成績優秀という基準で選別されているとみなされるからである（武川 2012）。

（4）ただし、北欧の親の子どもへの期待は、労働重視ではない。一九八〇年代初めからの世界価値観調査（World Values Survey）によれば、多くの国で子どもへの親の期待は高まっている。子どもには猛勉強（hard work）と想像力の両方が重要だという考えが強まってきた。だが、北欧諸国は猛勉強をあまり強調しない点で際立つ。ノルウェーとスウェーデンでは、親は「想像力を持つこと」がより重要な能力だと考えている（Taguma et al. 2013b: 32–3）。

猛勉強を強調しない親と上記の政府の労働重視の関係を、どう説明するか。親の期待と政府の期待は違うのか。おそらく深いところではつながっているだろう。型どおりの猛勉強は役に立たない、新たな社会への変化に追いつく発想・想像力こそが重要だと北欧の親は考えているのではないか。次章5・2で後述の『スターティング・ストロングⅡ』で英米型と対比された、北欧型の社会教育の考え方も参照せよ。

（5）朝日新聞デジタル（2013. 4. 3）「（くらし時々？）待機児童、数え方変だよね　育休延長も認可外利用も含まず」

（6）朝日新聞デジタル（2013. 10. 4）「パート・夜勤も保育所ＯＫ　一五年度から、基準に明示　政府会議」

（7）もちろん、その際には教育効果も考えねばならない。教育学の須藤康介がいうように、近年日本において、幼児教育の無償化が議論されている。しかし、幼児教育の無償化は主に子育て支援（母親の就労支援）の文脈で議論されており、子どもの学力格差の是正という文脈で議論されることは少ない。幼児教育の充実を学力の階層差の縮小のための方策の一つとして位置づけ、その効果を実証的に検討することが必要だろう。どのような幼児教育なら学力の階層差の縮小につながるのか。アメリカの研究モデルを参考にしつつ、小中学校教育の効果と並行して幼児教育の効果も追究する必要がある（須藤 2009）。

第五章　就学前教育で政治への信頼を創れるか

1　職員と親の協働と信頼

第四章では、「国の政策として、保育所や幼稚園を無償化し、自治体と市民が協力して運営していけば、国と自治体への信頼を同時に創ることが可能にならないか」と述べた。その視点から、以下では保育・就学前教育の現状の問題点を指摘し、改革の方向とその条件を明らかにしたい。

1・1　親協同組合保育所の意義

第三章第5節で取り上げた少子化・教育問題研究の池本は、保育の質の向上を図るため、すべての保育所に、親の意向をふまえて運営するよう義務づける先進諸国があることに注目する。

スウェーデンの親協同組合保育所がその例である。株式会社が運営する保育所では、親は保育サービスの消費者と位置付けられるのに対して、親協同組合保育所では、親は消費者であると同時に「共同生産者」となっている。親がサービスの生産に関わることで、生産者と消費者の間で情報が共有され、生産者と消費者の間の信頼を生み出すのに役立つと評価されている。親の参加は、生産者の情報を把握できることから、保育の品質保証になるとの見方もある。

保育所のような対人社会サービスの場合、一般のサービスとは違い、不満があるからといって他のサービスに切り替えることは困難である。子どもが通える距離には限度があり、新たに保育士や他の利用者との関係を築くことの負担は大きい。保育サービスを、市場を通じて供給する場合の取引費用は、消費者、生産者にとっても、そして社会にとっても非常に高価である。よって、利用している施設から「退出」するよりも「抗議」を通じて質の改善を図ることが合理的であるとの指摘もなされている。

また、デンマーク、ノルウェー、オランダでは、すべての保育所に「親の会」の設置が義務付けられており、保育所の運営にあたって、親の会の意向をふまえなければならないと法律で定められている。これは、前述したように、保育が一般のサービスとは異なり、不満があっても他のサービスに乗り換えることが困難なため、不満を訴える場を制度的に保障し、施設の運営をより利用者のニーズに沿ったものにすることがねらいである。

わが国では、幼児教育・保育施設において、父母会などが普及してはいるが、父母会は制度的に義務付けられてはいない。保育の質の向上にあたっては、親の会の設置を義務付け、そこに権限を付与するというコストのかからない方法によっても、一定の成果が期待できると池本は指摘する（池本 2013）。

このような欧米での親共同組合保育所や親の会は、社会関係資本（＝人のつながり）を創り、そのつながりから行政・政治への信頼を生み出す可能性をもっているのだろうか。

その視点から、親共同組合保育の研究者として有名なスウェーデンのV・ペストフを中心に先行研究を検討してみよう。

1・2　ペストフのロススタイン批判

ペストフは、前章でみた「普遍主義的な福祉サービスが人々の間の信頼を生み社会関係資本を創る」というロススタインの主張を批判する。ロススタインらは、スウェーデンのここ一〇年ほどの財政悪化によって、普遍主義的な福祉サービスを供給する公的機関での労働環境が悪化し、公的サービスの質も劣化したことを考慮に入れていない。ロススタインらは、普遍主義的なサービスの質の劣化が、「効率的」な制度によって「上から」創られた信頼にどのような影響をもたらすのかについて何もいっていない。

ペストフによれば、市民は日常生活で必要とし頼りにしている福祉サービスそのものの共同生産者になりうる。共同生産は、福祉サービスのスタッフと消費者が対面するやりとりを増やすだろう。これは市民が彼ら自身の人生に関する政治と、最も重要な福祉サービスに、より大きな影響力を持てるようにもするだろう。こうして、ロススタインらが主張する普遍主義的な福祉国家制度が信頼等を創るのと同様に、福祉サービスの共同生産は信頼と社会関係資本を創り出すことに貢献できるのだとペストフはいう。

また、さまざまな社会政策への市民の信頼度を測る多くの調査で、国と自治体の行政への信頼は一貫して低い。ロススタインらが困惑するような、この事実を説明することに彼らは失敗している。ロススタインは、住宅手当など所得調査がある選別主義的な制度よりも、所得調査のない初等・中等教育など普遍主義的な制度への信頼が著しく高いと主張する（Rothstein 2000）。しかし、国と自治体の行政への信頼は一九八一年から一九九七年まで一貫して低い（Pestoff 2009a; Rothstein 2000:227）。これらの行政が、信頼や社会関係資本を「上から」創っているはずの「効率的」な制度と同じものであることに注意してほしい。なぜそんなことがありうるのか、ロススタインの説明は一切無いとペストフはいう。

繰り返せば、社会福祉サービスの実施により多くの市民が参加するようになれば、主な福祉サービスの職員と消費者が対面する交流が増える。おそらくこれが福祉サービスの公的機関である行政への否定的な態度を和らげ、より多くの信頼と社会関係資本を創り出しているのだろうとペストフは主張する（Pestoff 2009a）。

ペストフは本書と同じような主張をしている。職員と親の共同で信頼と社会関係資本を創り出せるはずだという主張である。それは、スウェーデンでだけ可能だったのだろうか。たとえば、カリフォルニアの田舎でも、親協同組合保育所が一番評価されていた場合がある（Coontz & Esper 2003）。では、日本でも職員と親の共同で信頼と社会関係資本を創り出すのは可能なのだろうか。

以上の視点から、スウェーデンにおける親協同組合保育所の意義を以下で検討しよう。

2　スウェーデンにおける親協同組合保育所の意義

一九九〇年代までは、公的な児童ケアが足りない場合に、親協同組合による保育所が、私立の保育と就学前教育サービスとして例外的に認められているだけだったことは既に第四章第3節で述べた。

親協同組合保育所は、親たちにも人気があった。その理由の一つは、安くついたからである。

一九八〇年代、特に都会化が進んだ自治体で、親協同組合保育所は人気があった。その主な理由は、月額一千クローネル未満で保育サービスを提供していたからである。他の保育サービスは、もし入所可能であったとしても、三千クローネルはかかった（Vamstad 2007:123）。親協同組合保育所が安かったのは、親も保育所の運営に参加し働くからである。当然、親以外にかかる人件費は安くなる。

第四章第3節で述べた保育料上限設定制度は、このような親協同組合保育所の料金面での有利さに変化をもたらした。二〇〇〇年に決定され二〇〇二年から導入された保育料上限設定制度は、すべての運営形態の保育料を親協同組合保育所と同レベルか、それ以下に削減することになった。親協同組合保育所の利用者は同じ料金を払いながら、労働を提供する。一方、他の形態の保育の利用者は、親協同組合保育所の利用者と同じ料金を支払えば、労働は何もしなくてよい（Vamstad 2007:123）。

つまり、保育料上限設定制度が導入された二〇〇二年から、低料金という長所を親協同組合保育所は失ったのである。ここから、二〇〇二年以降には親協同組合保育所が減ったのではないかと予想される。実際のデータをみてみよう。

2・1　保育所の登録児童数の推移

自治体立以外の保育所の登録児童数の推移を示したのが、図表5－1である。さきほどの予想に反して、親協同組合保育所の登録児童数に保育料上限設定制度はそれほど影響を与えていない。二〇〇〇年の二万一二四八人から二〇一二年の二万〇八一九人まで約四〇〇人減っただけである。目立つのは株式会社立（bolagsdriven）の保育園の登録児童数の伸びで、同時期の二〇〇〇年の一万二四〇六人から二〇一二年の四万四〇八一人へと約三万二千人増えている。

図表 5-1　スウェーデン　私立ほかの保育園　登録児童数の推移

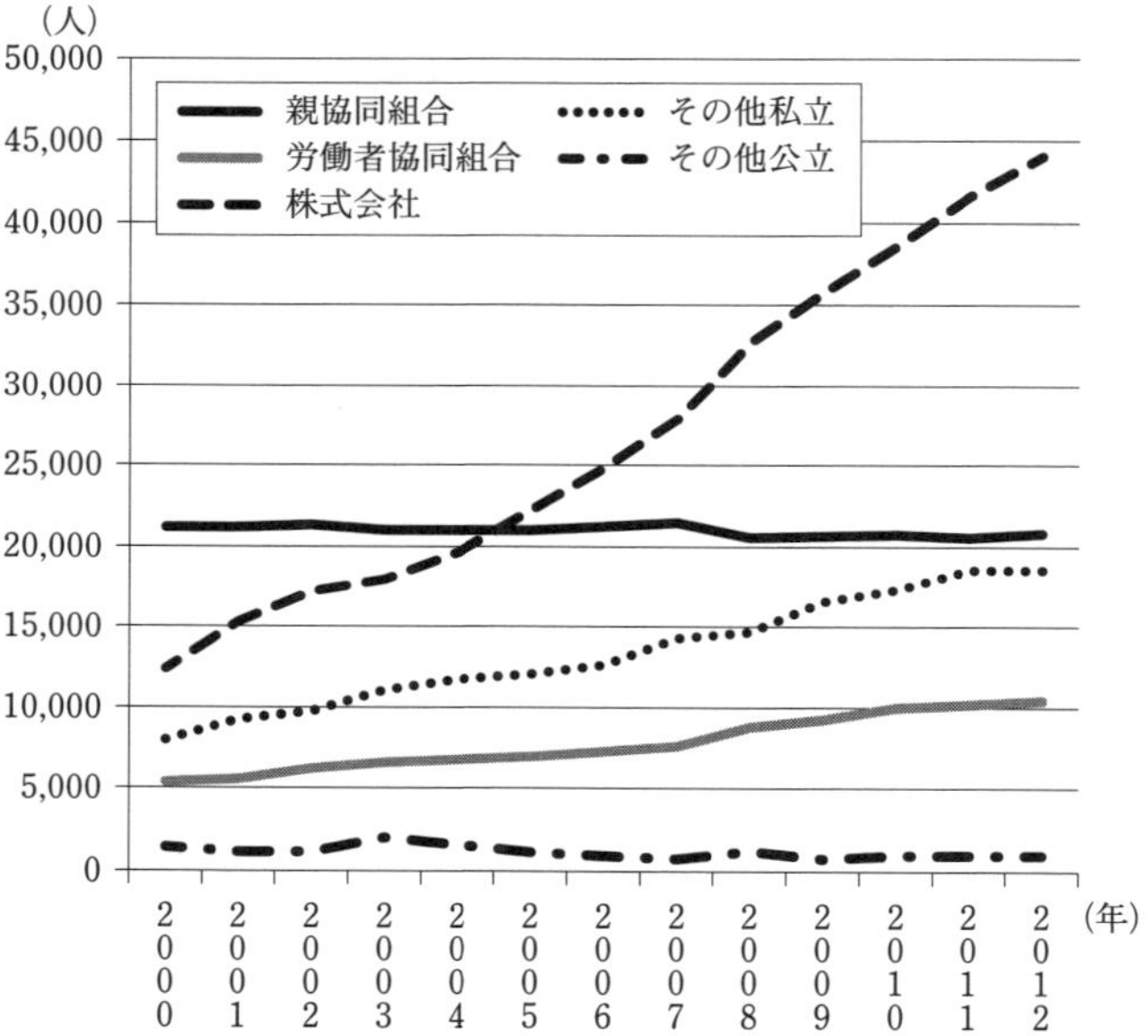

出所：Utbildningsstatistisk årsbok,（Skolverket 2008, 2013）から著者作成

しかし、株式会社立よりも大きく増えたのが、自治体立の保育所の登録児童数である。自治体立の登録児童数は同時期、二〇〇〇年の二六万六一七七人から二〇一二年の三八万七三五七人へと約十二万一千人増えた。自治体立の登録児童の増加数は、株式会社立のほぼ四倍である（図表5－2参照）。

つまり、スウェーデンでは確かに株式会社立の保育園を活用し民営化を進めたが、自治体立の保育所をつぶして株式会社立に置き換えたのではない。むしろ、株式会社立以上に、自治体立の保育所の登録児童数を増やしてきたのである。民間の活力も利用はするが、主な責任を負うのはあくまで自治体であるという原則をスウェーデンは二〇〇〇年以降も崩していない。保育園の登録児童数のうち、自治体立の割合は二〇〇〇年の八四・五％から二〇一二年の八〇・三％に下がっただけである。

以上からわかることを確認しよう。

第一に、二〇〇二年から導入された保育料上限設定制度によって、料金面で不利になったにもかかわらず、親協同組合保育所の登録児童数はその後、二〇一二年までの一〇年で約四〇〇人しか減らなかった。これは、親協同組合保育所にはそれだけの魅力が親にとってあったということだろう。「社会的経済」[1]を研究する経済学者の今村肇によるペストフの紹介によれば、親の影響度を保育所の組織形態別で比較した調査では、親協同組合保育所が最も高い評価となっている。子どもを通わせる親たちのあいだでは、自分たちの影響力が行使できることや、自分の子どもの日常生活への参

図表 5-2　スウェーデン　保育園　登録児童数の推移

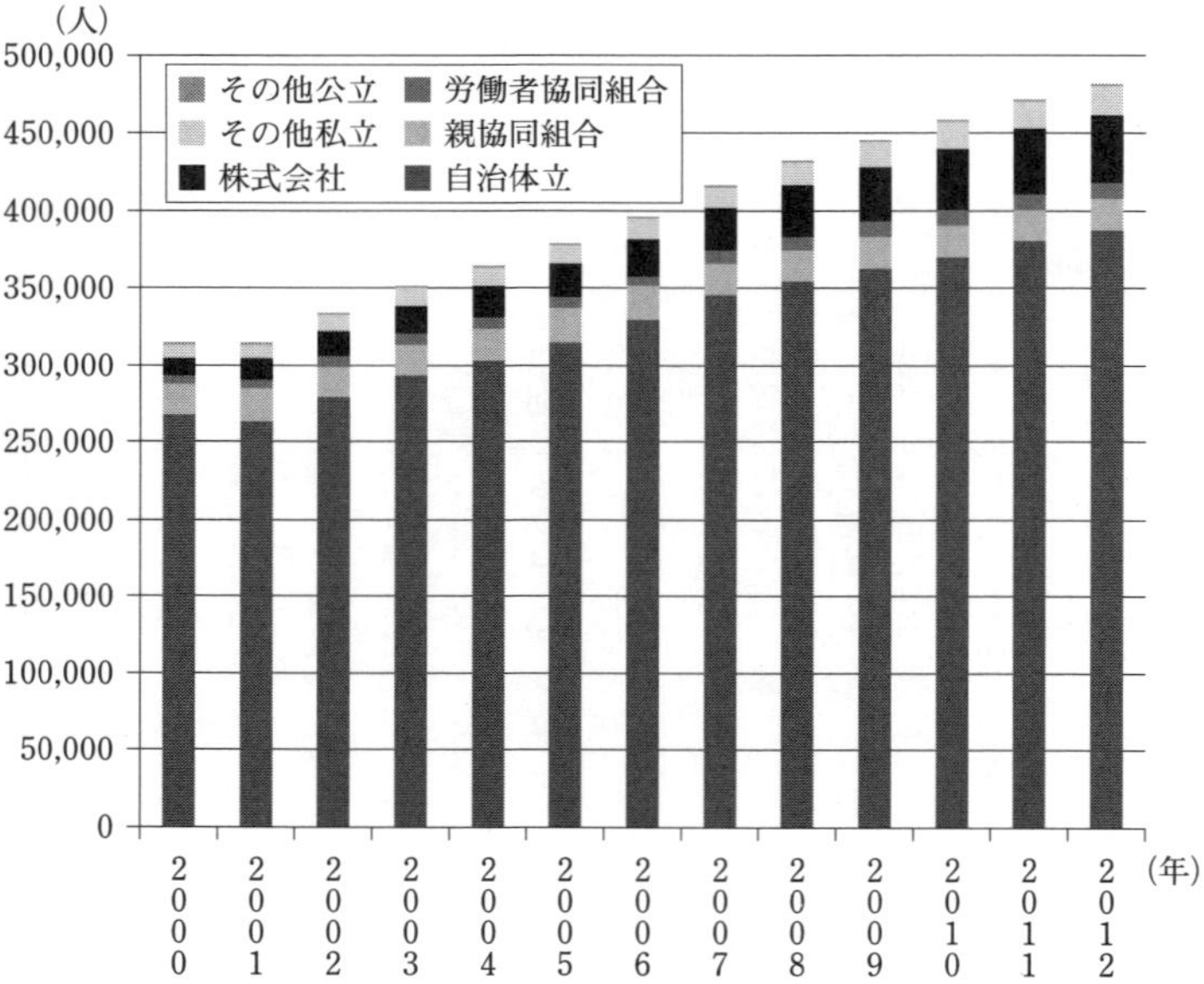

出所：Utbildningsstatistisk årsbok から著者作成

加が可能なこと、などの点で高く評価されているという（Pestoff 2009b:212-3; Vamstad 2007; 今村 2012:58）。

ただし、第二に、親協同組合保育所の登録児童数が全体に占める割合をみると、二〇一二年で全体の四・三％だけである（全体の登録児童数が少なかった二〇〇〇年で六・七％）。確かにペストフのいうように、親協同組合保育所は保育を共同生産することで親と職員の間に信頼関係を生むという点で重要だろう。だが、その割合は全体の五％未満に過ぎないのである。

フランスにも親協同組合保育所に似た親保育所があるが、親保育所の受入数（二〇〇五年）は集団保育所全体の約二％に過ぎない。フランスの親保育所は、一九六〇年代の学生運動の中で、一方的に保育施設に預けるのではなく、親が積極的に保育に関わる権利を取り戻そうという動機から始まった。親は一週間に半日以上、親保育所に子どもとともに参加し、運営に関する仕事や子どもたちの世話をすることが必須である。補助金以外の経費を負担する親たちは、金銭的負担だけではなく、保育所内での仕事をもつ。その内容は、ほぼ月一度の集会で決定される。その負担の大きさからか、スウェーデンと同様に受入数は五％にも届いていない（木下 2008）。

また、スウェーデンの親共同組合保育所には横の広がりに限界があることも、スウェーデンの社会的企業を研究するY・ストルイヤンが指摘している。親共同組合保育所は、その運営のための財源を自治体だけに依存する。親が協同組合に参加し、自治体から資格が認められれば、財源が与えられる。一度、この資格が認められさえすれば、財源を維持するためには、親共同組合を維持することだけが必要にしてかつ「十分」な条件となる。親共同組合保育所は、自治体からのごく形式的な認定を越え、それ以上に地域コミュニティからさまざまな援助を求めようとすることはほとんど無い。保育所を運営する同じような協同組合とのつながりは限られている（Stryjan 2006:202）。つながらなくても、財政的には運営できるからだ。

このように、親共同組合保育所は、登録児童数の割合が五％未満に過ぎず、横の広がりにも限界がある。親共同組合保育所だけに焦点を当てて研究を深めるよりも、八割を占める自治体立の保育所で、政府への信頼を作り出し維持できるような仕組みが実際にどう作られているかを研究する方が、今の日本にとってはより重要だろう[2]。

3　親協同組合保育所を運営できる時間はあるか

親の負担の大きさから、親協同組合保育所の登録児童数はスウェーデンでも現在では四％強に過ぎないことを前節で述べた。

しかも、これは日本より労働時間が短いスウェーデンだから可能だったのではないか、と考えられる。二〇〇九〜二〇一〇年の調査によれば、正社員の週の平均労働時間が四〇時間未満の企業は、日本一七・四％に対し、スウェーデン三六・〇％であった（武石 2011）[3]。日本の親に、親協同組合保育所を運営できるような時間はあるのだろうか。それを以下で検討してみよう。

第一章第4節で引用した森岡によれば、近年の日本では、性別や雇用・就労形態の違いを問わず、長時間労働者の割合と短時間労働者の割合がともに高まり、労働時間の二極分化が進行している。長時間および超長時間労働者は男性の正規労働者に集中し、短時間労働者は女性の非正規労働者に集中している。

賃金面をみると、過去十年余りの間に生じた賃金の下落が当面大きく回復する見込みはほとんどない。男性正社員は、二〇代はもちろん、三〇代でも四〇代でも妻子を養うことが困難になり、かつていわれた「男性稼ぎ手モデル」は労働所得の面からは、崩壊しつつある。

しかし、労働時間からみると、家事労働もせずに長時間のサービス残業も辞さずに会社に尽くす働き方の「男性正社員モデル」は、いまだ保持されている。「就業構造基本調査」から二〇〇七年現在、年間二五〇日以上就業する男性労働者は二三八一万人いるが、そのうち「正規の職員・従業員」は一三六三万人（五七・二％）である。「正規の職員・従業員」の五一・八％は週四九時間以上、二五％は週六〇時間以上、一二・五％は六五時間以上働いている。二〇代後半から三〇代では、正規労働者中の各長時間労働者の割合は、それぞれおよそ五七％、二九％、一五％に達する（森岡 2011）。

では、非正規はどうか。第一章第4節でみたように、男性正社員モデルは半ば崩壊し、非正規率が増大している。この増えつつある非正規労働者でも、長時間労働は、週四九～五九時間と、週六〇時間以上の両方で増加している。パート・アルバイトに比べて増加が目立つのは、男女とも派遣労働者の中の長時間労働者である。男性では、派遣労働者総数が一九九七年の四・七万人から二〇〇七年の五五・三万人に激増する中で、週四九時間以上の長時間労働者は、〇・八万人（一七％）から一四・六万人（二六・四％）に増加している。同じく女性では総数が一七・四万人から九六・七万人に急増する中で、長時間労働者は〇・七万人（四％）から七・二万人（八％）に増加している（森岡 2011）。

また、玄田有史（2010）は、一九九〇年代以降は四〇歳以上層を中心に、正社員の給与の引き下げがみられ、賃金の年功的傾向も弱まりつつあるなかで、正社員の長時間労働が増大していることを指摘する。

第一に、休業者を除く男性従業者に占める週六〇時間以上労働比率の変化である。当初安定していた週六〇時間以上比率は一九九八年以降急上昇し、特に三〇歳代の男性に占める比率は、二〇〇〇年代前半期に二〇％を大きく上回った。

第二に、二〇歳代後半から三〇歳代の男性正社員が、その他の年齢層に比べて週六〇時間以上働く傾向が強まっている。なかでも三五歳以上三九歳未満が週六〇時間以上働く確率が、二〇〇二年以降高まっている（玄田 2010；渡部 2011）。

以上からわかるのは、日本ではちょうど幼児の親になる年齢の頃に、長時間労働が増える傾向にあるということである。

既に述べたように、親協同組合保育所では親が仕事をする義務があることが多い。労働時間が自由にならない親は排除されてしまう。特に、時間が無いひとり親にとっては、親協同組合保育所の運営に参加するのはきわめて困難である（Pestoff 2009a）。

したがって、親協同組合保育所に過度の期待をかけるのは、今の日本では現実的ではない。親協同組合保育所を発展させようとするなら、保育所の運営に親が気軽に参加できるように、ワークライフバランスをまず創り出さなければならない。ワークライフバランスの改善ができる前に、疲れた親に保育の運営まで押しつけるべきではない。自治体立の保育の充実にまず優先的に取り組むべきである。

長時間労働で疲れている親に、保育所でも運営参加という労働をせよというのは酷に過ぎる。それでは誰が子どもを産み育てたいと思うだろうか。特にひとり親の世帯にとっては深刻な問題である。時間に追われるひとり親は、運営に参加しなければいけない親協同組合保育所の保育からは、実質的に締め出されてしまうことになる。

よって、親協同組合保育所に過度の期待をかけることはできない。公立の保育所の充実が、特に貧困世帯の割合も多いひとり親世帯にはどうしても必要なのである。

4　自治体立の保育所での親の協働、親の評議会

第2節では、スウェーデンの親共同組合保育所は、登録児童数の割合が五％未満に過ぎず、横の

広がりに限界があることを明らかにした。

また、親たちが保育所を運営する親協同組合保育所には、信頼を生み出すという長所があるが、親協同組合保育所に参加できるのは時間に余裕がある親に限られ、ひとり親は実質的に排除されてしまう。そのため、労働時間の長期化の傾向がみられる日本では、親協同組合保育所に過度の期待を持つことは適切でなく、自治体立の保育所の充実を図っていくべきであることを、第3節で確認した。

以上から、親共同組合保育所だけに焦点を当てて研究を深めるよりも、スウェーデンで八割を占める自治体立の保育所で、政府への信頼を創り出し維持するどのような仕組みがあるのかを研究する方が、今の日本にとってより重要なことは明らかである。

では、スウェーデンの自治体立の保育所では、政府への信頼をどのようにして創り出しているのだろうか。

ＯＥＣＤの調査によれば、特にノルウェーとスウェーデンでは、子どもと親は保育所の活動に参加することを期待されている。保育所と親の協働によって、子どもたちは彼らの潜在能力に応じて成長していくための機会をより多く得られるようになる。スウェーデンの親はカリキュラムを改良する過程に参加しているし、保育所の活動に貢献することを期待されている。親は特に自分たちの子どものためのカリキュラムをより良くしていくことに参加しているし、子どもたちの発達の過程と目的について保育所の職員とともに決定することができる。親には少なくとも年一回、子どもの保育と教育環境を改良するため職員と議論する権利がある。この話し合いで、子どもの成長について徹底的に議論がなされ、親と職員は知識と経験を共有できるようになるのだという（Taguma et al. 2013b:32-3）。

スウェーデンで一九九八年に制定された最初のナショナルカリキュラムの就学前学校学習指導要領（Läroplan för förskolan: 通称 Lpfö98）でも、親の協働が強調されていた（SOU 1997:157:66）。また、国会は、学校委員会からの提案の後、日本の小中学校にあたる基礎学校において親が多数を占める委員会が新しい試みを始めることを、希望する自治体に認めることを一九九六年春に決定した。

自治体レベルだけでなく個別の奨学前学校においても、親の影響を増やすさまざまな取り組みがなされた。たとえば就学前学級において、就学前学校と学校の統合は親の影響を増やすことに効果があったという（SOU 1997:157:66）。

他にも参考になる制度として、デンマークの親評議会やノルウェーの「親の評議会」がある。デンマークでは、親評議会が一九九三年からすべての自治体立および自営型のデイケア施設に義務づけられている。親評議会は、教育活動の基本理念や、予算枠に沿った予算の使い方などを決定する。施設の職員も評議会のメンバーだが、親の代表が多数派である（OECD 2006:314=2011:361）。

ノルウェーの一九九五年と二〇〇五年の保育所法（Kindergarten Act）では、私立も含め、すべての保育所に親の評議会（parents' council）と親・教員・所有者協議委員会（cordinating committee）の設置を義務付けている。親の評議会は、すべての親が参加し、親たちの意見を集約するとともに、園との協力関係を促進する狙いがある。協議委員会は、園の重要問題に関して親と教員が意見を表明する場となっている。

園の所有者は、園の運営に関する重要事項に関して、この評議会と協議委員会に諮らなければならない。親たちが会合、委員会、定期的な調査などを通して、保育の質をチェックし、改善を提案できる仕組みを導入することで、保育の質の維持・向上が図られている。ただ、保育の質に関する調査データによれば、公立か民間かによる大きな相違はなかったとされる。保育所法では、親だけではなく、子どもに対しても、園での活動に対して意見を表明する権利や、園の活動計画の作成や評価に関与する機会を与えるべきとしている（池本 2013:78）。

また、子どもたち自身の意見が、ノルウェーでもスウェーデンでも重要だとみなされている。ノルウェーの保育所法は、子どもたちに「保育所の日常活動に対して意見を言う権利」を与えることを保育所に要求している。日常的な保育所の活動の計画や評価に積極的に参加する機会を、子どもたちには与えるべきだし、彼らの年齢や成長に応じて、子どもたちの意見は重視されるべきである。

ノルウェー方式で重視されるのは、子どもたち自身がさまざまな形で表現した必要や興味は、保育所の環境や活動を形作ることに貢献すべきだということであり、子どもたちは就学前学校の実際の方法や内容に対して彼らの意見をいう権利があることだ。これによって、保育所のプログラムが子どもたちの興味を反映し、活動内容が年齢に応じた適切なものになることを確実にしている。ノルウェーの保育スタッフは、子どもたちの代表の意見がプログラムにどうすれば反映できるかについての訓練を受けつつある（Taguma et al. 2013a:34)。

以上のように、親や子どもの意見が保育所の運営に反映されるような仕組みが、スウェーデン、ノルウェー、デンマークという北欧諸国では導入されている。

一方、カナダにおける保育の質についての研究によれば、協同組合方式をとる保育所の方が保育の質が高まるという傾向はみられなかったが、保育所の運営委員会や年一回の総会に親が参加し影響を与える保育所の方が、保育の質がよくなることがわかっている（Leviten-Reid 2012:36)。

よって、親協同組合保育所よりも保育の質の向上が見込めそうな、保育所の運営への親の影響力の強化を、有力な選択肢として日本でもさらに研究を進めていくべきである。なぜなら、ワークライフバランスが進まず、労働時間の長期化の傾向がある今の日本で、ひとり親を含むすべての親が参加できそうなのは、多くの仕事が要求される親協同組合保育所ではなく、限られた機会ですむ保育所の運営委員会や総会だからである。

5　保育・就学前教育の平等化の方向とその条件

ひとり親も平等に参加できる保育所の運営がなぜ必要なのか。それに答えるためには「保育・就学前教育の平等化」についての政策理念を明確にしておく必要がある。なぜ平等化する必要があるのか。ＯＥＣＤの二〇〇六年の報告書『スターティング・ストロングⅡ』（人生の始まりこそ力強く）もいうように、すべての人が、生涯の全過程を通じ、平等かつ公正に開かれた学習機会によって主体的な人間形成を図れることをめざすべきであり、その基礎段階として保育・就学前教育の平等化が必要だからである。

保育・就学前教育においては規制緩和や市場化が進みつつあるが、政府の監視が弱くなり、最も必要とされるところにサービスが行き届かないという事態はあってはならず、アクセスに不平等が生じてはならないとＯＥＣＤはいう（OECD 2006）。

そもそも本書が保育・就学前教育を研究し始めたのは、大学への進学格差の不平等性を弱める政策を追究するためであった。

どのような家庭に生まれようとも、すべての子どもが、生涯を通じて自分の可能性を追求していく主体性を身につけられるようになるためには、保育・就学前教育を平等化する改革から始めなければならない。

なぜなら、第三章第5節で述べたように、米国のペリー就学前計画で、就学前教育を受けた子どもに目立ったのは、学習意欲の伸び、つまり「やる気」の伸びだからである。すべての子どもたちの、自分の可能性を追求していく主体性を伸ばすには、就学前教育を充実することが必須である。

幼いときに貧困のために就学前教育を受けられず、自分の可能性を追求する「やる気」を身につけることができなかった子どもにとっては、その後の小中高での経済的条件等をいくら平等化しても、もうその時点では遅いのだ。

就学前教育や「乳幼児期の教育とケア」を充実させるためには、ＯＥＣＤ（2006）が主張するように、職員の労働条件の改善が必要である。また、アクセスの平等化も図らねばならない。すべての子どもたちの人生の始めに、「乳幼児期の教育とケア」を平等に提供する。それによって、高等教育へのアクセスの不平等性をも弱める。そうしなければ、高所得層が多く進学する大学教育の公費による無償化や給付奨学金の充実を、すべての所得階層の学生に対して一律にはすべきでないというのが第三章第5節での主張であった。

5・1　「乳幼児期の教育とケア」への政策的関心の高まり

一九九〇年代以降、国際社会では、乳幼児期の発達と学習が、初等教育を含むその後の人生の経験や生活の質に極めて重要な意味を持つとの問題意識のもと、「乳幼児期の教育とケア」への政策的な関心が高まってきている。特に、ＯＥＣＤは精力的に調査を進め、二〇〇一年から三つの報告書を出している。以下、二〇〇六年の報告書『スターティング・ストロングⅡ』（以下、ＳＳⅡ）の内容を、同書の翻訳者である首藤美香子（子ども学）の論文（首藤 2009）によりながら紹介する。

ＯＥＣＤに対しては、「自由貿易と競争を重視する新自由主義をいかにして最も効率的に推し進めるかという技術的な関心が支配的」で、「教育を人的資本形成の手段として捉える傾向、教育を経済成長の動因とみなす考え方」が強いという批判がある。ＯＥＣＤが「乳幼児期の教育とケア」

（Early Childhood Education and Care. 以下、ＥＣＥＣ）の政策対応へ積極的な関心を示すようになった背景には、子どもの貧困削減、マイノリティの子どもの社会的インクルージョン、出生率の増加、女性の就労促進とジェンダーの公正の両立などの今日的課題に対する解決策として、ＥＣＥＣへの投資が経済的にも教育的にも有効であるとの研究成果が出されていることと無関係ではない。

しかし、ＯＥＣＤの生涯学習構想に基づいたＥＣＥＣ政策理念と戦略は、経済成長のための人間開発に留まるものではない。その効果が統計的に実証されたものでも、貧困層に特化した補償教育のあり方や認知発達に重点を置く就学前準備教育を全面的に支持するわけではない。ＯＥＣＤは、万人が、生涯の全過程を通じ、平等かつ公正に開かれた学習機会によって主体的な人間形成を図ることを願い、その基礎段階としてＥＣＥＣを重視している（首藤 2009:242-3）。

ＳＳⅡが強調するのは、「子どもの視点」である。関係機関との間でＥＣＥＣ政策の調整を行う際、利害を共有する関係者がともすれば見失いがちな、「子どものウェルビーイング、早期の発達、学習」の追求というＥＣＥＣ本来の目標を、政策の中核に置くことが極めて重要である。ＥＣＥＣは「子どものための」政策であるべきだとＳＳⅡは主張する（首藤 2009:251）。

今日、ＥＣＥＣの財源不足は各国が共通に抱える問題だが、ＳＳⅡでは、各国の費用便益を精査した結果、コスト削減のために自由主義経済下で進む規制緩和や市場化に異議をさしはさむ。例えばサービスの市場化は、公的支出を抑制し、供給不足に悩む現場に対して、サービスの量的補充や迅速化、多様なニーズの掘り起こし、親の選択肢の拡大という利点もある。だが、一方で政府の監視が弱くなり、最も必要とされるところにサービスが行き届かず、アクセスに不平等が生じ、さらにサービス内容の断片化や質の悪化などの問題が発生しやすい。

また、サービスの供給者に対して直接助成する資金供与の様式を、サービスの需要者である親への補助金給付に切り替えた場合、質の高い職員を安定的に確保することが難しくなり、インフラの整備も不十分になるとＳＳⅡは指摘する。競争原理が働くことで不適切なサービスが淘汰されるという市場の法則がＥＣＥＣ分野にもあてはまるのかどうか、「消費者の選択」が「教育の商品化」を生み出してしまうと、ＥＣＥＣ本来の目的である「子どものウェルビーイングや発達、学習」の支援がないがしろにされるのではないか、そもそもＥＣＥＣへの投資効果は誰がどのような基準でどう評価できるのかと、ＳＳⅡは問いを投げかけている。

5・2　「乳幼児期の教育とケア」の質の定義という難問

このように突きつめていくと、ＥＣＥＣの質の定義という難問が浮上してくる。ＳＳⅡでは、ＥＣＥＣの質の評価において、特に子どもの主体的な学習の「過程」に重点をおこうとする。つまり乳幼児期は、遊びや他者とのやりとり、大人の振る舞いの模倣を通して学ぶ時期であり、それこそが子ども本来の自然な学習であると解釈される。保育者の役割は、子どもの興味や関心を尊重し、子ども本来の自然な学習ができるように子どもを理解し必要な支援をすることである。ＥＣＥＣの重要な目標とは、このような学習経験を通して「子どもが幸せで満ち足りた気持ちになること」にあると明言する。

よって、ＥＣＥＣは、「子ども自身が自分は有能で学ぶ力のある人間だという感覚を高めていく」「過程」にこそ意味があり、ＥＣＥＣの成果は、子どもは何ができるようになったか、目にみえる発達やテストの成績といった数値によって外側の基準でのみ測られるべきではなく、ドキュメンテーションや双方向の対話など、子ども・親・職員の協働作業による学習「過程」の振り返りから多角的に検証されるべきだ、というのがＳＳⅡの主張である。

そうすると、ＥＣＥＣの質の鍵を握るのは、職員の資質や専門性、労働条件となってくる。ＳＳⅡでは、ＥＣＥＣ職員に求められている資格要件の低さ、安い賃金、アンバランスな配置、長時間勤務、研修機会の不足といった劣悪な労働条件が、職員の入れ替わりを激しくさせ、サービスを不適切なものとしている国が多いことを問題視している。子どものケア・発達・学習を一括して担い、さらに家庭や地域の支援を行うことのできる新しいＥＣＥＣ職業像の確立とＥＣＥＣ職員の入門教育・専門職研修・社会的地位・待遇の改善を強く訴えている（首藤 2009：252）。

ただし、ここで留意しなければならないのは、ＳＳⅡが目指すＥＣＥＣ政策の方向性である。ＳＳⅡは、調査対象国における幼児期の教育学的アプローチを二つに分ける。すなわち英語・仏語圏に多い、読み書き・数の練習など「学校教育の準備を重視」するアプローチと、社会教育学の伝統を持つ北欧などの「かけがえのない子ども期の子どもらしい学びと生活を尊重」するアプローチがある。ＳＳⅡが今日的意義を認めるのは明らかに後者である。後者のアプローチを採る地域では、乳幼児期は社会で生きていくための人生の準備をする大切な時期であり、生涯学習の基礎段階として、各人が学習への興味・関心を育み、課題に挑戦し試行錯誤すること、理解の喜び、目標の達成感や自己肯定感、他者との協調や融和こそを第一に経験すべきだとの認識が共有されている。また公共財としてのＥＣＥＣの政策整備が比較的進んでいる。そのほかに、発達途上であるがゆえに多くの可能性に向かって開かれている子ども期を、子ども自身が十分に生きることができるように支援するこのアプローチこそが、二一世紀の困難な国際情勢を乗り超える突破口になると考えるからである（首藤 2009：253）。

以上のようなＳＳⅡの政策理念は、明快で支持しうるものだと考える。その理念の実現にはＥＣＥＣの質の鍵を握る、職員の労働条件の改善が必須となり、そのための財源を確保しなければならない。

また、第四章第2節で述べたように、貧困層に限らず、すべての階層に向けて給付を行う普遍主義の方が望ましい。その方が政治的にも制度が安定するし、普遍主義の方が再配分する予算が大きくなり、中長期的には効果的に格差を縮小させることができるからである。普遍主義をとりアクセスの平等化を図るためにも、財源は必要となる。

さらに、二〇一一年のＰＩＳＡでは、多くのＯＥＣＤ諸国で、幼児教育を受けた子どもと受けなかった子どもの間には、家庭の経済的状況にかかわらず、スコアに差があるという結果が出た。第三章第5節でみたペリー就学前計画などの米国の縦断的調査では、所得の低い階層の子どもに対する幼児教育の投資効果が高いことが検証されていた。それに加えて、二〇一一年のＰＩＳＡの結果をもとに、幼児教育のリターンは所得に関わりなくあるという政策メッセージを、ＯＥＣＤ教育局教育訓練政策課アナリストの田熊美保は出している（ＯＥＣＤ日本政府代表部 2011）。所得の高い層においても、幼児教育を受けた子どもの方が、成績は高くなることがわかったのである。

6　日本の問題点と改革の方向性

6・1　保育改革に関する先行研究

では、「乳幼児期の教育とケア」における①アクセスの平等化と②職員の労働条件の改善という視点からみると、日本の現状の制度と政府の改革の方向性には、どういう問題点があるのだろうか。まず、保育改革に関する先行研究を検討しよう。

本書の視点からは、第一に「アクセスの平等化」が図られる方向で、改革が進められているかどうかが問題となる。

保育政策の動向の研究レビュー論文である大塩（2012）から、関連する先行研究を検討する。最初に、保育料の問題について、伊藤（2010）を取り上げよう（大塩 2012:94）。

社会保障法研究の伊藤周平は、二〇〇九年に社会保障審議会少子化対策特別部会の第一次報告で提案された「新保育制度案」を検討した。伊藤は、各施設で決める保育料格差と、所得に関係なく受けたサービスの内容に応じて対価を支払う応益負担化の結果、生活困窮世帯の入所が困難になることを指摘している。保護者の家計事情が厳しくて保育料を滞納すると、それを理由に保育所は子どもの退所を求めることができるようになり、最も保育が必要な世帯の保育が欠けてしまうことになる。すでに直接契約方式を導入している認定こども園でこれが現実化しているという（伊藤 2010:132）。

さらに伊藤は、二〇一二年八月に成立した「子ども・子育て支援法」の特徴は、現在の保育制度（施設補助方式・自治体責任による入所・利用の仕組み）を、介護保険法や障害者自立支援法のような利用者補助方式（個人給付方式）・直接契約方式（保護者の自己責任による利用の仕組み）に転換することだと指摘する。直接契約を前提とすれば、正当な理由なく契約を拒否してはならないという応諾義務が保育施設に課されたとしても、利用料の滞納があることも「正当な理由」となる。障害を持つ子どもや低所得・生活困窮世帯の子どもなど、本来最も保育を必要としている子どもが保育を受けられなくなる可能性が高いと伊藤は主張する（伊藤 2012:82, 126, 2013:61）。

二〇一三年八月からの生活保護基準の引き下げに連動して、住民（市町村民）税の非課税限度額が引き下げられ、新たに住民税が課税となる世帯が出てきた。現在、国基準の保育料の設定は、税額に応じて高くなる税額転用方式をとっているから（新制度も同様）、住民税課税世帯になると保育料も高くなる。たとえば、国基準で三歳未満の子どもは、非課税世帯の場合、保育料は月額九千円だが、課税世帯になると住民税が課税された上に、保育料も一挙に月額一万九五〇〇円と一万円以上も跳ね上がる（伊藤 2013:62）。年間一二万円以上、保育料が上がるのである。

ここで危惧されるのは、第四章でみた、働かない方が得という「貧困の罠」が生じてしまうことである。住民税課税世帯になると、住民税が増えたり、保育料等が高くなったりして、かえって最終所得が減ってしまう可能性がある。これでは非課税世帯の人々は働く気を無くしてしまう。「貧困の罠」を防いで、非課税世帯の人々に働く気になってもらい、かつ、保育も受けられるようにするためには、第四章第3節でみたスウェーデンの保育料上限設定制度のように、保育料の金額を抑えなければならない。

6・2　日本への保育料上限設定制度の導入

仮に日本で、保育料上限設定制度を導入した場合、保育料がどのようになるか試算してみよう。子ども・子育て会議基準検討部会（第一回、二〇一三年五月）「資料8公定価格・利用者負担について」によりつつ、新制度の公定価格・利用者負担の設定をみてみる（子ども・子育て会議基準検討部会 2013）。

認定区分は、下記の通りである。

1号認定子ども…満3歳以上の学校教育のみ（保育の必要性なし）の就学前子ども
　従来の幼稚園

2号認定子ども…満3歳以上の保育の必要性の認定を受けた就学前子ども
　従来の保育所
3号認定子ども…満3歳未満の保育の必要性の認定を受けた就学前子ども
　従来の保育所

「1号認定子どもの利用者負担の変更のイメージ」(従来の幼稚園)では、公立と私立の保育料の格差が問題となる。公立を希望したのに入れず、やむを得ず私立に行っている場合は、公私の格差を無くすべきである、とされている(同上資料8頁)。

市町村民税非課税世帯から課税世帯になったときの、保育料の上昇額は、保育所は一万五〇〇円にもなるが、幼稚園は公立なら一六〇〇円、私立でも七〇〇〇円にとどまる。また、保育所の保育料の最高額は一〇万四〇〇〇円に達するが、幼稚園の保育料の最高額は私立幼稚園の二万五二〇〇円である。

よって、「貧困の罠」が起こる可能性が大きいのは保育所なので、ここでは保育所だけを取り上げ、幼稚園は省略する。

同資料によりながら、保育所について月額保育料上限を月収の三%に設定したとすると、〇～二歳については図表5－3のような試算になる。原則として、年収の各区分の最高額で試算してみた。

日本では既に、年収二五〇万円の低所得世帯の保育料(〇～二歳)が対月収割合で四%と、他の

図表 5-3　保育料上限制度導入時の「保育料基準額」の試算（0～2歳）

	推定年収（万円）	月収（円）*1	月額保育料上限（円）	導入前保育料（0～2歳）	導入前保育料，対月収割合（%）	導入効果（円）	導入効果，対月収割合（%）
生活保護世帯	−			ゼロ円			
市町村民税非課税世帯	～250	208,333	6,250	9,000	4	−2,750	−1
市町村民税課税世帯	～330	275,000	8,250	19,500	7	−11,250	−4
	～470	391,667	11,750	30,000	8	−18,250	−5
	～640	533,333	16,000	44,500	8	−28,500	−5
	～930	775,000	23,250	61,000	8	−37,750	−5
	～1130	941,667	28,250	80,000	8	−51,750	−5
	1130～*2	1,250,000	37,500	104,000	8	−66,500	−5

注 1：月収は単純に年収を 12 で割った。
注 2：仮に年収 1500 万円として計算した。
出典：子ども・子育て会議基準検討部会（2013）から著者作成

世帯と比べ安く設定されている。そのため、保育料上限設定制度の導入効果は、年収二五〇万円以下で最も小さくなる。逆にいえば、年収二五〇万円以下の低所得世帯において、日本の制度はスウェーデンの保育料上限設定制度に最も近く、充実していると評価することもできる。

図表5－4のように、日本では既に、年収二五〇万円の低所得世帯の保育料（三～五歳）が対月収割合で三%と、他の世帯と比べ大幅に安く設定されている。そのため、保育料上限設定制度を導入すると、かえって保育料が高くなってしまう。逆にいえば、年収二五〇万円以下の低所得世帯において、日本の制度はスウェーデンの保育料上限設定制度よりも充実している場合がある。この点については、保育料上限制度の導入で低所得世帯が不利にならないような制度設計が必要である。

いずれの図表をみても、年収の上昇に応じて導

図表 5-4　保育料上限制度導入時の「保育料基準額」の試算（3～5歳）

	推定年収（万円）	月収（円）	月額保育料上限（円）	導入前保育料（3~5歳）	導入前保育料，対月収割合（%）	導入効果（円）	導入効果，対月収割合（%）
生活保護世帯	－			ゼロ円			
市町村民税非課税世帯	～250	208,333	6,250	6,000	3	250	0
市町村民税課税世帯	～330	275,000	8,250	16,500	6	－8,250	－3
	～470	391,667	11,750	27,000	7	－15,250	－4
	～640	533,333	16,000	41,500	8	－25,500	－5
	～930	775,000	23,250	58,000	7	－34,750	－4
	～1130	941,667	28,250	77,000	8	－48,750	－5
	1130～	1,250,000	37,500	101,000	8	－63,500	－5

出典：子ども・子育て会議基準検討部会（2013）から著者作成

入前保育料が約一～二万円ほど上がっていくのに対して、保育料上限制度を導入した場合、保育料は数千円単位で上がっていく。特に「貧困の罠」と関連する、市町村民税非課税世帯から課税世帯になったときの上昇分は、制度導入前は一万円超であるのに対して、導入後は二千円に過ぎない。これなら「貧困の罠」の問題が起こる可能性は減らせるだろう(4)。

6・3　職員の労働条件の改善

日本の保育・就学前教育関係の職員の給与は低い。二〇一一年の賃金構造基本統計調査によると、保育士の平均給与は二二万三〇〇円（勤続年数八・四年）、幼稚園教諭の平均給与は二二万五六〇〇円（同七・五年）。全産業平均の三二万三八〇〇円（同一一・九年）より約一〇万円低い（全国保育団体連絡会・保育研究所2012:120）。

国際的にみても、日本の保育・就学前教育関係の職員の給与は極端に低い。ＯＥＣＤ諸国間で、小学校教員の給与に対する保育・就学前教育関係の職員の給与の割合を比較すると、日本だけが六割強で最低である。一六ヵ国が約十割でほぼ同じ給与が過半数を超え、四ヵ国が約九割、二ヵ国が七割台である（Taguma et al. 2012；畠山 2013）。

このように国際的にみて最低レベルの給与である保育・就学前教育関係の職員には、いま何が期待されているだろうか。二〇一三年五月の第一一回社会保障制度改革国民会議で、発達心理学の大日向雅美は、次のような資料を提出している。

「認定こども園への推進と整備充実を」

・住んでいる地域（都市部も地方も）や親の生活スタイル（在宅で子育てをしている世帯の子も就労世帯の子も）にかかわらず、全世帯のすべての子どもが、家庭環境の変化に影響されずに、等しく幼児教育と保育が受けられる環境の整備。

・発達初期の重要性に鑑み、在宅で子育てをしている世帯を含むすべての子育て世帯に、幼児教育・保育の専門職のサポートが必要。

とし、認定こども園の「家庭における養育支援」機能と地域の子育て支援の中核としての機能の重要性を指摘している（大日向 2013）。

これほど重要な機能を果たす保育・就学前教育関係の職員の給与が、現在のように国際的に見て最低レベルのままであってよいはずはない。小学校教員の給与になるべく近づける努力が必要である。

また、ベネッセ次世代育成研究所は、二〇一二年一〇〜一二月、全国の認可保育所・幼稚園の園長を対象に、「第二回 幼児教育・保育についての基本調査」を実施した。そこでは「保育者の資質の向上」のために必要なこととして、幼稚園・保育所で回答総数の多い私立の約八割、全体では約七割が「保育者の給与面での待遇改善」を選択した。私立幼稚園の七七・二%、私営保育所の八三・四%。全体で七一・八%である（株式会社ベネッセコーポレーション 2013）。

七割以上の園で「保育者の給与面での待遇改善」が、「保育者の資質の向上」のために必要だと考えられているのである。

6・4　株式会社の参入でも職員の処遇改善が必要

子育て世代の親ら四〇〇人が参加する「保育園を考える親の会」代表の普光院亜紀は、株式会社の参入についての考え方を次のように整理している。

社会福祉法人の中にも福祉の視点がなく保育の質が低いものがあり、株式会社にもこまやかに質の高い保育を提供しているものがある。

運営主体で区別するのではなく、子どもの利益を第一とするように事業者を誘導する共通のルールを設けるほうがよい。

第一に、給付費が確実に子どものために使われるようにする仕組み、すなわち、他事業への資金の流出の禁止、株主配当の上限の設定（禁止はしない）などの使途制限に関するルールを設ける。第二に、人材を確保・育成できる水準の人件費の確保を、動機づけるような仕組み（職員の経験年数に応じた給付費の増額など）が必要であるという（普光院 2012:48）。

6・5　財源は？　高齢者を説得する論理の必要性

以上から、「乳幼児期の教育とケア」における①アクセスの平等化と②職員の労働条件の改善を図るためには、日本では①保育料上限設定制度の導入と、②職員の給与アップが必要であるといえる。

そのための財源はどうすればよいだろうか。日本の家族関係の社会支出のレベル、特に保育・就学前教育の支出レベルは、国際的にみてたいへん低い（図表5－5）。

第四章で取り上げた財政学の井手によれば、民主党政権が、児童手当を子ども手当に変更し、一律一万三千円の給付としたことで、初年度に約二・三兆円の財源が必要とされた。二・三兆円はGDPの〇・四％に相当する。図表5－3をみると、これを加算して、ようやく他の先進国の家族手当水準に近づくに過ぎない。出産育児による休業時の所得保障、保育・就学前教育のための現物給付は、どうみても不足していると井手も指摘する（井手 2013:159）。

本書の視点からいえば、特に、保育・就学前教育の充実は少子高齢化に対応していくためには是

図表 5-5　各国の家族関係社会支出の対 GDP 比の比較（2007 年）

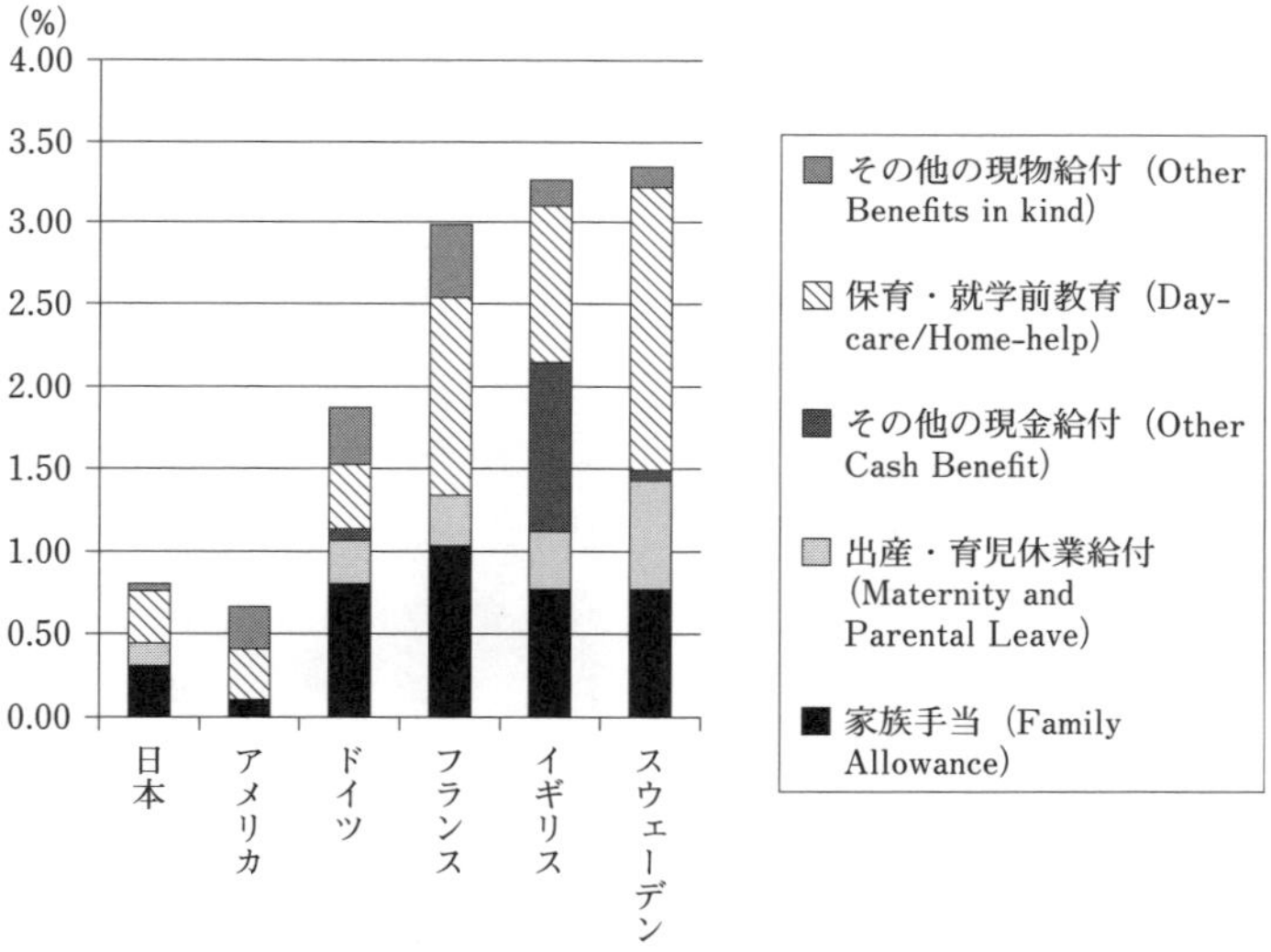

出典：（内閣府編 2012a）より著者作成

が非でも必要である。そのためには大胆な予算の増額が必須となる。その財源はどうすればよいか。裕福な高齢者への予算配分を削ることを検討するしかないだろう。

第三章の逆進性の議論で紹介した財政学の井堀が主張するように、裕福な高齢者の年金額を削り、それを子どもや若者に回せないか、検討すべきである。なぜなら、裕福な高齢者に、相対的に貧しい勤労世代から年金という形で所得を再分配することは、公平でないからである（井堀 2009:102）。

経済学の竹内幹も、高齢者重視の政治を次のように批判する。年間二兆円の「子ども手当」がバラマキ政治だと批判されても、年間五〇兆円の年金がバラマキだといわれることは少ない。支払った年金保険料の二～四倍の年金給付を受け取っているのが現在の高齢者世代である。つまり、勤労世代からの税金と将来世代が負う借金を財源に、子ども手当とは比較にならないほど大きな規模で、高齢者世代へのバラマキが行われている。このような高齢者重視の政治を「シルバー民主主義」という。財務省の資料によると、消費税率引き上げで一三・五兆円の増収が見込まれている。消費税は高齢者三経費（年金・医療・介護）に使われるが、今回は「未来への投資」として子育て支援もその使途に加えたという。だが、その金額をみればずかに〇・七兆円である。これが将来軽視のキリギリス政策でなければ、なんだというのか、と竹内は批判する（竹内 2013）。

今でも高齢者の票の方が多く、今後も少子高齢化のため、高齢者の票の重みはさらに大きくなる。そのなかで、裕福な高齢者にとって不利な改革でも、将来の日本のためには「乳幼児期の教育とケア」の改革がどうしても必要だと訴えて断行することが、政治家や政府には求められている。それができるかどうかで政府への信頼は大きく変わるだろう。どのような論理なら、高齢者を説得できるだろうか。その論理は合理的で、高齢者が納得できるものでなくてはならない。少なくとも、もし現在の政府の改革の方向性が合理的なものでなければ、政府に任せるよりも、孫に直接お金を渡した方がよいと裕福な高齢者は考えるだろう。

今の政府の改革の方向性は、高齢者が納得できるほど十分合理的なのか。それを次章で検討する。

注

（1）社会的経済とは、人間あるいは市民といった個人を中心にした経済である。社会という言葉が示すように、市場が抱える問題・欠陥を社会という立場から制御しようという考えである（今村・ペストフ・内橋 2012:3）。

（2）ただし、登録児童数が多い自治体立の方で短時間保育が極端に多く、株式会社立の方で長時間保育が多いことも考えられる。その場合、全体の保育時間でみると株式会社立がかなりの割合を占めることもありうるだろう。現時点ではデータが入手できなかったので、今後の研究課題としたい。

（3）日本…二〇〇九〜二〇一〇年実施。従業員一〇〇人以上の企業約一万社に郵送。有効回答一六七七社。スウェーデン…二〇一〇年実施。従業員二五〇人以上の企業約一〇〇社に電話調査。

（4）また、スウェーデンでは、保育料上限設定制度が導入された後、導入による影響を学校庁が毎年評価することとなった。評価の結果は、制度の批判者たちの予測を裏切るものだった。保育料上限設定制度の恩恵を受けるのは比較的収入の高い家庭だけだという批判は、実態と異なっていた。収入の低いひとり親家庭の保育科も下げられ、収入に対する割合でみれば、保育料上限制度導入による下げ幅はこの層がもっとも大きくなったという（Korpi 2006=2010: 101）。

これは、図表5‐3、5‐4でいえば、一番右側の欄、すなわち「導入効果、対月収割合（%）」の数字が、一番所得が低い層で最大になったことを意味する。

ということは、スウェーデンではもともと一番所得が低い層が、保育料が高かった可能性がある。そうでないと保育料上限制度導入による効果が最大になることは考えにくい。それを実際のデータで確認することは今後の課題としたい。

第六章　保育・就学前教育の無償化

本章では、政府の「幼児教育の無償化」の三～五歳限定案には疑問があることを示す。〇～二歳の子の貧困率が急増していて、待機児童の八割以上が〇～二歳である現状をみれば、教育機会の平等化効果が大きいだけでなく、女性の就労促進・少子化対策にも有効な、〇～二歳の「保育・就学前教育の無償化」の方がむしろ急務であることを明らかにする。

まず、「幼児教育の無償化」の三～五歳限定案が、どのようにして出てきたのかを確認しよう。

1　「幼児教育の無償化」三～五歳限定案の根拠

1・1　「幼児教育の無償化」の現在

朝日新聞によれば、二〇一三年七月の参議院選挙の公約として、自由民主党と公明党は、早期の教育が人格形成や能力開発に重要として「幼児教育の無償化」を掲げた。下村博文・文部科学相は二〇一三年七月二日、自民党を支持する私立幼稚園団体の集会に出席し、「国家戦略上、喫緊の課題だ」と強調した。

両党は二〇一四年度予算案から部分的に導入したい考えである。小学三年以下の子がいる世帯を対象に、原則として、幼稚園保育料を第二子は半額、第三子以降は無料にする方針で、経費は三〇五億円。三～五歳児の保育料などを完全無償にするには七九〇〇億円が必要とされ、将来的な財源確保と費用対効果に疑問の声もある（朝日新聞 2013. 7. 22）(1)。

この方針を受けて、二〇一三年八月の文部科学省の二〇一四（平成二六）年度概算要求は、幼稚園と保育所の「負担の平準化」等を図るため、幼稚園就園奨励費補助として三三九億円を要求した。その中で、以下のように述べている。

「幼児期の教育は、生涯にわたる人格形成の基礎を培う重要なものであり、すべての子供に質の高い幼児教育を保障するため」、幼児教育に係る保護者負担を軽減し、無償化に段階的に取り組む。

幼児教育の振興を図る観点から、保護者の所得状況に応じた経済的負担の軽減等を図る「幼稚園就園奨励事業」を実施している地方公共団体に対し、国が所要経費の一部を補助する。

二〇一四（平成二六）年度については、幼稚園と保育所の「負担の平準化」等を図ることとし、低所得世帯と多子世帯の保護者負担の軽減を行う。
1．低所得世帯の保護者負担軽減
保育所と同様に、生活保護世帯の保護者負担を無償にする。
2．多子世帯の保護者負担軽減の拡充
保育所と同様に、第二子の保護者負担を半額にした上で所得制限を撤廃し、第三子以降についても所得制限を撤廃する（文部科学省 2013c）。

1・2 「幼児教育の無償化」の議論の経緯

以上のような「幼児教育の無償化」は、どのような根拠でとなえられてきたのか。これまでの議論を振り返ってみよう。

二〇〇五年八月に、政府与党の中の文教制度調査会・幼児教育小委員会は、「国家戦略としての幼児教育施策」という文書を発表した。その中で「欧米諸国の多くは、幼児期からの人材育成こそ国民や国家の行く末を左右する国家的課題との認識の下に、幼児教育を『国家戦略』として重視し、公的投資を強化している。……我が国においても、子どもの視点に立ち、全ての子どもが力強く生きる力を幼児期から育成するという『幼児教育重視の国家戦略』が今こそ必要である」と主張している。

　そして、「特に、三歳以降の幼児教育機能の強化については、親の経済的負担を軽減し、全ての子どもが十分な幼児教育を受ける機会が実質的に保障されるよう、幼稚園・保育所を通じた幼児教育の無償化を目指す。……このような、幼児教育機能に着目した財政措置の重点配分を実現するために、国としての政策の優先順位を明確化する。この場合、二一世紀の日本にとって、『人材育成』『人間力向上』が最優先課題であるとの認識に立ち、優先度が低くなった政策分野への財政投入を見直す」と、初めて三歳以降の幼児教育の無償化案を打ち出した。

　同年九月の参議院議員選挙で、自民党は「幼児教育を国家戦略として展開」という見出しを立て、「保育園・幼稚園の幼児教育機能の充実を図るとともに、幼児教育の無償化を目指す」と書き込んだ。

　文部科学省は二〇〇六年四月に、それまで長く幼稚園を管轄してきた初等中等教育局幼稚園課をなくし、幼児教育課を置くなど新しい体制作りに向けた準備を急いだ（汐見 2008:345-8）。

　日本学術会議（2010）の「教育学分野の展望」によれば、文部科学省は、二〇〇七年五月の学校教育法改正により、幼稚園教育の学校教育における位置づけを変え、幼小中高のカリキュラムにおける一貫性を提唱し、幼児教育でも遊びの中での知的経験による学びを重視する改革を推進している。この改革は、「教育」の機能を中軸にし「幼稚園」と「保育所」を機能的に統合する方向を示唆するものである。そして、この統合の構想は、先進諸国において世界の趨勢となっている幼児教育の無償化や小学校との接続とも符合している。

幼児教育における「学び」と「遊び」と「ケア」の統合は、幼児教育の無償化と結びつくことで制度的、内容的な基盤を獲得する。自民党が「幼児教育の無償化」を政策に掲げたのは、その政策が欧米諸国の幼児教育改革の趨勢を反映するものであるだけでなく、子育てにおける家庭の肥大化した経済負担を解消し、少子化対策と男女共同参画の基盤作りになるからであった。幼児教育の無償化の効用は、それらに加え、子どもの発達における経済格差の減少にも求められよう。貧富の格差による教育格差の弊害は、乳幼児段階において最も厳しく冷酷に作用する。先進諸国において後期中等教育の義務化よりも就学前教育の無償化が先行しているのは、二一世紀の社会がリスク格差社会の危険を含んでいるからであり、経済格差による教育格差の拡大を初等教育前に最小限にくいとめる必要性からである、という（日本学術会議 2010）[2]。

二〇〇八年には、国の教育政策を定める「教育振興基本計画」をめぐって文部科学省と財務省の論争が行われた。計画原案に「一〇年間で教育への公的支出を国内総生産（ＧＤＰ）の五％（ＯＥＣＤ平均）を上回る水準に」という記述を渡海文科相が盛り込ませた。公的支出を現在のＧＤＰ比三・五％から五％にするには、七・四兆円が必要で、消費税率で三％分に当たる。文部科学省は増額の中身を、幼児教育の無償化で七千億円、世界最高水準の教育研究環境の実現で二・三兆円などと試算するが、もともとの原案にはなく後付けの性格が強い。

文部科学省は数値自体を取り上げ、「ＯＥＣＤ平均に比べ見劣りする」と主張。財務省は「単純な国際比較は無意味。日本は少子化が進み、子どもや教員の一人当たりの数値で見ないと正しい議論にならない」とした（朝日新聞 2008. 6. 3）(3)。

二〇〇九年五月、社会保障研究の広井良典が委員を務める政府の教育再生懇談会は、第四次の報告を河村官房長官に提出した。その中には「人生前半の社会保障」の言葉と考え方が強く表現されている。

報告書は「安心できる社会の実現には、子どもたちが共通のスタートラインに立ち、努力すればより豊かな人生を送ることができるという希望がもてる環境を整えることが大切」、「家庭の経済状況で教育を受ける機会や質に差ができないような社会の構築が必要」と指摘した。

現実には家庭の所得水準によって進学機会や学びの継続に影響が出ているとし、「教育を『人生前半の社会保障』と位置づけ、家庭の教育費の負担軽減を図る」と提言している。

具体的には、▽幼児教育の無償化の早期実現▽経済的に困難な高校生への授業料減免措置の拡充や奨学金の充実、給付型教育支援制度の検討▽大学などでの授業料減免措置の拡充と給付型奨学金の充実――などを求めた（朝日新聞 2009. 6. 21）(4)。

二〇〇九年七月、文部科学省の「教育安心社会の実現に関する懇談会」がまとめた報告書では、同年五月の同省の「今後の幼児教育の振興方策に関する研究会」の「幼児教育の無償化について（中間報告）」を踏まえ、「恒久措置として、希望する全ての三〜五歳児が無償で幼児教育を受けられるようにする」ことが提言された。同報告書では、就園奨励費補助の拡充により無償化を実現した場合の追加公費が約七九〇〇億円になるとの試算が示された（戸田 2013）。

1・3　所得制限の有無と親の収入という論理

二〇一二年一二月、下村博文・文部科学相は、朝日新聞などのインタビューに応じ、教育行政の見直しに言及した。「高校無償化はバラマキだから所得制限をするといい、幼児教育の無償化を掲げる。矛盾しないか。」と問われ、次のように答えた。

高校無償化に反対ではない。批判したのは四千億円の投資に見合った成果がないから。所得制限は、世帯年収七〇〇万円を目安に議論する。幼い子を持つ若い親の方が収入は少ない。幼児教育を無償化するが、単に金を出すのではなく、質と量の両方を高める（朝日新聞 2012. 12. 29）[5]。

ここで注目したいのは、幼児教育の無償化に所得制限をかけない根拠として、「幼い子を持つ若い親の方が収入は少ない」事実があげられている点である。これは、親の収入がより少ないほど、所得制限をする必要が無くなるという論理である。

この論理によれば、政府が「幼児教育の無償化」を三〜五歳に限定していることには疑問がある。なぜなら、三〜五歳児よりも〇〜二歳児の貧困率が高いからである。次節では、その事実を、日本の「子どもの貧困」の状況を概観しながら確認する。

2　日本の特異な問題状況

2・1　政府の再分配で子の貧困率は改善せず

まず、日本の子どもの貧困の現状をみてみよう。貧困率を測るためによく用いられるのが相対的貧困という考え方である。相対的貧困とは、社会において当たり前と思われることをするのが困難となる生活水準をいう。社会の標準的な所得（中央値）の、そのまた半分の所得以下しかない世帯が相対的貧困と定義される。日本では、一人世帯では年間の手取り所得が約一二五万円、二人世帯では約一七六万円が相対的貧困世帯になる（阿部 2012）。

第三章までで、高等教育の逆進性を緩和して貧困家庭からの大学進学を促進するには、それ以前（幼保、小、中、高）での子どもの貧困を減らす必要があることを確認した。

だが、かつては政府の再分配によって、子どもの貧困率は下がるどころか、逆に上がっていた（阿部 2008b:96；山野 2008:45）。

最新のユニセフの報告書（二〇一二年）でも、日本の子どもの貧困率は政府による再分配でほとんど改善していない（図表6－1）。

ほとんどの国では再分配後の貧困率は、再分配前に比べて大きく減少する。図表6－1で各国の左の再分配前の棒から右の再分配後の棒に減っている分、これが政府による貧困削減効果である。

図表 6-1　再分配前後の子どもの貧困率

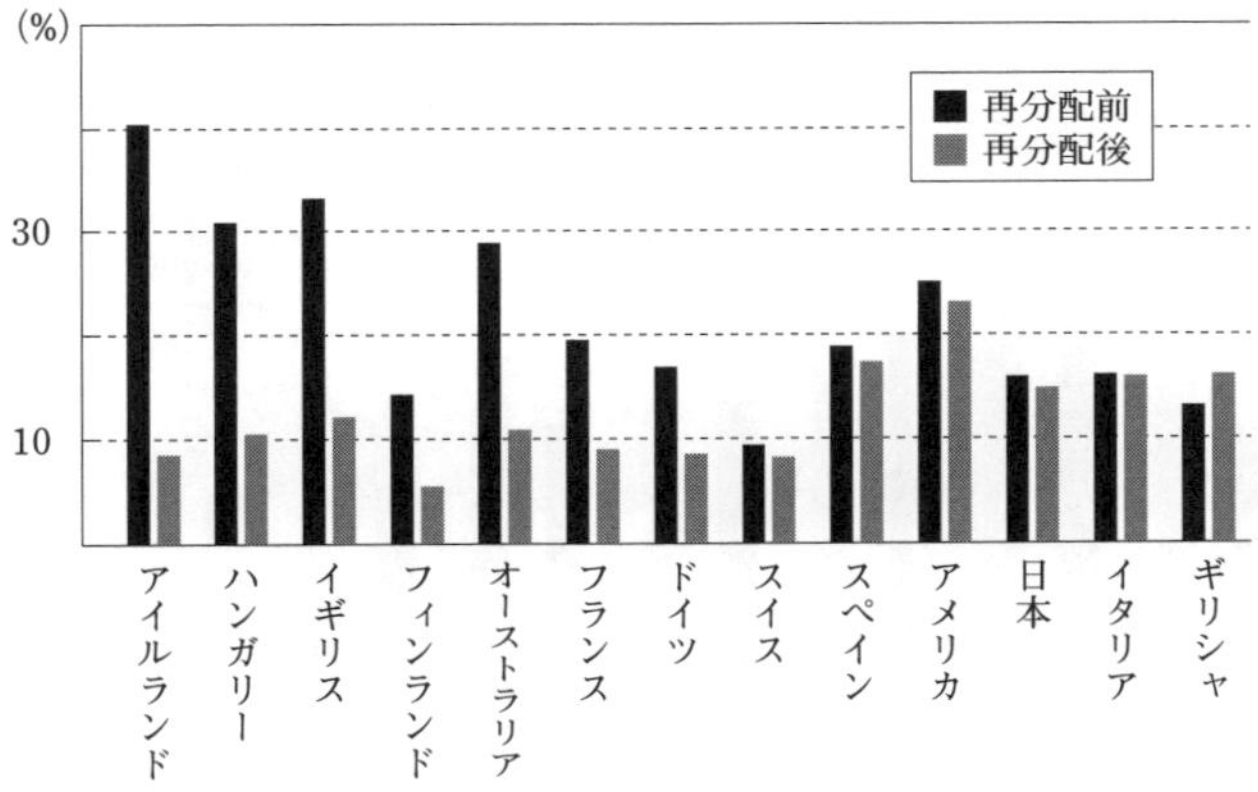

出典：阿部 2012

しかし、日本では、再分配前の棒と再分配後の棒の差がほとんどない。政府の再分配機能の大きさからいうと、ギリシャ、イタリアに続いて下から三番目である。データは子ども手当が導入される前のものである。子ども手当が満額支給されてやっと諸外国並みの給付レベルとなる。

貧困層は、所得税はそれほど払わないが社会保険料は多くの額を払っている。しかし、給付は非常に少ない。生活保護は国民の二％しか受け取っていないし、その半分は高齢者である。社会保障給付のほとんどは年金と医療サービスで、子どものある世帯への給付は児童手当くらいだった（阿部 2012）。

なお、現時点では、民主党が導入した子ども手当が、子どもの貧困率をどれほど削減できたかを明らかにした研究は管見ではない。

図表 6-2　子どもの年齢別の貧困率

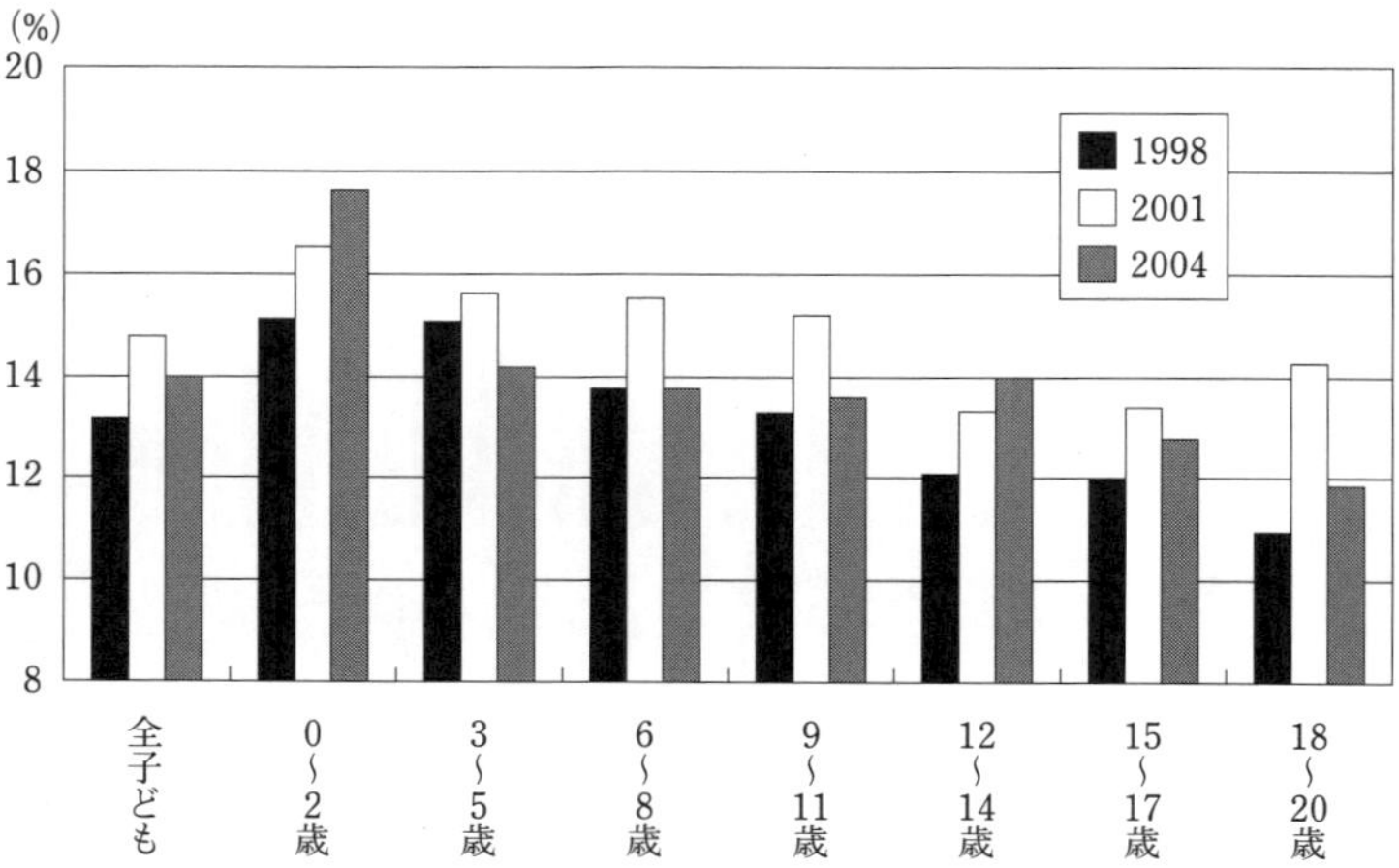

出典：阿部 2008a

2・2　〇〜二歳の子の貧困率急増

第三章の図表3－8「年齢階級別貧困率」をもう一度みていただきたい。そこで確認したのは、二〇〇〇年代に入って五歳未満の就学前の子どもの貧困率が飛び抜けて高くなりつつあることだった。

さらに、五歳未満の中でも、特に〇〜二歳の子どもの貧困率が最も高く、しかも急増する傾向にある（図表6－2）。

二〇〇一年から〇四年にかけて、子ども全体と、ほぼすべての年齢層で貧困率が低下しているのに、〇〜二歳の子どもの貧困率は約二・五ポイントも上昇している。〇〜二歳の貧困率は一八％近くで、約五人に一人の子どもが貧困状態である（阿部 2008b:58–61, 71）。

本章第1節の最後で指摘したように、幼児教育の無償化に所得制限をかけない根拠として、高校生の親よりも「幼い子を持つ若い親の方が収入は少ない」事実があげられていた。これは、親の収入がより少ないほど、所得制限をする必要が無くなるという論理である。

この論理に立つ以上、三〜五歳の子どもに比べ、親の収入がより少なく、貧困率の高い〇〜二歳の方で、幼児教育の無償化を優先して実行すべきだということになるはずである。

3 〇〜二歳児の保育の無償化を優先すべき

少ない収入の親には所得制限しなくてよいという政府の論理に立つなら、「幼児教育の無償化」を三〜五歳に限定することは合理的でない。

それに加えて、待機児童の八割以上が〇〜二歳なのである。三歳以上は二割未満に過ぎない（図表6－3）(6)。

第三章でみたように早期の教育の方が、教育機会の平等化効果が大きい。それだけでなく、女性の就労促進・少子化対策にもより有効なのは、〇〜二歳の「保育・就学前教育の無償化」である。〇〜二歳児を優先するのが筋だろう。

また、OECDによると、二〇〇八年のデータでは、日本の〇〜二歳児の公的保育施設利用者比率は二四・五％で、韓国（五〇％強）、イギリス（四〇・八％）、ニュージーランド（三七・九％）よりも低く、OECD三二ヵ国の平均の約三〇％と比べても低い。日本の利用者比率は改善できるは

図表 6-3　待機児童などの年齢別構成比（2012 年）

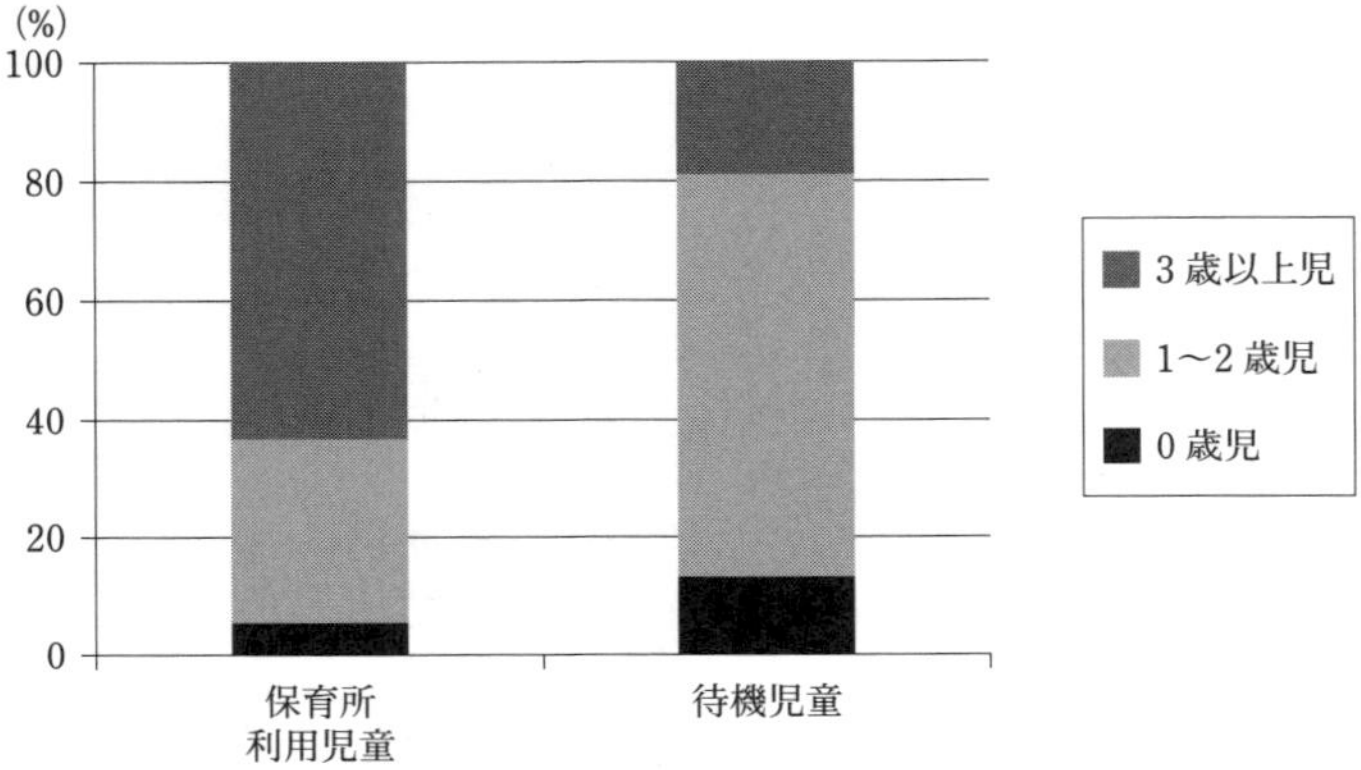

注：保育所利用児童 218 万人、待機児童 24, 825 人（2012 年）
出典：内閣府 2013「平成 25 年版　子ども・若者白書（全体版）」より著者作成

ずだとOECDは指摘している（Taguma et al. 2012）。

少なくとも、政府が検討しているように、「幼児教育の無償化」を三歳児からに限ることが合理的だとは考えられない。前章の最後で述べたように、裕福な高齢者に負担を求めるのなら、政府案は納得できる合理的なものでなければならない。これほど合理的だと思えない政府案では負担を受け入れようという気にはなれないだろう。

4　三〜五歳児だけでは教育格差は減りにくい

さらに、〇歳児からの保育所の方が、三歳児からの幼稚園よりも、大学進学への効果は高い。三〜五歳児だけの幼児教育を無償化しても、教育格差を緩和する効果は弱いのである。日本の都道府県別のデータを分析した経済学の赤林英夫らによれば、幼稚園よりも保育所の方が大学進学への効果が高い。幼稚園と保育所のどちらの拡大も、高校や大学への進学率に有意なプラスの影響を与えているが、幼稚園は国公立大学への進学に有意な影響を与えていない。保育所の方が幼稚園よりも強いプラスの影響を与えている。この違いには、三つの要因が考えられるという。

①一九六〇～七〇年代、保育所の母親は働いている場合が多く、幼稚園は専業主婦が多かった。保育所に通う子どもの方が、外に働きに出て母親のいない家や、母親が働いている自営業の家よりも、教育環境がより改善されただろう。

②サービス時間の長さが違う。保育所はゼロ歳児から一日中預かるが、幼稚園は三，四歳児からで半日のサービスである。保育所の多い県では、子供たちはより長く、より良い教育環境に置かれることになる。

③保母さんと幼稚園の先生の、教師としての質の違い。理論的には、幼稚園の先生の質が高いはずで、分析結果との関係は不明であり、さらなる研究が必要とされている（Akabayashi & Tanaka 2013）。

いずれにせよ、「幼児教育の無償化」を三歳児からに限定すれば、大学への進学格差を緩和する効果は弱い。

むしろ、〇歳児から二歳児までの保育の無償化を優先して充実させるべきである。

財源が足りないというのなら、大学進学の促進効果が高く、待機児童の割合が最も多い〇～二歳児の無償化をむしろ優先し、三～五歳の無償化は後回しにすべきだろう。

ただし、〇歳児保育は一～二歳児に比べ費用が大幅にかかる。例えば、東京都内の公立保育所の場合、〇歳児の公費支出は児童一人当たり月約四〇万円に上り、一歳児になると二〇万円と半減する（ＭＳＮ産経ニュース 2013. 4. 18）[7]。社会学の松田茂樹によれば、〇歳児保育を削減して育休で代替させ、〇歳児保育の削減分を一～二歳児保育の枠に転用すれば、一～二歳児の待機児童はほとんど解消するという（松田 2013:229-31）。

〇歳児保育と一～二歳児保育のどちらが大学進学の促進効果が高いかについての研究は、少なくとも日本では今はまだない。

図表６－３の待機児童で最も大きな部分を占めるのは、一～二歳児である（〇歳児一三％、一～二歳児六九％、三歳以上児一九％）。よって、財源が足りない現状を前提とするなら、「一～二歳児の保育を優先し、〇歳児保育は削減して育休で代替させる」という松田の提案が当面は有力な案となるだろう。

5　〇歳児保育の平等化効果

5・1　北欧の〇歳児保育

松田も指摘するように、少子化対策の充実で有名な北欧三国では、〇歳児保育の利用率は低い。

一方、北欧三国の保育の教育における平等化効果は高いとエスピン・アンデルセンは主張している（Esping-Andersen 2009=2011: 138-40）。この二つのことから、〇歳児保育が少なくても、保育の教育における平等化効果が北欧三国では高かった可能性があるといえるだろうか。それを以下で検討したい。

最初に、北欧三国の保育の教育における平等化効果は高いというエスピン・アンデルセンの主張を確認しよう（Esping-Andersen 2009=2011: 138-40）。

エスピン・アンデルセンは、子どもの性別、移民、認知的能力テストの点数をコントロールし、父親の教育年数が短いという社会的出自が、後期中等教育レベルの教育達成にどれだけ影響を与えたのかを六ヵ国で比較した。分析は三つのコーホート（ある特定期間に出生した人口集団）を対象とし、一九四〇年代後半から一九五〇年代前半に生まれた者を最年長コーホート（コーホート3）、一九七〇年代生まれを最年少コーホート（コーホート1）とした（図表6-4）。

ドイツ、イギリス、アメリカでは、父親の教育年数が短いという社会的出自が教育達成に与える影響はまったく減少しなかった。例えばアメリカでは、高学歴の親を持つ子どもに対して、そうでない親を持つ子どもが後期中等教育を終了する確率は一〇分の一である（最年少コーホートで〇・一一五）。対称的に、北欧三国のすべてで、特に最年少のコーホート（ほぼ普遍的な育児サービスを利用した第一世代）に、社会的出自の影響の大幅な減少が見られた。例えば、デンマークでは最年長のコーホート3では、教育年数が短い親の子どもが高等教育に達する確率は、高学歴の親を持つ子

図表 6-4　教育年数が短い父親を持つ子どもの後期中等教育レベルの教育達成

	アメリカ	イギリス	デンマーク	ノルウェー	スウェーデン	ドイツ
コーホート1	0.115 ***	0.185 ***	0.449 **	0.661 *	0.320 **	0.094 ***
コーホート2	0.097 ***	0.153 ***	0.248 ***	0.447 **	0.164 ***	0.067 ***
コーホート3	0.133 ***	0.162 ***	0.213 ***	0.205 ***	0.091 ***	0.098 ***

注：コーホート1は1970-75年生まれ，コーホート2は1955-64年生まれ，コーホート3は1945-54年生まれ。認知テスト得点は読解力をさす。推計の基準グループは後期中等教育（ISCED3）以上の父親。

有意水準は，* = 0.5，** = 0.1，*** = 0.05 以下。

出典：Staistics Canada, IALS, Database, Catalogue 89-588，1997.

資料出所：Esping-Andersen 2009

どもの五分の一だったが、最年少のコーホート1ではわずか二分の一にとどまった。特にデンマークとスウェーデンでは、平等化の大きな進展が明らかに最年少コーホートである一九七〇年代前半生まれに集中している。この最年少コーホートは、大多数の子どもが就学前の教育施設を利用した最初の世代である(Esping-Andersen 2009=2011: 138-40)。

つまり、保育を充実した一九七〇年代前半（ここでは図表6-4の注にあるように一九七〇～七五年）生まれ世代では、低学歴の父親であっても、日本でいえば高等学校段階の教育を終えて、高卒の資格を得る者が大幅に増えた。それは、就学前教育のおかげだというのが、エスピン・アンデルセンの主張である。

次に、北欧三国では、〇歳児保育の利用率は一九七〇年代前半に低かったかどうかを確認しよう。確認する理由は次のとおりである。仮に、〇歳児保育の利用率が低かったことがわかったとする。そうすれば、七〇年代前半に〇歳児保育がほとんど利用されていなかったのに、低学歴の父親の子でも高卒になる者が大幅に増えたといえる。この場合、〇歳児の保育よりも、一～二歳児の保育の充実を優先させるべきだといえるはずである。

まず、データがそろっている一九九〇年以降を確認してみよう。北欧三国では、一九九〇年以降、一～二歳児の保育利用率は上がってきたが、〇歳児保育の利用率はあまり上がっていない。(8) デンマークが二割弱ぐらいだが、あとのノルウェー、スウェーデンはほとんどない（図表6－5）。

〇歳児だけの推移をみてみよう。

デンマークにおける一九九〇年から二〇一一年の〇歳児の保育施設利用者比率は、平均一六％であった。ノルウェーが若干増える傾向にあるが、それでも五％未満であり、スウェーデンはほとんどゼロである（図表6－6）。

では、一九七〇年代前半に〇歳児保育の利用率が低かったことを示せば、一～二歳児保育を充実させるだけでも、保育の教育における平等化効果は北欧三国では高かった可能性があるといえるだろうか。当時のデータを調べた上で考えてみよう。

一九九〇年の時点で〇歳児保育の利用率が約二〇％と比較的高かったデンマークも、一九七三年には約一〇％に過ぎなかった（図表6－7）。

しかし、ノルウェーとスウェーデンについては〇～二歳児にまとめた保育施設利用者比率しかみつけられなかった（図表6－8）。

一九七二年から一九九〇年まで、デンマークにスウェーデンが続きながら、ノルウェーが少し離

図表 6-5　北欧３国の年齢別保育施設利用者比率

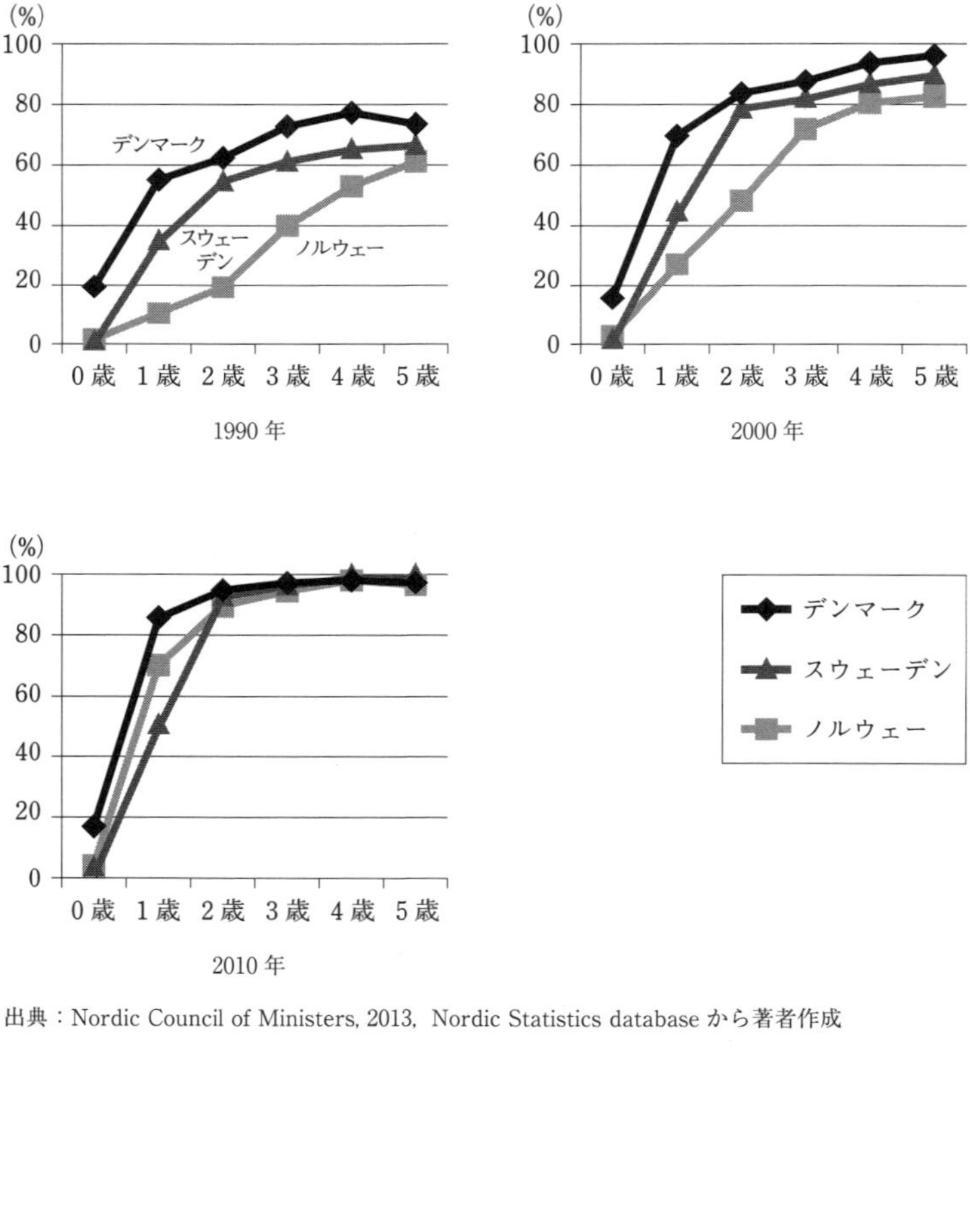

出典：Nordic Council of Ministers, 2013, Nordic Statistics database から著者作成

図表 6-6　北欧３国の〇歳児の保育施設利用者比率

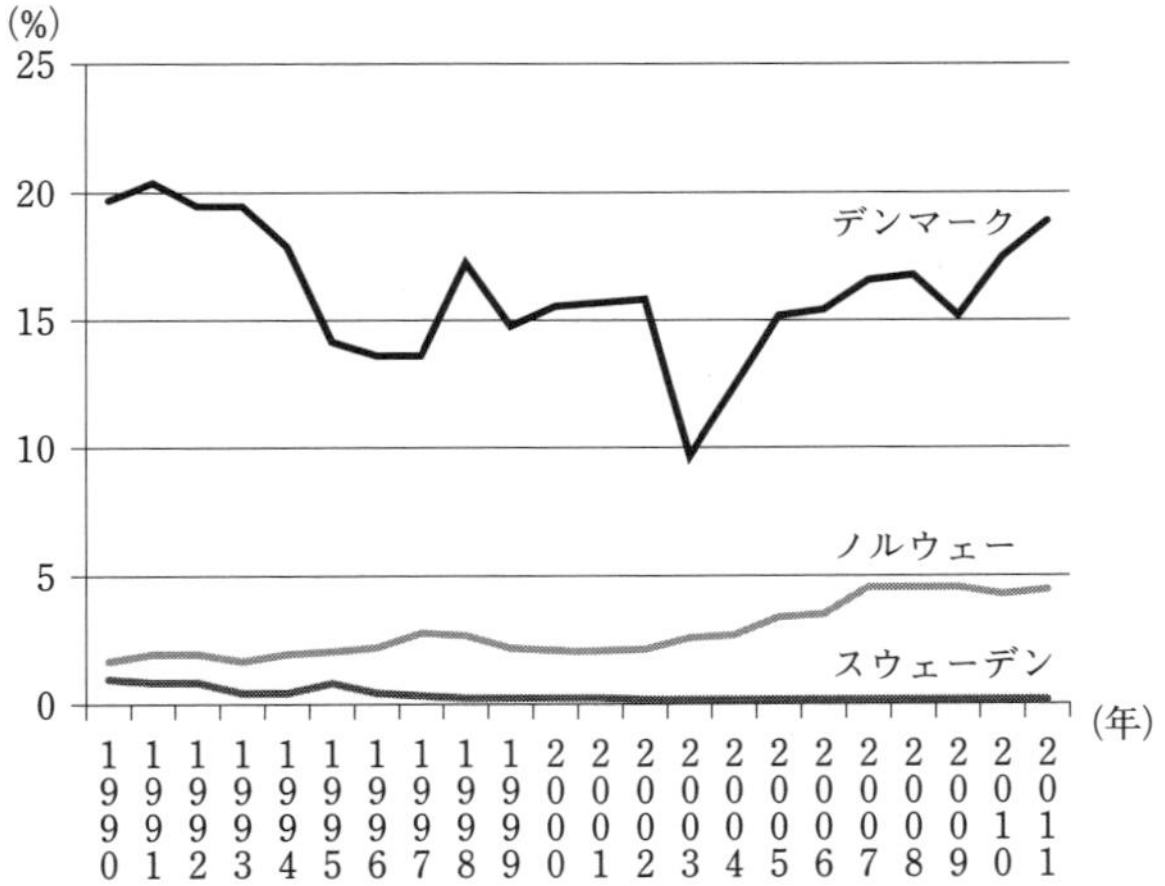

出典：図表 6-5 と同じデータベースから著者作成

れて〇～二歳児の利用率が上がっている。

ノルウェーの〇歳児のデータは入手できなかった。スウェーデンも保育施設利用者比率は入手できなかったが、〇～二歳児の各登録児童数は入手できたのでグラフで示す（図表6－9）。

図表6－8と図表6－9を比べると、一九七〇年代前半に〇歳児保育の利用率が一～二歳児に比べ低かったとは言いにくそうである。実数でみて、七〇年代前半は、その後の時代と比べ、一～二歳児の登録児童数も少ないし、〇歳児の登録児童数も多い。〇歳児の登録児童数は七一年の二二一二人から、七四年の二九二六人で最大に達し、その後減る傾向にある。利用率を出すには、利用率の計算式と各年の歳別の人口数が必要だが、それらは入手できなかった。

図表 6-7　デンマークの年齢別公的保育施設利用者比率（%）

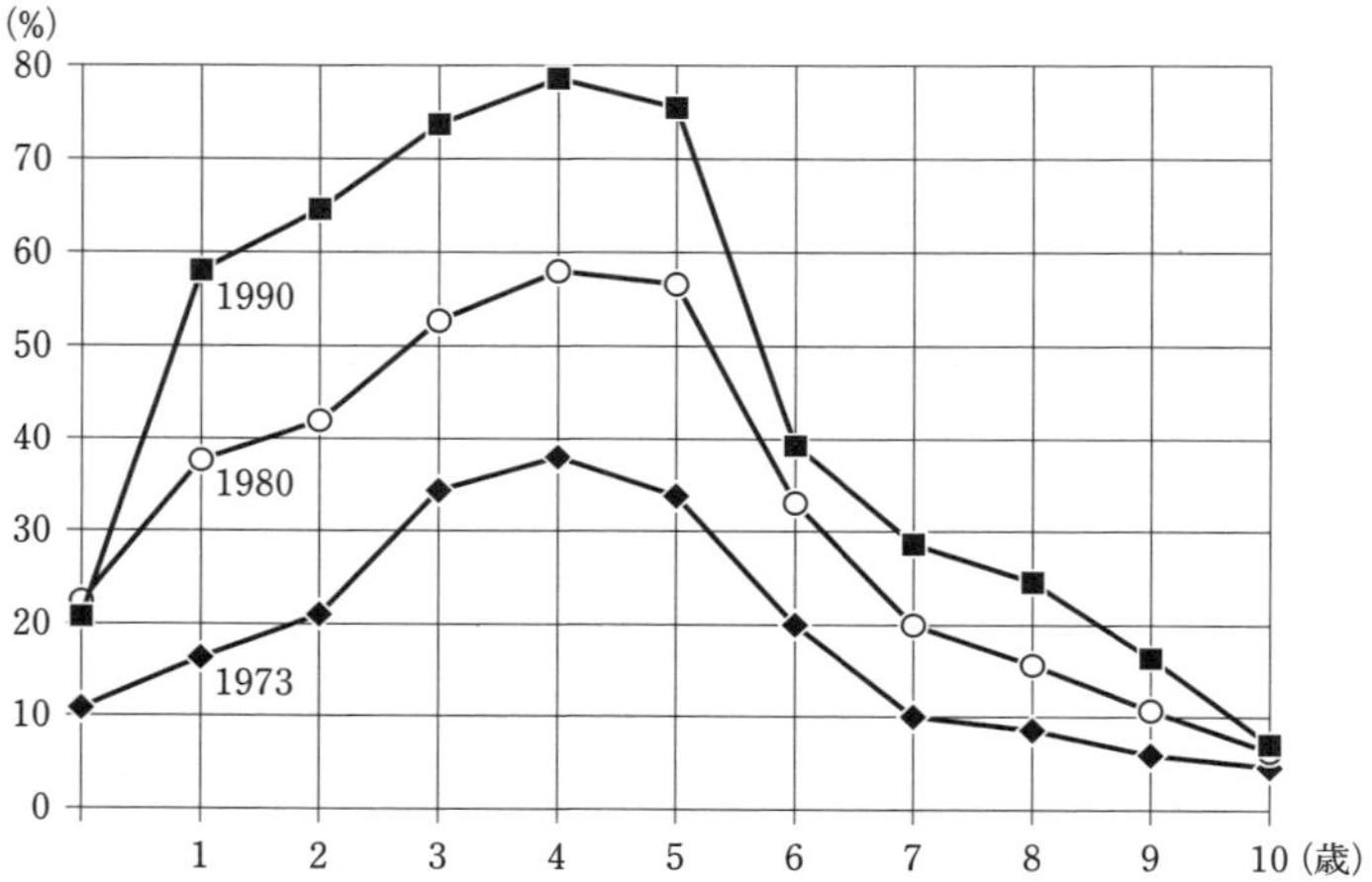

出典：Langsted & Sommer 1993:151

よって、現在までに入手できたデータから、○歳児保育の利用率がわかるのはデンマークだけである。しかし、図表6－7の七三年の○歳児保育利用率と一～二歳児利用率の差は、八○や九○年ほど大きくない。仮に、七三年のグラフが、九○年のグラフのような形状をしていたとしよう。この場合、○歳児だけが利用率が極端に低く、一歳児の約三分の一である。○歳児保育を受けた者は少ないが、一～二歳児保育を受けた者は多いといえる。にもかかわらず、図表6－4のデンマークのコーホート1のように、低学歴の父親の子でも、高卒が増えたのだから、○歳児保育はそれほど大きな影響を子どもの進学に与えなかったといえるだろう。

しかし、実際には、七三年のグラフでは○歳児保育利用率と一～二歳児の差は大きくな

図表 6-8　北欧３国での０～２歳児の保育施設利用者比率

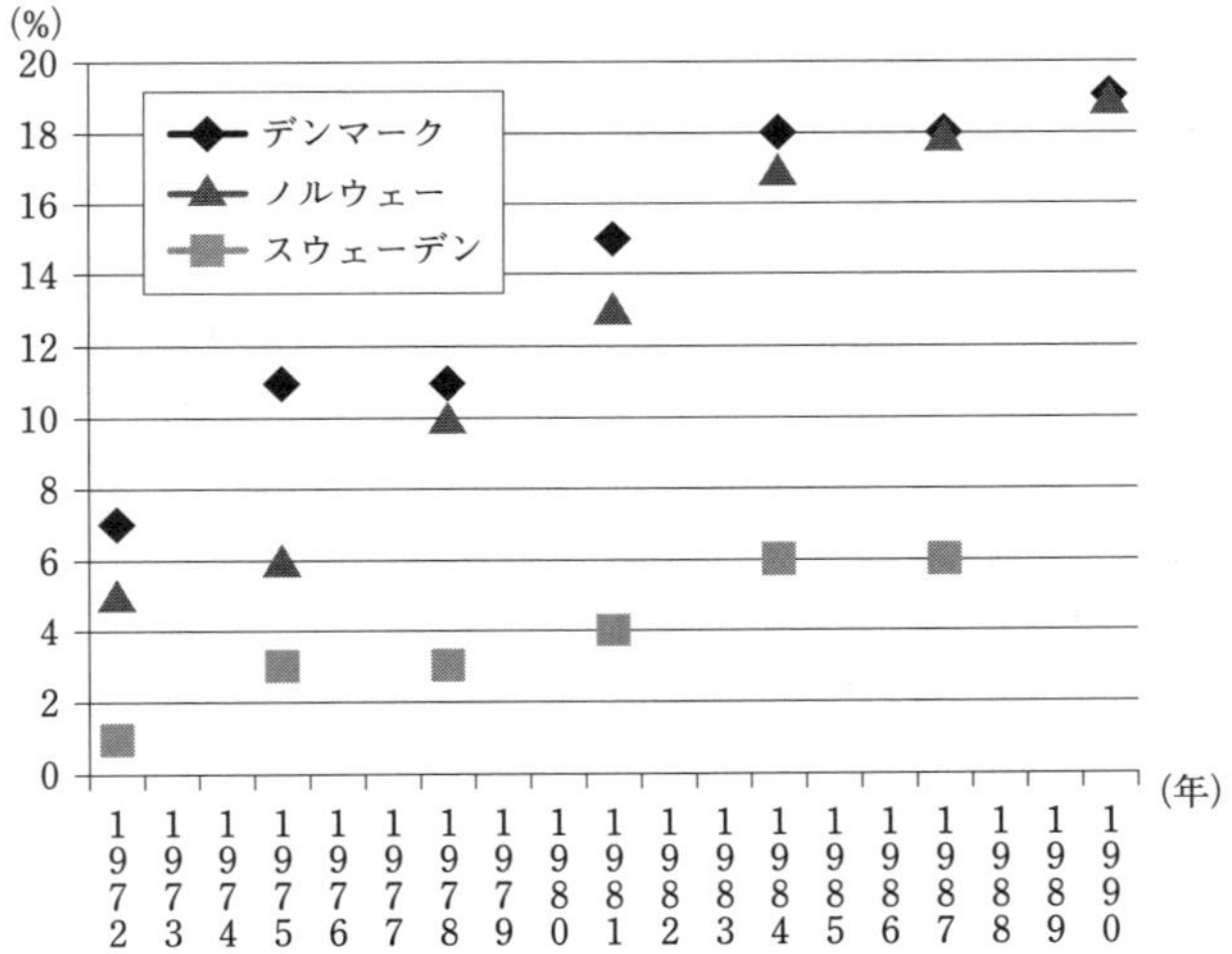

出典：(Sipilä 1997: 181/314) から著者作成

い。よって、〇歳児保育も子どもの進学に影響を与えた可能性がある。

ただし、これは、エスピン・アンデルセンの主張が正しいという前提があってのことである。実際には、保育だけが子どもの高校卒業達成に影響を与えたわけではないだろう。高校の学費の無償化や給付奨学金の充実など、高校進学のために家族にかかるコストを削減する政策の方が、より大きな影響を与える可能性もある。その影響を取り除けるようなデータを入手し、分析をして初めて、〇歳児保育も子どもの進学に影響を与える可能性があるといえる。

図表 6-9　スウェーデン保育施設への登録児童数

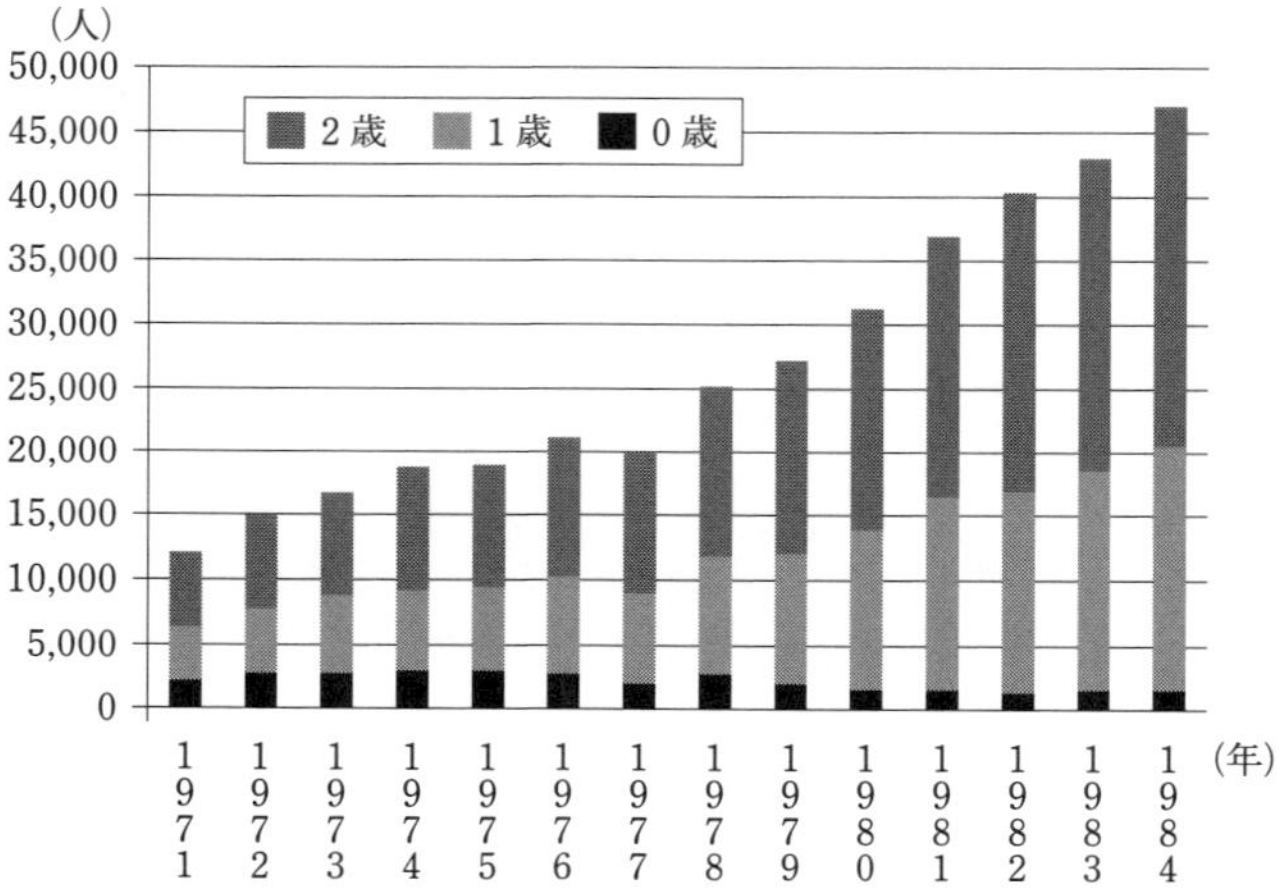

出典：Utbildningsstatistisk årsbok (1986: 211) Tabell 2.1 より著者作成

5・2　保育・就学前教育と子どもの能力発達

一方、進学への影響という側面でなく、子どもの能力発達については、三歳あるいは一歳より前に保育を始めた方がいいというスウェーデンの研究がある。教育学のオーセンとヴァルベリイ・ロスによる保育・就学前学校の評価についての研究レビュー（Åsén & Vallberg Roth 2012）によりながら紹介しよう。

スウェーデンでは、大規模な長期にわたる縦断的研究で、就学前学校や家庭保育が子どもの将来の進学にどういう意味を持つかを調査している。一九八〇年代に始まった縦断的研究プロジェクト「家族支援と発達」では、三歳児を持つ一二八世帯が一三歳まで調査された。子どもの社会的、認知的能力、および彼らの情緒的な状態が、彼らのクラスの担任教員によって、八歳と一三歳の時に評価された。結果は、一歳より前に就学前学校や家庭保育に行き始めた子どもの方が、八歳の時に学校でより良い成績を収めた（Andersson 1989）。その後、子どもたちが一三歳になった時の追跡調査でも、同じ結果が得られた（Andersson 1992）。

就学前学校で過ごす時間が影響することが、他の縦断的研究（一六ヵ月から、八歳になり他のクラスに行くまでの一四六人の子どもを調査）でも確認された。子どもの認知的能力をテストすると、三歳半より前に就学前学校に行き始めた子どもが、後に行き始めた子どもや、ずっと家にいた子どもよりも、より良い成績を収めた。この研究は、就学前学校や家庭保育の質が、子どもの認知的能力に影響することも明らかにした（Broberg et al. 1997）。

スウェーデン国立公衆衛生研究所は、一二～四〇ヵ月児への就学前学校の効果についての二〇〇九年の研究レビューで、就学前学校と家庭それぞれで過ごした子どもの比較を行った四つの研究を紹介している。二つの研究は、家庭で過ごした子どもに比べて、就学前学校にいた子どもの方が言語的・認知的発達において優れていることを明らかにした。他の二つの研究では、統計的に有意な違いはみられなかった。研究レビューの包括的な結論は、就学前学校は子どもの認知的発達を促進するということである（Åsén & Vallberg Roth 2012:42–3）。

以上からわかるのは、スウェーデンでは保育・就学前教育を早く始めた子どもの方が、能力が発達するという研究が多くあるということである。第四章第5節で取り上げた須藤は、日本でもアメリカの研究モデルを参考にしつつ、小中学校教育の効果と並行して幼児教育の効果も追究する必要があると指摘していたが（須藤 2009）、アメリカに限らず、スウェーデンの研究も今後は参考にしていくべきである。

結論として、〇歳児の保育・就学前教育をしなくても子どもの進学に大きな影響はないと、データや先行研究にもとづいて明らかにすることはできなかった。保育・就学前教育を〇歳児から始めた方がいいのか、一歳児から始めれば十分なのか。それは、アメリカやスウェーデンなどの研究を参考にしつつ、日本のデータを収集したうえで明らかにすることが必要な今後の研究課題である。

しかし、少なくとも、①〇～二歳の子どもの貧困率が最も高く、しかも急増する傾向にあることと、②待機児童の八割以上が〇～二歳であることは、事実である。

本章1・3でみたように、日本政府が高校無償化に所得制限を行う一方で、幼児教育の無償化に所得制限を設けない根拠は、「幼い子を持つ若い親の方が収入は少ない」という事実であった。つまり、「親の収入が少ないほど、無償化の前提としての所得制限をする必要が無くなる」というのが、政府の論理である。

だが、図表6－2で、〇～二歳児の貧困率が最も高いということは、〇～二歳児の親の収入は、三～五歳児の親の収入より少ないということである。なぜなら、ここでの貧困率は、年齢層別にみたものではなく、全年齢層の、すなわち社会のすべての人に共通のレベルの貧困線（二〇〇四年度では一二七万円）以下の割合を示すものだからである（阿部 2008b:48, 60）。

三～五歳児の親よりも〇～二歳児の親の収入が少ないのだから、〇～二歳児の親の方が、「幼児教育の無償化」の前提としての所得制限をする必要も少なくなるはずである。

しかし、政府の方針は、三～五歳児の「幼児教育の無償化」であり、〇～二歳児の保育・就学前教育の無償化については何もいっていない。この方針は、明らかに前述の政府の論理と矛盾する。

また、アメリカなどにおける子どもの貧困研究によれば、〇歳から二歳時点での貧困が、子どもの健康やＩＱなどのその時点での成長に対する影響が一番大きく、また、子どもが成人してからの学歴達成度などをみても、この時期の貧困が他の子ども期の貧困よりも大きく影響しているという研究結果である（Duncan & Brooks-Gunn 1997; 阿部 2008b:71）。〇歳から二歳時点の貧困を無くすことが最重要という研究結果である。この研究結果が日本でも当てはまるなら、三～五歳児よりも〇～二歳児の貧困への対策により力を入れる必要がある。だが、当てはまらないことを政府は証明しようともしていない。

しかも、少子化対策を進めている政府にとって、待機児童の八割以上をしめる〇～二歳児の保育・就学前教育の充実は、三～五歳児よりも優先して進めるべき政策のはずだ。

なぜ三～五歳児の「幼児教育の無償化」を、〇～二歳児の保育・就学前教育よりも優先する必要があるのか。現状の政府の説明だけでは理解できない。

三～五歳児の保育・就学前教育の方が安く上がり、それほど財源がかからないので先行するのだろうか。それでは、高校無償化を所得制限無しに行った民主党の政策をバラマキだとして、高校無償化に所得制限を導入することと矛盾する。なぜ高校では所得制限をし、三～五歳児の保育・就学前教育では所得制限をしないのか。それは、本章1・3でみたように高校生よりも三～五歳児の親の所得が低いという論理からだった。

その論理をとる以上、三～五歳児よりも貧困率の高い〇～二歳児の保育・就学前教育は、三～五歳児よりも所得制限をする必要がなくなるはずである。今すぐ財源が足りないというのなら、〇～二歳児と三～五歳児の両方に所得制限を設けるしかない。その上で、〇～二歳児の保育・就学前教育をより優先的に充実できるような制度、具体的には〇～二歳児と三～五歳児で所得制限の額に差をつけるなどの制度からはじめて、実施後の調査に基づき、教育の平等化効果も、少子化対策効果も高くなるような制度に改変していくべきである。

所得制限無しで三～五歳児だけの「幼児教育の無償化」を優先する政策が合理的だと、政府は真剣に国民に説明する気があるとはとても思えない。このままでは、日本政府が新たな負担増を求めようとしても、誰も負担増には応じようとはしないだろう。

注

（1）朝日新聞デジタル（2013. 7. 22）「（公約を問う：12）教育　国主導、進む「再生」論議　二〇一三参院選」

（2）これに続けて、日本学術会議は次のように述べている。

しかし、幼児教育の無償化を標榜する「学び」と「遊び」と「ケア」を統合した認定こども園制度をはじめとする幼児教育拡大の実現は、日本の幼児教育の現状において容易なことではない。幼稚園と保育所の制度と機能をどのように統合するのか。公立の幼稚園と私立の幼稚園と公立の保育所と私立の保育所が、共に共存し、それぞれが自主的に「学び」と「遊び」と「ケア」を統合する保育施設へと発展することは、どのような政策と改革によって実現するのだろうか。そして、この統合された新しい幼児教育を担う教師や保育士はどこでどのように養成されるのだろうか。さらには、この改革の一大事業を推進する財政基盤は、どのように準備されるのだろうか。

残念ながら、欧米諸国では幼児教育に関する教育学研究は、政策投資効果や財源や施策基盤に関して、学術研究知見をもとに積極的に提言してきているが、日本の教育学研究はこれら緊急かつ根本的な改革の政策と実践に対して有効な実証研究も基礎研究も十分には蓄積していない。しかも保育・幼児教育の制度改革は複雑に入り組んだ政治的、経済的、社会的文脈で遂行されており、それらの問題は単一的な解決策をみいだせるほど単純ではない。現実の複合的な問題事象に応じた多元的で複合的な探究と政策立案が求められている（日本学術会議 2010）。

（3）朝日新聞（2008. 6. 3 朝刊）「文科　VS　財務　教育予算・教員の拡充は」

（4）朝日新聞（2009. 6. 21 朝刊）「子どもにも社会保障を　教育の格差、固定化に懸念」

（5）朝日新聞デジタル（2012. 12. 29）「〈新閣僚に聞く〉文科相『いじめ対策、議員立法で』」

（6）内閣府 2013「平成25年版　子ども・若者白書（全体版）」2013. 11. 19 取得、http://www8.cao.go.jp/youth/whitepaper/h25honpen/b1_03_01.html

（7）MSN産経ニュース（2013. 4. 18）「1、2歳保育充実が必要」

（8）Nordic Council of Ministers, 2013, Nordic Statistics database (Retrieved November 19, 2013, http://91.208.143.50/pxweb/pxwebnordic/Dialog/varval.asp?ma = POPU02&path = ../

DATABASE/3.%20Population/Populations%20size%20and%20change/&lang=1).

フィンランドは、エスピン・アンデルセンの分析に含まれていないので、ここでは除いた。ちなみに、二〇〇八年ではフィンランドは全ての年齢層で〇歳児保育の利用率が最も低い割合を示している（熊倉 2011:61）。

終　章　家族主義を変える

前章まで、少子高齢化が急激に進む日本社会を支えて行くには、子どもや若者の教育にもっと投資しなければならない、という視点から論じてきた。そのためには、第I部第三章まで明らかにしたように、まず就学前教育を充実し、どのような家庭環境にいる子どもでも、その後の自分の人生の可能性を切り開く「やる気」を身につけられるようにすべきである。

終章では、就学前教育で「やる気」を身につけた子どもが、たとえ稼ぎ手の親が急な病で倒れたり事故で亡くなったりしても、大学への進学が可能な社会を創ることを構想する。家族が教育費を負担するのが当たり前とする「家族主義」の社会では、稼ぎ手の親が倒れると、大学への進学はたいへん難しくなる。家族主義を変えて、どのような家庭環境の激変があっても、子どもが自分の可能性を最大限に伸ばせる社会を構想したい。

少子高齢化が急激に進む日本社会を将来支えていくのは子どもである。その子どもの可能性を伸ばす教育は、家族だけに任せるべきではなく、社会全体が責任をもって行うべきである。どのようにすれば、「教育を家族だけに任せない」社会は実現可能なのか。それを考え実現していくためには何を研究で明らかにしなければならないのか。

以上のような視点から、先行研究と本書の研究成果を整理し、今後必要となる研究課題を明示することを終章の目的とする。以下では、基本的には子どもの年齢順、保幼小中高大の順で、これまでの研究の整理と今後必要となる研究課題の確認を行う。

1　保育・就学前教育

1・1　「やる気」と〇歳児保育

まず、前提として、就学前教育で子どもが「やる気」を身につけられるということを、日本のデータでも明らかにする研究が必要である。

第三章5・2でみたように、就学前教育を受けた子どもに目立ったのは、学習意欲の伸び、つまり「やる気」の伸びだったが、これはアメリカのペリー就学前計画を元にした研究成果であった。また、第六章5・2では、スウェーデンでは保育・就学前教育を早く始めた子どもの方が、能力が発達するという研究が多くあることを確認した。第四章第5節で、日本でもアメリカの研究モデルを参考にしつつ、小中学校教育の効果と並行して幼児教育の効果も追究する必要があるという指摘を取り上げたが、アメリカに限らず、スウェーデンの研究も今後は参考にするべきである。その上で、日本のデータにもとづいた実証研究が必要となる。その際、第六章第4節でみた、日本の都道府県別のデータを分析し、幼稚園よりも保育所の方が大学進学への効果が高いとした研究（Akabayashi & Tanaka 2013）との整合性を確認していく必要がある。

第六章では三～五歳児よりも〇～二歳児の保育・就学前教育を優先すべきであることを明らかにしたが、保育・就学前教育を〇歳児から始めた方がいいのか、一歳児から始めれば十分なのかは、今後の研究課題である。その際、特に、〇歳児の保育・就学前教育への税金投入がどれだけの投資効果を持つのかを明らかにする必要がある。第六章第4節でみたように〇歳児保育は一～二歳児に比べ費用が大幅にかかる。〇歳児保育への公費投入の投資効果が不明であり、裕福な高齢者の負担増がすぐには難しい現段階では、〇歳児保育を削減して育休で代替させ、〇歳児保育の削減分を一～二歳児保育の枠に転用し、一～二歳児の待機児童をほぼ解消させるという案（松田 2013）をまずは採用すべきだろう。〇歳児の保育・就学前教育の投資効果が明らかになった段階で、どのような政策が望ましいのかをもう一度議論すべきである。

図表　終-1　母子世帯と他の世帯の所得分布と平均所得

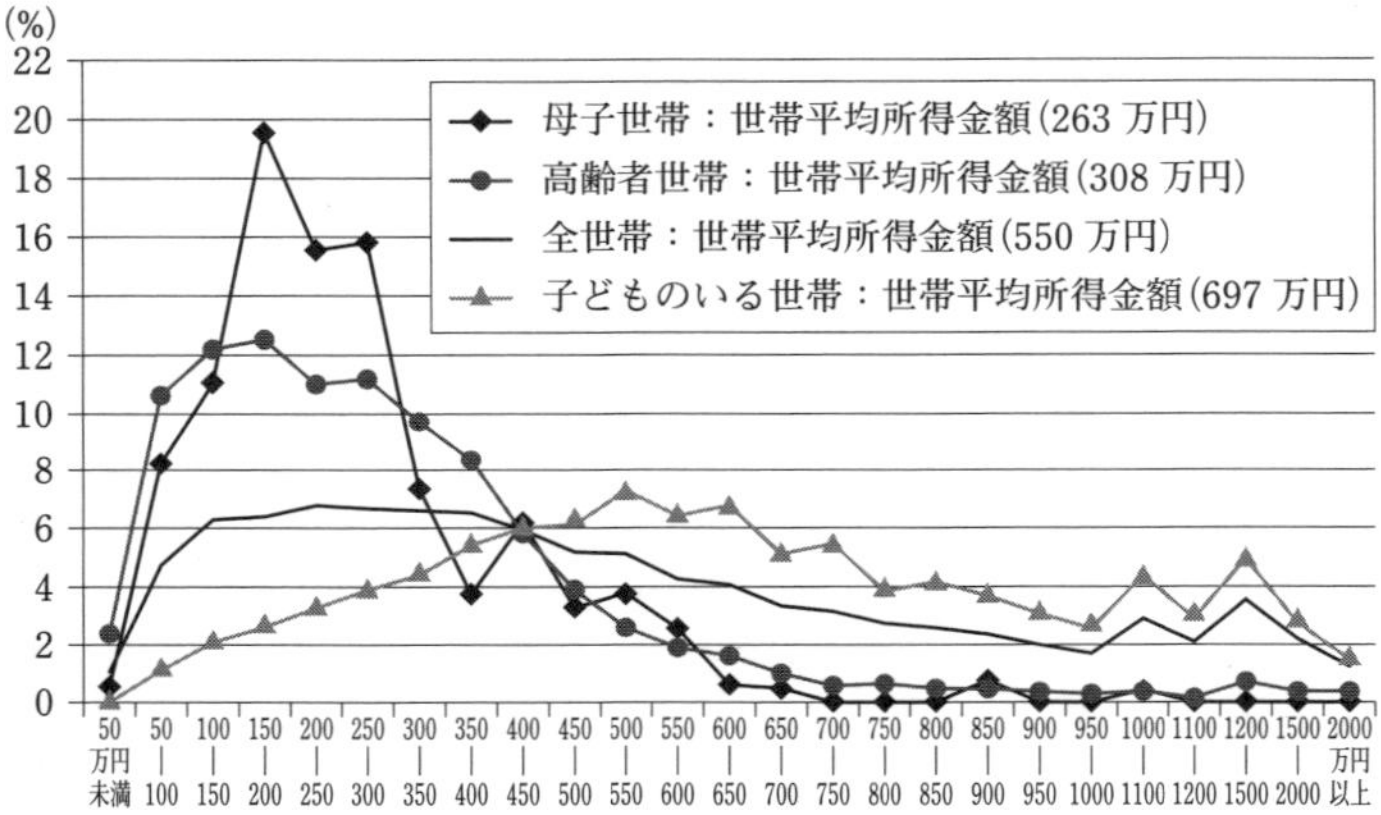

注：ここで「子ども」とは、18 歳未満の未婚の者をいう。
所得は、税金や社会保険料を含み、事業所得等の場合は収入から仕入原価や必要経費を差し引いた金額をいう。
出典：厲（2012:103）

1・2　普遍主義の徹底――親のためでなく、子どものために

子どもは親を選べない。さまざまな事情でひとり親になる家庭がある。そして、ひとり親の家庭の相対的貧困率は著しく高い。「平成二二年国民生活基礎調査の概況」では二〇〇九年のひとり親の家庭の貧困率は五〇・八％であり、半分以上の家庭が貧困である。同調査では、子どもがいる現役世帯でひとり親でない「大人が二人以上」いる世帯の貧困率は、一二・七％に過ぎない[1]。

特に、母子世帯の所得は低い。母子家庭と他の世帯の所得の違いを所得分布と平均所得のデータで確認しよう。図表終-1は、二〇一〇（平成二二）年国民生活基礎調査をもとに、所得の分布につい

て、全世帯と母子世帯、高齢者世帯、子どものいる世帯を比べたものである。全世帯の平均所得五五〇万円に対して、母子世帯は二六三万円と全世帯の半分以下の所得である。所得分布をみると、母子世帯は、一五〇万円から三〇〇万円の低い所得に多くが集中している。

高齢者世帯も年金が十分でない世帯も多いので低い所得に偏るが、それと比べても母子世帯の平均所得金額の方が低く、多くの母子世帯の状況は非常に厳しい。子どものいる世帯の分布をみると平均所得は七〇〇万円弱であり、全世帯の平均所得五五〇万円を大きく上回る。母子世帯でない子どものいる世帯の平均所得は、親が働き盛りの世代であるため、比較的高くなっていると考えられる。子どものいる世帯の平均所得と比べると、母子世帯の所得の低さは一層際立つ。

このようにたいへん苦しい家計の、ひとり親家庭の子どもでも、質の高い保育・就学前教育を十分受けられるようにすることが、本章で論ずべき政策目標となる。

第五章では、保育料上限設定制度を日本でも導入すべきだと主張した。それは、働いて収入が増えて住民税非課税世帯から課税世帯になると保育料が急上昇してしまい、働かない方が結局は得だという「貧困の罠」に親がはまることを防ぎ、親の就労を促すためであった(2)。

第四章第5節で述べたように、日本では少子化対策が「働く親」のための政策として発想されがちである。だが、「働く親」のためという論理を突き詰めると、母親が病気で働ける可能性がない母子家庭には対策は必要ないことになりかねない。第四章3・4でみたスウェーデンにおける保育・就学前教育の普遍主義への転換で用いられた論理を使うなら、どのような家庭環境にあっても、「すべての子ども」は「働ける存在」になり、将来の日本を背負っていく可能性があるといえる。「すべての子ども」のための政策を目指すという視点から、質の高い保育や就学前教育を普遍主義的に無償化し、充実していくための研究をさらに進めていくことが今後の課題となる。

第六章の最後では、〇～二歳児と三～五歳児の両方の「幼児教育の無償化」にも所得制限をするしかないと書いた。だがこれは、政府が財源の不足を理由にして無償化に所得制限を設けることを、経過的・一時的な措置として仮に認めた場合の話である。将来的には、少子化対策上も、子どもの「やる気」を育てるためにも、保育・就学前教育は所得制限無しに無償化していくことが望ましいだろう。

1・3　質の保証――親の評議会、職員の処遇改善、バウチャー制と監査

保育・就学前教育の質を高めるためには、親の評議会をいかに組織すべきかを研究することが必要である。親協同組合保育所のように親の長時間の参加が必要となる保育所の運営には、時間に追われるひとり親は参加できないことを第五章第3節で指摘した。第五章第4節で紹介した、親協同組合保育所よりも、保育所の運営委員会や年一回の総会に親が参加し影響を与える保育所の方が、保育の質がよくなるというカナダの研究を参考にしながら、保育所の運営への親の影響力の強化のしかたを研究していく必要がある。

また、保育・就学前教育の質を高めるためには、保育・就学前教育関係の職員の給与をどのよう

にして上げていくかも研究する必要がある。第五章6・3でみたように、住んでいる地域や親の生活スタイル（在宅で子育てか、就労か）にかかわらず、全世帯のすべての子どもが、家庭環境の変化に影響されずに、等しく、保育・就学前教育が受けられる環境を整備していくためには、国際的にみて最低レベルの日本の職員の処遇改善が欠かせない。それは、株式会社が参入する場合も同じである。

さまざまな設置・運営主体を認めたことによる保育・就学前教育の質の低下は日本でも懸念されるが、スウェーデンでは、バウチャー制が導入されていること、年次報告書の提出と自治体による監査により、保育・就学前教育の質を維持している。バウチャー制のもとで、公立私立を問わず保護者または子どもが就学前学校を選択し、就学前学校の運営費は子どもの数に応じてコミューンから就学前学校に交付される（大城 2012）。日本でどのような仕組みで保育・就学前教育の質の維持・向上を図っていくかも重要な研究課題である。

2　学力形成と進路選択

小学校以降の研究課題に入る前に、大学への進学格差の問題をみる視点を確認しておこう。教育社会学の荒牧草平によれば、大学への進学格差のルートは〈学力形成〉と〈進路選択〉に分けて考えられる。

〈学力形成〉の問題とは、親の階層の違いで子どもの学力差が出ることである。また、〈進路選択〉の問題は、同じ学力の子どもでも、親が大学出なら大学に関する情報が多く、大学を目指すことが多くなることである。前者は学力差そのものを問題にするのに対して、後者は学力差そのものではなく、大学進学に関する情報が階層間で差があることを問題にする。

〈学力形成〉は、幼児から始まり家庭のしつけに強く依存する。長期にわたるプロセスである〈学力形成〉より、〈進路選択〉は変えやすい。階層差で大学の情報が少ない家庭の子どもにも、学校が情報を提供すれば、子どもは進路を決定しうるはずだからである。

フランスの教育社会学者R・ブードンは、教育における不平等は、「文化的遺産のメカニズム（一次効果）」と「社会的位置に応じた決定のメカニズム（二次効果）」という二つのメカニズムによって生じるとする（Boudon 1973 ＝ 1983）。

以上をまとめると、

〈学力形成〉＝「文化的遺産のメカニズム（一次効果）」
〈進路選択〉＝「社会的位置に応じた決定のメカニズム（二次効果）」

となる（荒牧 2010:3）。

〈学力形成〉に保育・就学前教育から働きかけるには長期間かかる。だが、第五章で述べたように、子どもたちに自分の可能性を追求する「やる気」を身につけさせるには、就学前教育の充実が必須である。幼い時に貧困のために就学前教育を受けられず、自分の可能性を追求する「やる気」を身につけることができなかった子どもにとっては、その後の小中高大での経済的条件等をいくら平等化しても、もうその時点では遅い。よって、小中高大の教育より保育・就学前教育をまず優先すべきである。

〈進路選択〉に働きかけるのは、短期で効果が出やすい。例えば、日本より大学進学のコストが低く経済的に平等なスウェーデンでは〈進路選択〉に働きかけやすかっただろう。最新の研究によれば、スウェーデンの高校進学の平等化の傾向は二〇〇六年まで続いている。二次効果を弱め、〈進路選択〉に働きかけることで教育格差を減らしたとみられる。幼児から始まり家庭環境でのしつけに強く依存する一次効果＝〈学力形成〉と違い、二次効果＝〈進路選択〉は変えやすい。重要な教育上の決定は、ほとんどの子どもが学校環境で情報と支援を受け取れるようになってからなされるからである（Rudolphi 2013）。

このように〈進路選択〉に働きかけることで、大学進学の格差を減らし平等化をすすめるためには、小中高での教育に家庭が負担するコストをできるだけゼロに近づけなければならない。そのために日本で必要な方策は何かを以下でみていこう。

ここでもう一度確認しておきたいのは、大学進学の平等化を図ること自体が政策目的であるべきだと本書は位置づけていないことである。あくまで、少子高齢化が急激に進む日本社会を支える担い手を作り出すことが政策目的であると本書は位置づけている。本書が負担増を将来求めていくべきと考える裕福な高齢者は、大学進学の平等化自体を政策目的としても、その政策のために税金を払おうとは考えないだろう。「お父さんが倒れても、お孫さんが大学に行けるように、大学進学を平等化します。ですから、税金をいっぱい払ってください」といわれても、日本の裕福な高齢者は政府を信頼せず、税金を払わずに孫のために貯金するだけだと予想される。裕福な高齢者にも納得して負担を増やしてもらうためには、大学進学の平等化自体を政策目的とするのではなく、少子高齢化が急激に進む日本社会を維持し高齢者のための医療・年金・介護等のシステムを機能させ続けることが政策目的であると位置づけなければならない(3)。

少子高齢化の中で日本社会を全体として機能させ続けるためには、大学進学の平等化を図るしかない。序章第2節でみたように、日本では三〇代で大卒の需要がより多くなっている。この十数年の間、三〇代の高卒が減少し大卒が増加した。大卒者が増えたから大卒が過剰になり、大卒の給与が下がりそうだが、現実は逆で、大卒と高卒の賃金格差が大きくなった。三〇代の仕事が、高卒より大卒を必要とする方向に変化している。より多くの大卒が必要とされ、高卒より高い給与が支払われているのである。

高い給与にふさわしいだけの能力を大卒が身につけていなければ、少子高齢化が急激に進む日本社会を維持していくことはできない。そのためには、大学進学のための条件を平等化し、たとえ家が貧しくても優秀な若者は大学に行けるようにする必要があるのだ。

このような論理構成をして初めて、裕福な高齢者により多くの負担を求めることが現実的になってくるだろう。

大学進学の平等化を図るためには、それ以前の小中高での教育費の家計負担もできるだけゼロに近づけなければならない。そのような視点から、小中高での研究成果の整理と研究課題の確認をしていこう。

3　小中学校

小中学校における教育費の家計負担をできるだけゼロに近づけるには何が必要か。先行研究の主張をみてみよう。

3・1　学修費無償化法

教育社会学の小澤浩明は、義務教育の完全無償化に向けた提言を行っている。小澤によれば、文部科学省、東京都、長野県の二〇〇八～九年度の調査をみると、年間で公立小学校では約五～八万円、公立中学校では約七～一三万円、学校への私費が家計から支払われている。小澤らが全国学校事務制度研究会の協力の下に行った小学校一一校、中学校一三校の調査分析によれば、小学校、中学校のいずれも学修費に占める私費負担は約七～八割にもなっている。ここでの学修費とは、教

材・教具、部活動、修学旅行、制服、体操着、給食費を示す。

保護者による私費負担の根拠は、都道府県教育長協議会によって一九七二年に出された「義務教育における公費私費の負担区分」基準がもとになっているとされている。そこでは「利益が生徒個人に還元される場合は私費負担」という論理が取られており、この「受益者負担主義」によって、義務教育の私費負担が正当化されてきた。

義務教育費の完全無償化に向けて三つの提言を小澤は行っている。①学修費の完全無償化――「学修費無償化法」の創設、②学校運営費にかかわる公教育費の増大――「学校運営費法」の創設、③学校予算の自主編成を認める、の三つである。

学修費無償化法と学校運営費法を区分して創設する理由は、学校運営費の不足を学修費から充当させず、また学修費の実支出額保障をするためである（小澤 2012）。

本書の視点からは、①の学修費の完全無償化が最も重要である。

小澤は国庫負担による「学修費無償化法」の創設を提言する。学修費は、いずれもが児童生徒の参加する教育活動にかかわる費用であることを考えれば、すべてが完全無償化されるべきであるとする。

私費解消のためにかかる公費財政を試算し、約一兆二四一六億円の予算があれば、小中の私費を完全無償化できるとしている。

また、義務教育の完全無償化が実現するまでの過渡的な段階において、最も差し迫った重要な課題として、就学援助の拡充をあげている（小澤 2012）。

3・2　就学援助

就学援助制度は、生活保護の教育扶助とともに、子どもの貧困に対する公的な制度である。生活保護の対象となる子どもは「要保護者」と呼ばれ、就学援助制度の対象となる子どもは「準要保護者」と呼ばれる。

生活保護世帯に属する小中学生の場合、義務教育に伴う学校給食費、通学用品費、学用品費については、教育扶助の対象となる。

就学援助制度は、①生活保護世帯の小中学生（要保護者）に対して、教育扶助の対象とならない修学旅行費などを支給するとともに、②要保護者だが教育扶助を受けていない者、③生活保護の対象に準ずる程度に困窮している小中学生（準要保護者）に義務教育に伴う費用の一部を給付している。大体、生活保護の基準の一・三倍くらいを就学援助の基準としている市町村が多い（鳫 2009, 2012, 2013）。

就学援助制度のみの対象である準要保護者と、生活保護制度の対象である要保護者の合計を、援助を受ける子ども（援助対象者）とよぶ。近年、援助を受ける子どもの人数、割合が増えている。一九九七年度の約七八万人から二〇一〇年度には約一五五万人に増え、公立小中学校児童生徒数に占める割合も六・六%から一五・三%に増加した。約一〇年間で人数、割合ともに約二倍に増加している。

生活保護の要保護率と就学援助も含めた援助対象率は、平均では約一〇倍の開きがあり、二〇一〇年度に全国で生活保護を受けている子どもが一・四％、援助対象率が一五・三％である。どちらも公立小中学校児童生徒総数約一〇二六万人に占める割合である。全国で六・五人に一人の子どもが、経済的理由により就学困難と認められ、給食費や学用品に充てる費用を交付されている。援助対象率の一五・三％は、子どもの相対的貧困率一四・九％に近く、生活保護だけでは不十分な子どもの貧困に就学援助が対応していることになる（鳫 2012, 2013:34–6）。

3・3　国庫補助廃止で就学援助が縮小——一般財源化の問題

小泉政権時の三位一体の改革により、国庫補助金改革、税源移譲、地方交付税見直しの中で、就学援助についても二〇〇五年に国庫補助が一般財源化され、まとめて交付税で措置されることになった。従来、就学援助に使うための国から市町村への補助金だったが、三位一体改革後は、何に使ってもよい一般財源として国から市町村に交付されることになった。生活保護（要保護）の修学旅行への就学援助については継続されたが、準要保護の子どもには、国からの補助金がなくなった（鳫 2012, 2013）。

経済学の小林庸平によれば、就学援助制度の一般財源化は、市区町村別の運用格差を拡大させた可能性が高い。市区町村別の準要保護率の分布を時系列比較すると、分布の裾が厚くなっていることが確認された。また一般財源化後は、準要保護率〇％の地域がほぼ倍増した。国庫補助制度の廃止によって、事実上、準要保護者に対する就学援助給付を停止してしまった自治体が増加している。また、経済分析の結果から、就学援助制度の一般財源化は市区町村の就学援助給付を引き下げた可能性が高いと考えられる。また、一般財源化によって、就学援助制度の運用に対して財政力が及ぼす影響が強まっていると考えられると指摘している（小林庸平 2010）。

3・4　就学援助への高齢化の影響

また、小林庸平は、高齢化が就学援助給付に与える影響も分析している。高齢化による若い世代の政治的影響力の低下の問題というと、国政レベルでの課題だと思われがちだが、地方レベルでもその進展が確認されている。

経済学の大竹文雄らは、都道府県別のデータを用いて、高齢化比率の上昇が都道府県別の義務教育費に与える影響を分析している（大竹・佐野 2009）。高齢化が進展すると、高齢者の政治的影響力が増加し、子ども向けの公的支出である義務教育費が減少すると考えられるが、理論的には高齢化によって義務教育費が減少しない可能性も考えられる。

第一の理由が現役世代の生産性の向上である。教育支出の増加によって若者の人的資本が増加し、生産性が上昇することで、現役世代の負担能力が増加し、社会保障給付を増やせるのであれば、高齢者は教育支出の増加に賛成する可能性がある（小林庸平・林 2011；小林庸平 2012）。本書が主張している論理はこれである。

第二は高齢者が利他的な場合である。高齢者が若年世代や将来世代のことを考えるのであれば、高齢化が直ちに教育支出に影響を与えることはない。

第三は教育支出が資本化する場合である。資本化とは、公共財や地域のアメニティの増加が、不動産の価値を高めることをいう。東京スカイツリーの建設が、周辺の土地の価値を高めるケースなどが該当する。教育支出の増加により、その地域の居住環境が改善し、資本化する場合、すでに居住している高齢者が保有している不動産の価値も高まるため、高齢化によって教育支出は減少しない可能性がある。

最後が移住である。移動の自由がある場合、各個人は自分自身の好みにあった地域に移住することが可能である。高齢者が、教育支出の高い地域から他へ移住する場合、高齢化が教育支出に影響を与えないこととなる（小林庸平・林 2011; 小林庸平 2012)。

しかし、大竹・佐野（2009）の研究では、一九九〇年代以降のデータを用いて分析すると、高齢者比率（全人口に占める六五歳以上人口の割合）が一％増加すれば、生徒一人当たりの地方教育費支出が〇・五〜〇・六％低下することが確認されている。つまり、今後高齢化が進展すると、地域レベルでの子どもに対する教育支出が低下することが予想される。教育支出の低下が子どもたちの人的資本の蓄積を抑制するのであれば、将来的には経済成長への悪影響も懸念される。

また小林庸平らは、高齢化が就学援助給付に与える影響を分析した。地域において高齢者比率が一ポイント増加すると、小学生一人当たりの年間援助額が二〇〇〇〇円近く減少し、就学援助の受給率も低下することが確認されている（小林庸平・林 2011；小林庸平 2012）。

このように就学援助の一般財源化は、就学援助給付を引き下げ、また財政力や高齢化の違いによる自治体間格差を拡大した。

よって、就学援助の一般財源化はやめて、国庫負担金にするべきである（小澤 2012:411；湯田 2009:149）。子どもの貧困をなくすという観点から、就学援助制度の最低基準、ナショナル・ミニマムを設定しなければならない（鳫 2013:70）。

二〇〇七年の調査によると、自治体の担当者も、現行制度でよいと考えているのは全国で六％弱にすぎない。最も多いのは、「全額国庫負担の制度にすべきである」の三一・一％である。「現行制度でよいが、何らかの財源担保の制度が必要である」二七・一％、「二〇〇四年度以前通りの国庫補助制度が必要である」二六・七％を合わせると、就学援助費の財源は一般財源と区別すべきだという回答の合計は、約八六％にも及んでいる（湯田 2009:130）。「全額国庫負担」と回答するのは財政力の弱い自治体に多い（鳫 2013:70）。就学援助制度の最低基準、ナショナル・ミニマムを設定して実行していくためには、就学援助を「全額国庫負担」にすることが不可欠である。

3・5　生活保護基準額引き下げの就学援助への影響

また、二〇一三年八月から生活保護基準額が引き下げられた。現在は、就学援助は、生活保護基準額などを目安に対象者を決める自治体が多い。生活保護基準額が下がれば就学援助の対象範囲が狭まり、受けられなくなる子が出るのでは、と懸念されている。現在の制度では生活保護基準額が下がるたびに、就学援助の金額も下がることになりかねない。生活保護基準額と切り離して、就学援助制度の最低基準、ナショナル・ミニマムを設定すべきかどうか。その場合の金額設定の理論的根拠は何か。それらを明らかにすることは、緊急を要する研究課題である。

二〇一三年八月からの生活保護基準額の引き下げが、経済的に苦しい家庭の小中学生に対する就学援助に影響するか。同年五月から六月にかけて市民団体が実施したアンケートで、三割の自治体が来年度以降に「影響がでる」との見通しを示していた。下村博文・文部科学相は、就学援助の水準は下げないという考えを示しているが、最終的な影響の有無はなお不透明である。

「全国生活と健康を守る会連合会」(東京)が指定市・県庁所在市などにアンケート、五五自治体が回答した。その結果、六割は影響の有無を「検討中」とし、「影響しない」という回答は一自治体にとどまった。

「影響がでる」とした自治体からは「就学援助から外れる子どもが増える懸念がある」(山形県鶴岡市教育委員会)、「市町村の財政状況によって対応に格差がでないよう、国の財源支援が必要だ」(岐阜市教育委員会)などの声があった(朝日新聞 2013. 7. 6)[4]。

生活保護基準額の引き下げに影響されずに、財政力の弱い自治体にいる子どもも平等に就学援助が受けられるようにするためにも、就学援助の「全額国庫負担」化を可能にする理論的根拠と制度設計を明らかにする研究を急がなければならない。

3・6 就学援助と教育バウチャー

最後に、就学援助との関係から、大阪市の教育バウチャー（クーポン券）制度に触れておこう。この制度は、低所得世帯の中学生にも学ぶ機会を平等にしたいと、月一万円の塾代を渡すものである。生活保護や就学援助を受ける家庭の中学生なら誰でも申し込める(5)。

市がお金をつぎ込む先は、学校などの公教育ではなく教育産業である。民間の塾の間で教育サービスを競わせて効果を上げる手法には、橋下徹市長が好む「市場原理」「競争」といった考え方が貫かれている。

これに対して、生活がより厳しい家庭の子どもには広がらないのでは、との声もある。低所得の子どもが多い小学校にいた女性教諭（五五歳）は「生活に余裕がない親は、教育に目がいかない」と語る。月謝二万円以上の塾も多く、一万円の助成で「塾に行こうと思えるかは疑問」と話す。中学のベテラン男性教諭も「市はむしろ生活指導などで子どもを支える先生の数を増やしてほしい」と訴える（朝日新聞 2013. 11. 30）(6)。

就学援助を充実するために公教育ではない教育産業を利用するバウチャー制度が望ましいのかどうか、もしそうなら金額をいくらに設定すべきかは今後の研究課題である。

ただ少なくとも、二年後には援助の基準を下げるなどして「中学生の七〜八割に対象を拡大する」という橋下市長の方針は、問題として取り上げる必要がある。対象を拡大すると、バウチャー制度は、就学援助の充実という意味ではなくなり、市場の淘汰を受けて良い事業主を残すという意味のものになるからである。以下で述べるように、バウチャー制度を拡大したとき好ましい成果がでるかどうかについては、否定的な実証研究がむしろ多い。

経済学の荒井一博は、バウチャー制度を、通学を希望する学校の授業料相当金額（の一部）を政府が個々の生徒に対して支給する制度とする。この制度の下では、貧困層の子どもで有名私立校に進学できる可能性が生まれると主張されている。しかし、バウチャー制度の導入は、子どもを有名私立校に通わせる富裕者に概して有利であるという。

学力がありながら貧しい生徒でも有名私立校に進学できるようになるが、多くはない。なぜなら、貧困家庭の子どもが学力を高めることは容易でないからである。家庭教師や塾の費用までバウチャー制度が支払うわけではない（と荒井はとらえている）。

バウチャー制度は格差の縮小に貢献するどころか、それを拡大する危険性もある。有名私立校の生徒は授業料を直接負担しなくなる。子どもを私立校に通わせる富裕層の親にとってこれは明らかに有利である。彼らは浮いた資金を家庭教師や塾の費用に当てて子どもの学力をさらに上げ、有力大学入学を確実なものにしようとするはずだという。

また、米国・チリ・ニュージーランドなどのバウチャー制度に関する多数の研究を検討した結果、広範で大規模なバウチャー・プログラムは、生徒の全体的な学力を十分に上げるとはいえないと結論づけた研究なども紹介し、バウチャー制度で明確に好ましい成果が上がることは確認されておらず、むしろ否定的な実証研究が多いようだとしている。

高い能力があるのに親が貧しいために、良質の教育が受けられないことは好ましくない。よって、そうした生徒のみを対象とするバウチャー制度を導入することは正当化できると荒井はいう（荒井 2007：122-9）。

荒井の議論は、学校の授業料を前提にしており、塾代などの教育産業は想定していない。荒井によれば、バウチャー制度は能力があるのに貧しい家庭の子どもへの授業料補助に限るべきだとなるが、実際には中学生の能力の判定は難しい。潜在能力は高くても小学校の時に貧しさのため塾に行けなかったから中学校の成績が悪いこともありうる。よって、大阪市のように、生活保護や就学援助を受ける家庭の中学生を一律に、バウチャー制度の対象とするのは、一つの論理として成り立つだろう。問題は、公教育ではない教育産業を利用するバウチャー制度が望ましいかどうかであり、これは今後の研究課題である。

4　高校

高校と大学は、進学率が違う。高校にはほとんどが進学するが、大学には裕福な層がより多く進学するという格差が明らかにある（第一章図表1－2参照）[7]。よって、大学では、一律に授業料を無償化したり、所得制限無しに給付奨学金を支給したりすると、逆進性が強く出ざるを得ない。しかし、ほとんどが進学する高校では、逆進性はそれほど強く出ない。では、高校では全面的に無償化すべきなのか。それを以下で検討しよう。

4・1　高校無償化——公立と私立の違い

二〇〇九年夏の衆議院選挙で民主党は「マニフェスト二〇〇九」に「高校無償化」を掲げ、二〇一〇（平成二二）年四月から高校は無償化された。

すべての高校を無償化するといった時、疑問が浮かぶのは公立私立の授業料の違いである。公立の方が私立より安い。公立は無償化されたが、私立はどうなったのか。公立よりも贅沢な施設、優秀な教員を持つ有名私立校は現実にある。その私立校も無償化すべきなのか。

参議院文教科学委員会調査室の鈴木友紀によれば、二〇一〇年四月から公立高校の授業料は不徴収となる一方、私立高校等については、高等学校等就学支援金（以下、「就学支援金」）を月額九九〇〇円（年額一一万八八〇〇円）支給するという公私間で異なる制度設計となっている。この背景には、二〇〇九年度の公立高校の授業料が、東京都、大阪府、鳥取県を除き、全国で月額九九〇〇円と一律になっていたことや、不徴収として申請手続をなくすことで事務経費が軽減できることがある（鈴木 2010:3）。

ここでは、私立の高い授業料がすべて無償化されてはいない。実質は、公立私立を問わず、すべての高校生に同額の月額九九〇〇円の給付奨学金が支給されたのとほぼ同じである。ただし、鈴木によると、文部科学省による聞き取り調査では、年収三五〇万円程度未満の世帯については、多くの都道府県で授業料の全額免除も含めた支援が、二〇一〇（平成二二）年度から私立高校生に行われたという（鈴木 2010:6）。

4・2　高校無償化の評価

高校無償化制度の政策効果について、『平成二三年度 文部科学白書』では、同制度の導入や都道府県による授業料減免等の取組によって、①経済的理由による高校中退者数の減少、②高校中退者のうち再入学・編入学した者の数の増加、③制度導入前に比べ、希望に応じた進路を中学生が選択できるようになったとする市町村が約七〇％に上る、④低所得世帯の私立高校生に対する支援の充実、という四点の変化をあげて説明している（鈴木 2013:45）。

より詳しくみると、①二〇一〇（平成二二）年度の経済的理由による高等学校の中途退学者数は、前年度に比べて約三七％減少した。二六〇〇人（二〇〇七年度）、二二〇八人（二〇〇八）、一六四七人（二〇〇九）、一〇四三人（二〇一〇）となっている（文部科学省 2012b）。

しかし、二〇〇八年度から二〇〇九年度の減少は五六一人、二〇〇九年度から二〇一〇年度の減少は六〇四人で、二〇一〇年度からの制度導入によって大きく中退者が減ったとはいえない。

②二〇一〇年度の高校中退者のうち再入学・編入学した者の数は、これまで減少傾向にある中、

前年度に比べて約一五％増加した。八一五五人（二〇〇七）、七二六六人（二〇〇八）、六九二一人（二〇〇九）、七九六〇人（二〇一〇）となっている（文部科学省 2012b）。

これは確かに効果があったようだ。

③制度導入前に比べ、希望に応じた進路を中学生が選択できるようになったとする市町村が約七〇％（文部科学省 2012b）。

しかし、これは青森県、愛媛県、大分県内の市町村だけへのアンケート結果によるものであり、全国の状況ではない。

④低所得世帯の私立高校生に対する就学支援金と授業料減免補助を合わせた支援については、いずれの都道府県においても本制度の実施とあいまって、従来と同水準か更に手厚い支援（二〇一一年七月一日現在における各都道府県への聞き取り調査）。

・年収二五〇万円未満程度の世帯への授業料全額免除相当の支援…一三自治体→四三自治体

・年収三五〇万円未満程度の世帯への授業料全額免除相当の支援…四自治体→一四自治体（文部科学省 2012b）。

本章１・２でみたように、二〇一〇年国民生活基礎調査での母子世帯の平均所得金額は二六三万円であった（図表終－1）。ここでの所得は税金や社会保険料を含むので、年収とほぼ同じである。年収二五〇万円未満ではなく、年収三五〇万円未満程度までの世帯への授業料全額免除相当の支援をすることが、母子世帯の高校生の援助としては、より望ましいが、二〇一一年の時点では一四自治体だけであった。

4・3　大阪府の私立高校の無償化

年収三五〇万円未満程度の世帯が負担する、私立高校の授業料を実質無償化した自治体の一つは、大阪府である。

再び鈴木によれば、二〇一〇年度から、就学支援金に府独自の補助金を上乗せすることで、年収三五〇万円未満程度の世帯の授業料負担を実質無償化するとともに、年収三五〇万円～五〇〇万円未満程度の世帯についても、保護者負担が軽減される。大阪府の全日制私立高校の平均授業料が年額約五五万円（二〇〇九年度）であることから、標準授業料を年額五五万円（全日制）と設定し、この額を上限に補助金が上乗せされる。さらに、大阪府は、標準授業料を超えた授業料を設定していた私立高校に対して、低所得世帯については差額分を各高校が負担し授業料を無償とすることを要請しており、事実上の授業料上限が設定されることとなった（鈴木 2010:6）。

この大阪府の政策の発想は、本章3・6の大阪市のバウチャー制度とほぼ同じである。二〇一〇年に、橋下徹大阪府知事（当時）は「公私を問わず頑張っているところにお金を回す、だめな公立には退場してもらう、一方だめな私学にも退場してもらう。財源は限られているので、できるだけ公立と私立が競争できる条件を作っていく。」と、公私間のイコール・フッティングと競争の必要性を強調した（鈴木 2010:8）。

この大阪府の制度は、標準授業料を超えた授業料を設定する私立高校では、低所得世帯以外の世帯は、授業料を無償化する必要はないという考えをとっていることになる。

4・4　政府与党による高校無償化への所得制限

自由民主党と公明党は、二〇一四年度から高校無償化に所得制限を導入する高校無償化法改正案を二〇一三年一〇月に閣議決定し、国会に提出した（鈴木 2013:46）。

政府与党による高校無償化への所得制限は、現行制度と何が違うのだろうか。

第一に、政府与党による高校無償化への所得制限の導入は、公立高校と私立高校を問わないという特徴がある。現行制度は、公立高校の授業料の不徴収制度と私立高校等の就学支援金制度という二本立ての設計だが、改正案では、所得制限の導入により公立高校でも授業料徴収が必要となることから、公立高校の不徴収制度は廃止され、私立高校等と同じ就学支援金制度に一本化される。

第二に、所得制限が導入されることとなり、高所得世帯の生徒等については、就学支援金を支給しないこととなる。

所得制限の基準額は、自由民主党と公明党の政調会長合意において決定された世帯年収九一〇万円とすることが予定されている。基準額を九一〇万円とした理由については、①所得制限の対象を、現行制度で就学支援金の加算が行われている世帯数と同様に、全体の二割程度にすること、②都道府県が独自に実施する授業料減免支援制度のうち最も手厚い京都府（年収九〇〇万円）や独立行政法人日本学生支援機構による無利子奨学金の所得制限の基準額（年収八九〇万円）を上回る額にすること、③私立高校生への支援を中間所得者層、すなわち子どものいる世帯の収入の中央値である年収五九〇万円まで拡大すること、という三点をあげて説明がなされている。

文部科学省は、所得制限の導入により、就学支援金の対象外となる生徒数が約七九万人となり、八九〇億円の財源が捻出できるとしている。この財源を用いて、低所得世帯への支援の拡充等を行いたいとしている。

しかし、改正案は、予算編成の前の臨時国会へ提出されたことから、捻出された財源が、具体的にどの施策に、どの程度の金額を充てられるかなど、高校無償化制度の見直しの全体像が確定するのは、予算編成や政省令の改正の後である。

文部科学省は、以下の低所得世帯の支援の充実を予定している。

（1）低所得世帯支援のための「奨学のための給付金」の創設

高校無償化制度の導入以前から授業料が全額免除されていた低所得世帯には、制度導入による恩恵はない。また、文部科学省の「子どもの学習費調査」（二〇一〇年度）によると、高校での、授業料以外の学校教育費は、公立で約二四万円、私立では約四六万円に上るなど家計の負担が大きい。

そこで文部科学省は、義務教育段階で行われている要保護と準要保護世帯への教育費負担の軽減策である就学援助制度を参考としながら、成績要件等が定められている現行の貸与型奨学金とは異なる制度として、低所得世帯への新たな支援となる「奨学のための給付金」を創設したいとしている。これは、年収二五〇万円未満程度の世帯に対して、教科書費、教材費等に対する支援として、都道府県に対する国庫補助（補助率三分の一）を創設するものである。給付金の額は、公立高校生は年額約一三万円、私立高校生等には年額約一四万円が検討されている。

（2）公私間格差の是正のための高等学校等就学支援金の拡充

私立高校の授業料は、年額約三八万円（二〇一二年度平均。以下同じ）。加えて施設整備費等が約一七万円、入学時は入学料約一六万円が必要となる。初年度の納付金は合計約七〇万円に上り、私立高校生を抱える家庭の経済的負担は非常に重い。一方の公立高校は、現状では、授業料は不徴収であり、施設整備費等もなく、入学料も約五六〇〇円である。

高校無償化制度の導入以前には、公立高校と私立高校の授業料の比率が一対四だったのに、制度導入後には〇対三となったことから、公私間格差が拡大したという指摘がなされていた。

今回の見直しでは、こうした公私間格差の解消に向け、低所得世帯の私立高校生等への就学支援金の加算を増やし、さらに、加算の対象となる年収の幅を拡げたいとしている。具体的には、年収二五〇万円未満の世帯については二倍から二・五倍に（年額二九万七〇〇〇円）、二五〇万円から三五〇万円未満の世帯について一・五倍から二倍に（年額二三万七六〇〇円）に加算額を引き上げるとともに、これまで加算のなかった三五〇万円から五九〇万円未満の中所得世帯についても一・五倍（年額一七万八二〇〇円）の加算を行うとしている。なお、五九〇万円の根拠としては、子供のいる世帯の収入のおよその中央値であることがあげられている。

予算編成が行われていない現状では、高校無償化制度の見直しの全貌は不明瞭で、見直しの具体的内容も、予算編成が終わるまでは、あくまで「案」に過ぎない。仮に、所得制限の導入により捻出された財源が、「高等学校等における教育に係る経済的負担の軽減を図り、もって教育の機会均等に寄与する」という高校無償化制度の目的に合致した施策に効果的に用いられることがなければ、所得制限の導入が、高校無償化制度の理念の後退に直結することにもなりかねない（鈴木 2013:48–50）。

本書執筆時点（二〇一三年一二月一二日現在）では、どのような予算編成が行われ、どのような低所得世帯の支援策が具体化されるかはわからない。

しかし、少なくとも長期的に、教育費の負担を家族から社会に移していくために、どのような制度を目指すべきかは、現時点でも考えることはできるだろう。それを考えるために、本章第2節でみたように二〇〇六年まで高校進学の平等化の傾向が続いていた、スウェーデンにおける高校奨学金の改革の歴史をみてみよう。

4・5　スウェーデンの高校奨学金制度の歴史

スウェーデンでは高校が無償である上に、第二次世界大戦後もさらに奨学金の充実を行っていった。[8]

その際、普遍主義的にすべての高校生に給付奨学金を支給した上で、さらに、貧困家庭の高校での学びを援助するため、所得制限を設けて選別主義的に、特別な手当を充実してきた。特に、ひとり親の子どもである高校生が援助を受けることが多かった。それを第二章2・2でも研究を引用したスウェーデンの教育学者ロイテルベリやA・スヴェンソンの研究などによりながら確認しよう。

ロイテルベリらによれば、高校奨学金の改革の方向性は、所得制限を必要とする選別主義から、より普遍主義的な制度への発展であった。一九四六年には特別な高校奨学金については所得制限が廃止された。一九五七年には普遍主義的な「給付奨学金」(studiebidraget) を導入することを政府は決定した。よって、奨学金調査委員会は、改革の重点を普遍主義的な給付奨学金の強化におくのは当然だと考えていた。月額を七五クローネルにあげ、一八歳という年齢制限を無くし、生徒がいる学校の違いによって特別手当を出そうとした。二一歳以降に高校教育をはじめようとする若者には、月額一七五クローネルの「特別給付奨学金」(förhöjt studiebidrag) が提案された。義務教育に残りながら一六歳になった者には、児童手当の権利がないので、「延長児童手当」(förlängt barnbidrag) の形で高校奨学金を与えるべきだとした。その金額は給付奨学金と同額である。

給付奨学金が所得無制限になっても、高校への進学率を高めるためには委員会はさまざまな方策が必要だとした。「所得証明済み手当」(inkomstprövat tillägg) は以前よりも所得制限の額を大幅に上げて緩和し、所得による区分の数を減らした。さらに「必要証明済み手当」(behovsprövat tillägg) が、ひとり親の子どものために提案された。通学や下宿をする生徒には、「通学手当」(resetillägg) や「下宿手当」(inackorderingstillägget) が提案された。

図表　終-2　スウェーデンの高校生への奨学金

月額クローネル

年	1965	1970	1975	1980	1985	1990	1992
給付奨学金	75	100	150	250	400	560	835
下宿手当	100	125	170	315	1,300	1,880	x
通学手当	75	100	195	345	x		
所得証明済み手当	75	75	75	155	x		
必要証明済み手当	75	75	100	215	600	690	795

注：xは、手当の廃止を示す。また，通学手当以下と1985年以降の下宿手当は上限の数字。
出典：Reuterberg & Svensson（1992:17）から筆者作成

この高校奨学金調査委員会の提案は一九六四年に国会で承認され、一九六四／六五年度から施行された。以前と比べ、新しい制度は必要調査が明らかに減り、奨学金を受けるための学力調査は廃止になった。

「給付奨学金」は、前述のように所得制限がなく、申請も不要である。最初は少額の調整しかされなかったが、八〇年代に大幅に拡充され、月額二五〇クローネルから五六〇クローネルになった。実際には、図表終-2が示す以上に高くなった。一九八六年までは学年の九ヶ月分しか奨学金が出なかったが、一九八七年元旦からは児童手当と同じ原則で毎月、高校奨学金が出るようになった。これで一九八〇年の二二五〇クローネルが、一九九一／九二年度には一〇〇二〇クローネルにまで引き上げられた(Reuterberg & Svensson 1992:17)。だが、奨学金が一二ヵ月分出たのは一九八七年から一九九二年までだけである。一九九三年から九ヵ月分に戻り、二〇〇三年から一〇ヵ月分になった（SOU 2003:28:95)。

「下宿手当」は、学校が遠距離で下宿しなければならない生徒に支給される。最初は基礎額と帰省手当の二つに分かれていたが、一九八五年七月一日から一つの下宿手当にまとめられた。一九八〇年から一九八五年への大きな増額はそのためである。一九八五年以後の金額は上限額で、高校から極端に遠距離（一三〇〇キロメートル以上）の生徒だけに適用される。それほど高い手当をもらう生徒はごく少数である。多くの生徒は最も低い二つの区分であり、一九八九／九〇の予算年では手当は月額八九〇と九九五クローネルだった。国会の決議の後、下宿手当は一九九二年の七月から基礎自治体に移され、若者給付奨学金への手当として支給されるようになった。海外で学んでいるため基礎自治体の網に入らない若者には、引き続き国からの直接的な援助が、従来の下宿手当とほぼ同額で支給された。

「通学手当」は、学校までの通学路が六キロメートル以上の生徒のためのものである。これは一九八三年七月から国からの給付金に変更された。

これらのすべての援助は親の経済的状況とは無関係に支給されるという意味で、普遍主義的であった。しかし、その補充としての「所得証明済み手当」、「必要証明済み手当」の二つは選別主義的である。その狙いは、高校教育への進学が少ない社会層からの進学を促すことにあった。「所得証明済み手当」の支給においては生徒と家族の課税所得と資産をまず考慮する。その上で家族における一七歳未満の子どもの数と一七歳〜二〇歳の学生の子どもの数に注目する。図表終－2に掲げられた金額は上限額で、経済的状況がよくなるにつれて減額され、基準額を超えると手当は支給されない。しかし、基準額は見直されることが少なく、手当の意味は徐々に減っていった。たとえば、六〇年代末には高校の「給付奨学金」を受ける者の三分の一が「所得証明済み手当」ももらっていたが、その割合は急激に減り八〇年代初めには四％だけになった。その意義が急激に減ったため、「所得証明済み手当」は一九八五年元旦から廃止された。

「必要証明済み手当」を得るためには、二つの条件が必要である。①所得が一定額を超えないこと、②さらなる援助の「明らかな必要性」で、家族の実際の経済状況に基づいて判断がなされる。「必要証明済み手当」を受け取る生徒は、「所得証明済み手当」を受け取る学生より少ない。六〇年代末に高校の「給付奨学金」を受ける者の五％だけが「必要証明済み手当」を受けており、その後二～三％にまで減っている。奨学金調査委員会が行った調査によれば、ひとり親で、他にキョウダイがいる家族が主に受けている。

一九八四年七月から「必要証明済み手当」は、「特別手当」（extra tillägg）に置き換えられた。金額が増額され、より多くの生徒が手当を受けられるように所得制限額が調整された。一九八七年七月からすべての月に対して手当が支給されるようになった。従来は、学校がある月だけだった。しかし、特別手当を受ける生徒は次第に減り、一九九〇／九一年度には八〇〇〇人足らずの生徒しか受け取っていなかった（Reuterberg & Svensson 1992:15–9）。

残念ながら、一九九〇年代には高校奨学金についての研究はほとんど行われていない。前述のロイテルベリらの研究が少しあるだけである（SOU 2003:28:64）。

一九九〇年代の経緯は不明であるが、二〇〇二年には、高校奨学金には、給付奨学金、特別手当、下宿手当の三つがあった。二〇〇二年では、高校奨学金のための国の支出の九五％を、給付奨学金が占めていた。給付奨学金受給者の、五％弱が特別手当を受け取り、二％弱が下宿手当を受け取った（SOU 2003:28: 93）。

二〇一三年六月には、政府調査報告書『現代にふさわしい高校奨学金』が出された（SOU 2013:52）。そこでは、奨学金の学習を援助するという意味が強調され、従来の一〇ヶ月分ではなく、実際に学校にいる四〇週間分だけに奨学金を減額する案が出された。年間で一〇五〇〇クローネルから九七六〇クローネルへの減額である。

この改革の目玉は、一般の給付奨学金を減額する代わりに、貧困家庭により多くの奨学金を出し、かつ、奨学金がもらえる者を増やすよう所得制限を緩めることにある。これまで就学支援委（第三章4・1参照）の所管であった特別手当を廃止し、代わりに高校給付奨学金を導入して、スウェーデン社会保険庁（Försäkringskassan）の所管にする予定である（SvD 2013. 7. 22）[9]。貧困家庭向けのこれまでの特別手当の最高額を八五五クローネルから一一〇〇クローネルに上げることを調査委員会は提案した。また、特別手当をもらうための年間一二万五千クローネル以下という所得制限枠が低すぎて、少数の世帯しか当てはまらなかったため、年間二一万クローネルを代わりに提案している。従来の所得制限では高校に一人以上の子どもを持つ世帯の一二・五％しか手当が得られなかったが、この改革により一七・五％が手当を得るようになる。

また、子どもを持つ高校生は、さらに月額三五〇〇クローネルを得ることになる。調査委員会の

A・フランツェンは、「若い両親を学校に戻そうという意欲を政府が表明している。現在はもし彼らが勉強することを選んでも、他の援助を受けることができない」と述べた。

スウェーデン全国高校生徒会（Sveriges elevkårer）は、この貧困家庭への援助を評価しているが、他の生徒の負担を増やすべきでないとしている。

それでも、フランツェンは、新しい再分配がベストの解決法だと考えている。「今ある特別手当は、その役割を終えた。特別手当がもらえるほど少額の収入しかない者はほとんどいない」（DN 2013. 7. 21）(10)。

4・6　スウェーデンの高校奨学金制度の評価

スウェーデンは、高校でも普遍主義をとり、私立も含めすべての高校を無償化している。その上でさらに、給付奨学金を所得制限無しに全高校生に支給し、ひとり親世帯など家計の苦しい家庭の子どもには、「所得証明済み手当」や「必要証明済み手当」を支給することを、一九六四年に国会で承認し、一九六四／六五年度から施行した。

注目されるのは、高校教育への進学が少ない社会層からの進学を促すため、所得制限をした上で選別主義的に支給された「所得証明済み手当」や「必要証明済み手当」（のちに「特別手当」）を受け取る者の割合が非常に少なかったことである。「所得証明済み手当」の割合は急激に減って一九八〇年代初めには四％となり、一九八五年には廃止された。「必要証明済み手当」、のちの「特別手当」を受け取る高校生の割合も二〇〇二年までに確認できる数字では五%を超えることはなかった。一方、高校は一九六四年以降、一貫して所得制限無しで無償であり、給付奨学金も全員に支給された。高校の無償化は、高校生全員に授業料と同額の給付奨学金を与えるのと同じである（第三章4・3参照）。

つまり、選別主義的な給付はごく限定的に行い、普遍主義的な多額の給付奨学金をスウェーデンは長年、全高校生に所得制限無しに行ってきたことになる。それによって、本章第2節でみたように二〇〇六年までスウェーデンでは高校進学の平等化の傾向が続いていた。

ここに働いていたのは、第四章第2節でみた「再分配のパラドクス」と似たようなメカニズムだった可能性がある。「再分配のパラドクス」とは、資力調査のない普遍主義的な給付の国の方が、給付を必要な者に限る選別主義の国よりも、中長期的には再分配後の平等が進む、すなわち必要な者に給付が届くというものであった。

一方、日本の政府与党は、高校無償化に所得制限をかけ、無償化のための就学支援金という給付を必要な者に限る選別主義をとろうとしている。ただし、選別主義といっても、スウェーデンのように選別主義的な給付の対象をごく少数に限定するのではなく、三五〇万円から五九〇万円未満の中所得世帯の私立高校生についても広く就学支援金の加算を行うことが文部科学省の案では予定されている（本章4・4参照）。

この案のように広く加算が認められたなら、「再分配のパラドクス」は起こりにくいだろう。もう一度、第四章第2節の「再分配のパラドクス」の式をみてみよう。文部科学省の案では、低収入者への選別性は強くない。よって、再配分する予算もある程度大きくなる。

しかし、今の案では、広く加算を認めること自体が、高所得世帯との関係で問題を生じさせる。九一〇万円以上の高所得世帯は年間約一二万円の就学支援金も全く受けられない一方で、中所得世帯の私立高校生は就学支援金を受け取った上に、さらに年額一七万八二〇〇円が加算される。五八九万円の世帯が年間約三〇万円、三年間で約九〇万円を受け取る一方で、九一〇万円の世帯には何もない。九一〇万円の世帯に支給されていた年間約一二万円の就学支援金は、低中所得世帯に回るのである。中日新聞の社説がいうように、「いくら高所得層とはいえ、同じ高校生を抱える家庭にその代価を支払わせるのでは著しく公平を欠く」ことになる。「無償化予算を積み増さず、現行の枠内でやりくりするから角を矯めて牛を殺す結果になる。そもそも日本の教育予算の国内総生産に占める割合は先進国で最低水準だ。『教育再生』を唱える安倍晋三政権の熱意を疑う。」（中日新聞2013. 9. 24）[11]という社説の主張には深く頷かざるをえないのである。

5　大学

大学については、基本的な考えを第一部で述べた。ここでは補足として、いくつか記すにとどめたい。

二〇一三年七月の文部科学省の「学生への経済的支援の在り方に関する検討会」の中間まとめ(2013. 8. 30)は、今後の給付的な支援の取り組みの方向性として、保護者の経済的格差が、子の教育格差として次の世代に引き継がれることのないよう、高等教育段階の無償教育の漸進的な導入を理念とし、給付的な支援を充実していくことは、我が国の高等教育における重要な課題である、と述べている。

その際の制度設計の論点から、重要だと考えられる二つをここでは紹介する。

①給付目的と受給のタイミングとの関係…在学中の学修のインセンティブを高める観点からは、事後給付(卒業時の返還免除)が効果的である。同時に、将来の予見性を持って安心して進学できることも極めて重要な課題であり、この観点からは事前給付(入学時又は進学前に受給の可否が判断できる給付型奨学金や授業料減免)が効果的である。いずれの政策目的を重視した制度設計をするのか。

②制度のターゲットと支給基準…家庭の経済状況を重視した基準とするのか、学業成績をどの程度重視した要件とするのか。

貧困家庭からも大学進学が可能になるような対策は、①は事前給付、②は家庭の経済状況を重視することが基本的には望ましいだろう。第一章の図表1-3(成績別所得階層別大学進学率の比較)の二〇一二年の調査では、二〇〇六年調査と比べると、成績が上や中の上であっても、六二五万円以下になると大学進学率が大きく下がっている。よって、六二五万円以下の家庭については、事前給付とし、成績が上や中の上の者の大学進学を促すことを目指すべきである。

問題は高所得層にもある。図表1－3では成績が下にもかかわらず、高所得層からは多くが大学に進学している。現状は、能力が低いのに、親が高所得だというだけで大学に進学している子どもが多くいる可能性がある。そのような大学生にまで授業料を無償化する必要があるのか。

この問題については、①の論点と②の論点を組み合わせることも考えられる。たとえば、高所得層の場合は、最初から授業料を無償とするのではなく、授業料相当額の給付奨学金を事後給付することとし、学業成績が良くなければ給付奨学金を受けられず、授業料が無償でなくなるといったシステムの可能性を検討していくことも必要だろう。

この問題は、序章第4節の注でみた、高等教育機関を卒業した三〇代から五〇代の者のうち、約三分の一が年収三〇〇万円以下にとどまっている（家事専業等の無業者を除く、有業者のみ。総務省「平成一九年就業構造基本調査」）という事実（文部科学省 2013a）とも深く関わっている。

この事実は、能力の低い大卒者が増えたことを表すのか。それとも、大卒者の職場自体が貧困化しているのか。その両方ではないかと危惧される。

家庭の貧富を問わず、大学進学が可能な社会を創り出せたとしても、①大学教育自体が有能な大卒者を生み出すシステムになっていなければ、また、②優秀な大卒者を受け入れられる労働市場を常に新たに創り出し、全体の規模を維持していかなければ、日本社会全体を維持していくことはできないことを、この事実は示唆する。

本書は、教育費負担の問題に焦点を絞ったが、今後は、①大学教育のあり方の問題、②大卒者の仕事をどう確保していくかという就職・労働の問題などと合わせて、問題の全体像を分析し、新たな社会の構想を描いていく必要がある。

注

（1）厚生労働省 2011「平成二三年国民生活基礎調査の概況」2013. 11. 30 取得、http://www.mhlw.go.jp/toukei/saikin/hw/k-tyosa/k-tyosa10/2-7.html

ひとり親世帯の貧困率は、一九九七年の六三・一％に一旦上昇した後、二〇〇九年の五〇・八％まで下降している。しかし、ひとり親世帯の貧困問題は改善していない。実際には、ひとり親世帯の所得が増加したわけではなく、その他世帯など他の世帯類型における所得低下世帯が増加しただけである。特に、母子世帯の平均収入金額は、二二九万円（一九九七年）、二一二万円（二〇〇二年）、二一三万円（二〇〇五年）と推移していることから、母子世帯の暮らし向きが改善しているとはいえない（武藤 2012）。

また、二〇〇〇年代半ばのひとり親世帯の相対的貧困率の国際比較では、二〇〇四（平成一六）年の日本の貧困率は五八・七％で、ＯＥＣＤ加盟国三〇ヵ国の中で最も高くなっている（内閣府 2012b:31）。

（2）子どもの視点からみれば、親が働かなくても、保育・就学前教育を受けられさえすれば、問題はないようにもみえる。だが、「子は親の背中を見て育つ」ともいう。親の働く姿をみることが、子どもの「やる気」によい影響を与える可能性もある。実際に親の就労が子どもの「やる気」に結びつくか否か自体は、研究課題になり得るだろう。ただ、社会にとっては親が労働する方が好ましいので、研究課題としての緊急性は高くない。

(3) 現行の高齢者に有利過ぎる社会保障制度を維持することが、その制度の維持可能性を危険にさらし、逆に高齢者にとってもリスクが大きいことを示すことにより、高齢者の利己心にも働きかける仕組みについての検討が必要であると、経済学の八代尚宏らも指摘している（八代・島澤・豊田 2012)。

(4) 朝日新聞デジタル（2013. 7. 6)「生活保護引き下げ、就学援助に影響か　自治体から懸念の声」

(5) 市は二〇一二年九月、西成区の中学生約千人を対象に試行。二〇一三年一二月一日からは全区に広げた。対象は約二万二千人。機器やカードを開発した今年度は約一〇億円の予算を組み、来年度は約二〇億円の予算を見込む。だが、先行した西成区の利用率は四割に届かず、お金だけでは生徒がついてこない現実も浮かんでいる。

(6) 朝日新聞デジタル（2013. 11. 30)「塾通いにクーポン、拡大　低所得世帯向け、あす大阪市全域に」

(7) 二〇一二年三月の高等学校進学率は、九八・三（男九八・〇、女九八・六）％である（学校基本調査)。

(8) 文部科学省によれば、スウェーデンが高校を無償化した時期は不明である。第二次世界大戦後に高校を無償化した国は二つで、ベルギーが一九五九年に、オーストリアが一九六二年に無償化した。

文部科学省「2009年 文部科学白書（英文)」Feature 2 Making Public High Schools Tuition-Free and High School Enrollment Subsidies, 2013. 12. 9 取得, http://www.mext.go.jp/b_menu/hakusho/html/hpab200901/detail/1305888. htm

(9) SvD (2013. 7. 22) "Studiebidrag är till för studietiden."

（10）DN.se（2013. 7. 21）“Gymnasieelever kan få sänkta studiebidrag.”

（11）中日新聞（2013. 9. 24）「社説：高校無償化　教育の機会を歪めるな」

あとがき

少子高齢化が急激に進む日本は、優秀な人材が家庭の貧富にかかわらず大学に進学できる社会システムを創り上げる必要がある。

本書は、その価値前提を明示したうえで、今後の日本社会を構想するために必要となる新たな発想やデータをできるだけ提供しようと努めた。特に、教育費負担では日本と対極的なスウェーデンの政策の発想の合理性を明らかにし、従来の日本の政策の発想を超えるヒントを見いだそうとした。

今の日本のように、家族が教育費を負担するのが当たり前という「家族主義」のままでは、稼ぎ手の親が倒れると大学進学は極端に難しくなる。「家族主義」を変え、家庭環境の激変があっても、子どもが自分の可能性を最大限に伸ばせる社会、「教育を家族だけに任せない」社会を本書は構想しようとした。

本書が世に出ることで、少しでも教育費負担の問題についての議論を喚起し、深めるきっかけになれば、著者として望外の喜びである。

なお、本書の内容と関連した最近の政府の動きについて、一つだけ指摘しておきたい。大学入試改革で点数評価から人物本位に改めるという教育再生実行会議の案が出ているが、これには反対する。人物本位は、高所得層を優遇するだけだからである。

哲学専攻で、大学教育、専門学校教育双方の弱み強みを踏まえたＦＤ（Faculty Development）が専門分野の芦田宏直がいうように、人物本位とは「本人の努力が届かない、育った環境も含めて評価しよう」という考え方である。面接で初対面の人に好感を与える能力は、本人の努力より、家庭や地域など、より環境に左右される。人物本位とは「育ちの良さ」をみることの言い換えでしかない。「人物」よりも「点数」に表される知力の方が環境に影響されにくい。その知力について、ペーパーテストという公平な競争を行い、次世代のリーダー候補を選抜する。江戸時代の身分社会から近代社会への移行での改革が、そうした学歴主義による中間層の拡大だった。それによって世代ごとに階層がシャッフルされ、欧米に比べても階級がない平等な社会が実現した。人物本位の入試が主流になればシャッフル機能は失われ、階層の固定化が進むだろうからである（朝日新聞2013. 11. 12「(今こそ政治を話そう) 脱・点数主義の罠」）。

本書は著者の二冊目の単著である。最初の単著も勁草書房の松野菜穂子氏にお世話になったが、本書を何とか書きあげることができたのも松野氏のおかげである。本書第二章のもとになった大岡（2011）の抜刷をお送りしたところ、次の単著の企画をお奨めいただいた。その後も、企画から刊行に至るまで常に作業が遅れがちな私をご海容いただき、激励のメールを何度もいただいた。深く感謝申し上げたい。

本書の一部は、福祉社会学会、社会政治研究会、北ヨーロッパ学会で発表させていただいた。発表を聞いていただいた方々、ご批判とご指摘をいただいた方々に感謝申し上げる。

私が勤務する中京大学現代社会学部の学生諸君にも感謝したい。本書の内容の一部を講義するなかで彼らから鋭い疑問や指摘を受けたおかげで、本書の内容はより深く、かつ、わかりやすいものになっているはずである。

本書の各章の初出論文は、序章の一部と第二章が大岡（2011）、第三章が大岡（2013）。その他は書き下ろしである。

序章の一部と第二章は、二〇一一年度中京大学特定研究助成（個人研究）による研究成果である。また、二〇一一年度のサバティカルでのスウェーデン滞在によって本研究は可能になった。関係部局と学部関係者の方々に深く謝意を表したい。

第三章の執筆は、財団法人ユニベール財団から「豊かで活力ある長寿社会の構築をめざして」を基本テーマとした二〇一一年の研究助成（研究題目「長寿社会を支える若者の進路保障の研究——脱家族主義をスウェーデンの教育政策に探る」）を受けることで可能になった。財団と関係者の方々に厚く感謝申し上げたい。

第二章と第三章が書けたのは、二〇一一年度客員研究員としての滞在を認めてくれたウプサラ大学社会学部のおかげである。深く感謝申し上げる。（特に、ヘドヴィック・エケルバルト教授とボー・レビン教授に御礼申し上げたい。）

Ett stort tack vill jag uttrycka till Sociologiska Institutionen vid Uppsala Universitet där jag tillbringar höstterminen 2011 som gästforskare. Särskilt vill jag tacka professor Hedvig Ekerwald och professor Bo Lewin.

また、本書は、二〇一三年度科学研究費補助金（挑戦的萌芽研究、研究課題番号25590119）による研究成果の一部を利用している。

資料収集において、中京大学図書館、大阪教育大学附属図書館にたいへんお世話になった。厚く感謝申し上げたい。

最後に私事ではあるが、本研究のテーマを思いつくきっかけを与えてくれた父と母と、いつも安らぎを与えながらも叱咤激励してくれた妻と娘に、本書を捧げたい。

二〇一三年一二月

大岡頼光

索　引

ア　行

カ　行

サ　行

タ　行

ナ　行

ハ　行

マ　行

ヤ　行

ラ　行

ワ　行

文　献

Aamodt, P. O., 2006, "Access to Higher Education Within a Welfare State System: Developments and Dilemmas," P. N. Teixeira, D. B. Johnstone, M. J. Rosa and H. Vossensteyn eds., *Cost-Sharing and Accessibility in Higher Education: A Fairer Deal?* Dordrecht: Springer Netherlands, 317-41.

Akabayashi, H. and R. Tanaka, 2013, "Long-Term Effects of Preschooling on Educational Attainments," Retrieved October 24, 2013, http://www.gcoe-econbus.keio.ac.jp/pdf/dp/DP2012-033. pdf

Andersson, B.-E., 1989, "Effects of public day-care: A longitudinal study," *Child Development*, 60(4): 857-66.

———, 1992, "Effects of Day - Care on Cognitive and Socioemotional Competence of Thirteen - Year - Old Swedish Schoolchildren," *Child Development*, 63(1): 20-36.

Antman, P. and P. Schori, 1996, *Olof Palme: den gränslöse reformisten*, Stockholm: Tiden.

Åsén, G. and A.-C. Vallberg Roth, 2012, *Utvärdering i förskolan: en forskningsöversikt*, Stockholm: Vetenskapsrådet.

Barr, N., 2001, *The Welfare State as Piggy Bank: Information, Risk, Uncertainty, and the Role of the State*, Oxford: Oxford University Press.

———, 2002, "Funding higher education: policies for access and quality," House of Commons, Education and Skills Committee, *Post-16 Student Support*, Sixth Report of Session 2001-2002, HC445, (TSO, 2002), 19-35.

———, 2004, "Higher education funding," *Oxford Review of Economic Policy*, 20(2): 264-83.

———, 2009, "Financing Higher Education: Lessons from Economic Theory and Reform in England," *Higher Education in Europe*, 34(2): 201-9.

Beer, G. and B. Chapman, 2004, *HECS system changes: impact on students*,

Canberra: Centre for Economic Policy Research, Australian National University.

Bergqvist, C. and A. Nyberg, 2001, "Den svenska barnomsorgsmodellen: Kontinuitet och förändring under 1990-talet," Å. Bergmark and M. Szebehely eds., *Välfärdstjänster i omvandling: antologi från Kommittén Välfärdsbokslut.* Stockholm: Fritzes offentliga publikationer.

Blossfeld, H. P. and Y. Shavit, 1993, "Persisting barriers. Changes in educational opportunities in thirteen countries," Y. Shavit and H. P. Blossfeld eds., *Persistent Inequality: Changing Educational Attainment in Thirteen Countries.* Boulder, Colo.: Westview-Press, 1-23.

Boucher, L., 1982, *Tradition and change in Swedish education*, Oxford: Pergamon Press.

Boudon, R., 1973, *L'inégalité des chances: la mobilité sociale dans les sociétés industrielles*, Paris: A. Colin.（= 1983, 杉本一郎ほか訳『機会の不平等――産業社会における教育と社会移動』新曜社.）

Broady, D., 2006, *Utvärdering av Rekryteringsdelegationen*, Uppsala: SEC, Uppsala universitet.

Broberg, A. G., H. Wessels, M. E. Lamb and C. P. Hwang, 1997, "Effects of day care on the development of cognitive abilities in 8-year-olds: A longitudinal study," *Developmental psychology*, 33(1): 62-9.

Busemeyer, M. R., 2009, "Social democrats and the new partisan politics of public investment in education," *Journal of European Public Policy*, 16(1): 107-26.

Chapman, B., 2005, "Income Contingent Loans for Higher Education: International Reform," The Australian National University, Centre for Economic Policy Research, DISCUSSION PAPER 491, Retrieved October 24, 2013, http://ideas.repec.org/p/auu/dpaper/491. html

Coontz, E. K. and E. Esper, 2003, "Cooperative child care for rural residents: The experience from California," *Journal of Rural Cooperation*, 31(2): 111-26.

CSN, 2011, "Annuitetslån för studier – tio år efter studiestödsreformen," Retrieved August 16, 2012, http://www.csn.se/polopoly_fs/1. 6153!annuitetslan-for-studier-rev.pdf

Cunha, F., J. J. Heckman, L. Lochner and D. V. Masterov, 2006, "Interpret-

ing the evidence on life cycle skill formation," E. A. Hanushek and F. Welch eds., *Handbook of the Economics of Education*. Amsterdam: Elsevier, 697-812.

Ds, 2000:19, *Studiebidraget i det långa loppet, Rapport till expertgruppen för studier i offentlig ekonomi-[ESO]* Stockholm: Fritzes.

Duncan, G. J. and J. Brooks-Gunn, 1997, *Consequences of growing up poor*, New York: Russell Sage Foundation Publications.

Eliasson, K., 2006, *College choice and earnings among university graduates in Sweden*, Umeå: Department of Economics, Umeå University.

Erikson, R. and J. O. Jonsson, 1996, *Can education be equalized?: the Swedish case in comparative perspective*, Boulder, Colo.: Westview Press.

Erlander, T. and A. Lagercrantz, 1982, *Tage Erlander. 1960-talet: samtal med Arvid Lagercrantz*, Stockholm: Tiden.

Esping-Andersen, G., 1999, *Social foundations of postindustrial economies*, Oxford: Oxford University Press.（= 2000, 渡辺雅男・渡辺景子訳『ポスト工業経済の社会的基礎――市場・福祉国家・家族の政治経済学』桜井書店.）

――――, 2009, *The incomplete revolution: adapting to women's new roles*, Cambridge: Polity.（= 2011, 大沢真理監訳『平等と効率の福祉革命――新しい女性の役割』岩波書店.）

ESV, 2010, *Tidsserier Statsbudgeten 2009*.

Forssén, K., 2000, *Child poverty in the nordic countries*, Turku: University of Turku, Department of Social Policy Series B: 22.

Hällsten, M., 2010, "The Structure of Educational Decision Making and Consequences for Inequality: A Swedish Test Case1, " *American Journal of Sociology*, 116(3): 806-54.

Hämäläinen, U., V. P. Juutilainen and K. Hellsten, 2007, *Lukiolaisten ja ammatillista perustutkintoa suorittavien elämäntilanne ja toimeentulo*, Helsinki: The Social Insurance Institution.

Hansen, W. L. and B. A. Weisbrod, 1969, "The Distribution of Costs and Direct Benefits of Public Higher Education: The Case of California," *The Journal of Human Resources*, 4(2): 176-91.

Johnstone, D. B., 2011, "Financing Higher Education: Who Should Pay?," P. G. Altbach, P. J. Gumport and R. O. Berdahl eds., *American higher*

education in the twenty-first century: Social, political, and economic challenges. Baltimore, MD: Johns Hopkins University Press, 315-40.

Johnstone, D. B. and P. N. Marcucci, 2010, *Financing higher education worldwide: who pays? who should pay?*, Baltimore, MD: Johns Hopkins University Press.

Johnstone, D. B., P. Teixeira, M. J. Rosa and H. Vossensteyn, 2006, "Introduction," P. N. Teixeira, D. B. Johnstone, M. J. Rosa and H. Vossensteyn eds., *Cost-Sharing and Accessibility in Higher Education: A Fairer Deal?* Dordrecht: Springer Netherlands, 1-18.

Korpi, B. M., 2006, *Förskolan i politiken: om intentioner och beslut bakom den svenska förskolans framväxt*, Stockholm: Utbildnings-och kulturdepartementet, Regeringskansliet.（= 2010, 太田美幸訳『政治のなかの保育――スウェーデンの保育制度はこうしてつくられた』かもがわ出版.）

Korpi, W. and J. Palme, 1998, "The Paradox of Redistribution and Strategies of Equality: Welfare State Institutions, Inequality, and Poverty in the Western Countries," *American Sociological Review*, 63(5): 661-87.

Lagerqvist, L. O. and E. Nathorst-Böös, 2002, *Vad kostade det?: priser och löner från medeltid till våra dagar*, Stockholm: Natur och kultur/LT.

Langsted, O. and D. Sommer, 1993, "Denmark," M. Cochran ed., *International handbook of child care policies and programs*. Westport, CT: Greenwood Pub Group, 143-66.

Leviten-Reid, C., 2012, "Organizational form, parental involvement, and quality of care in child day care centers," *Nonprofit and Voluntary Sector Quarterly*, 41(1): 36-57.

Marcucci, P. N. and D. B. Johnstone, 2007, "Tuition fee policies in a comparative perspective: Theoretical and political rationales," *Journal of Higher Education Policy & Management*, 29(1): 25-40.

McInnis, C., 2008, "The Australian Experience of an Income Contingent Loans Scheme," M. Kobayashi ed., *Worldwide Perspectives of Financial Assistance Policies: Searching Relevance to Future Policy Reform for Japanese Higher Education, CRDHE Working Paper Vol. 2.* Tokyo: Center for Research and Development of Higher Education, The Univerity of Tokyo, 65-81.

Naumann, I., 2011, "Towards the marketization of early childhood education and care? Recent developments in Sweden and the United Kingdom," *Nordic Journal of Social Research*, 2: 1-17.

Nilsson, A., 1984, *Studiefinansiering och social rekrytering till högre utbildning 1920-1976*, Lund: Ekonomisk-historiska fören.

OECD, 2006, *Starting strong II: Early childhood education and care*. (= 2011, 星三和子ほか訳『OECD 保育白書——人生の始まりこそ力強く：乳幼児期の教育とケア（ECEC）の国際比較』明石書店.)

————, 2012, *Education at a Glance 2012*.

————, 2013, *Education at a Glance 2013*. （= 2013, 徳永優子ほか訳『図表でみる教育—— OECD 教育インディケータ（2013 年版）』明石書店. ）

Pestoff, V. A., 2009a, *A democratic architecture for the welfare state*, London: Routledge.

————, 2009b, "Towards a Paradigm of Democratic Participation: Citizen Participation and Co-Production of Personal Social Services in Sweden," *Annals of Public and Cooperative economics*, 80(2): 197-224.

Prop., 1995/96:222, *Vissa åtgärder för att halvera arbetslösheten till år 2000, ändrade anslag för budgetåret 1995/96, finansiering m.m.*, Stockholm: Riksdagen.

————, 1999/2000:129, *Maxtaxa och allmän förskola*, Stockholm: Riksdagen.

Reuterberg, S.-E. and A. Svensson, 1991, *Spelar pengar någon roll?: elevers och föräldrars syn på studiestödet i gymnasieskolan*, Göteborg: Institutionen för pedagogik, Göteborgs universitet.

————, 1992, *Social bakgrund: Studiestöd och övergång till högre studier (SOU 1992: 122). Delbetänkande av utredningen om den sociala snedrekryteringen till högre studier* Stockholm: Allmänna förl.

————, 1994, "Financial aid and recruitment to higher education in Sweden: Changes between 1970 and 1990, " *Studies in Higher Education*, 19(1): 33-45.

Rothstein, B., 2000, "The future of the universal welfare state," S. Kuhnle ed., *Survival of the European welfare state*. London: Routledge, 217-33.

Rudolphi, F., 2013, "Ever-Declining Inequalities? Transitions to Upper

Secondary School and Tertiary Education in Sweden, 1972-1990 Birth Cohorts," M. Jackson ed., *Determined to Succeed?: Performance versus Choice in Educational Attainment*. Stanford: Stanford University Press.

Ruin, O., 1979, *Studentmakt och statsmakt: tre studier i svensk politik*, Stockholm: LiberFörlag.

Saarikallio-Torp, M. and J. Wiers-Jenssen, 2010, *Nordic students abroad. Student mobility patterns, student support systems and labour market outcomes*, Helsinki: The Social Insurance Institution, Finland, Studies in social security and health 110.

Sipilä, J., 1997, *Social care services: the key to the Scandinavian welfare model*, Aldershot: Avebury.（= 2003, 日野秀逸訳『社会ケアサービス——スカンジナビア福祉モデルを解く鍵』本の泉社.）

Skolverket, 2008, *Barn, elever och personal-Riksnivå. Sveriges officiella statistik om förskoleverksamhet, skolbarnomsorg, skola och vuxenutbildning*, Stockholm: Skolverket.

————, 2013, *Barn, elever och personal-Riksnivå: Sveriges officiella statistik om förskola, skola och vuxenutbildning*, Stockholm: Skolverket.

SOU, 1963:15, *1960 års gymnasieutredning. 1, Vägen genom gymnasiet: elevernas syn på valsituationer och studieformer*, Stockholm: Ecklesiastikdep.

————, 1963:48, *Bättre studiehjälp*, Stockholm: Ecklesiastikdep.

————, 1963:53, *Studiesociala utredningen. 2, Studentrekrytering och studentekonomi*, Stockholm: Ecklesiastikdep.

————, 1963:74, *Rätt till studiemedel, Studiesociala utredningen. IV*, Stockholm: Ecklesiastikdep.

————, 1987:39, *Studiemedel: betänkande från Studiemedelskommittén*, Stockholm: Allmänna förl.

————, 1993:16, *Nya villkor för ekonomi och politik: Ekonomikommissionens förslag. Bilagedel 1, Expertrapporter*, Stockholm: Allmänna förl.

————, 1997:157, *Att erövra omvärlden: förslag till läroplan för förskolan: slutbetänkande*, Stockholm: Fritze.

————, 2003:28, *Ekonomiskt stöd vid ungdomsstudier: betänkande*, Stockholm: Fritze.

————, 2008:69, *Välja fritt och välja rätt-Drivkrafter för rationella ut-*

bildningsval, Stockholm: Fritze.

———, 2009:28, *Stärkt stöd för studier: tryggt, enkelt och flexibelt: betänkande*, Stockholm: Fritze.

———, 2013:52, *Moderniserad studiehjälp: betänkande*, Stockholm: Fritze.

Statistiska centralbyrån, 1979-2007, *Utbildningsstatistisk årsbok*, Stockholm: SCB, Publikationstjänsten.

Stryjan, Y., 2006, "The practice of social entrepreneurship: Theory and the Swedish experience," *Journal of Rural Cooperation*, 34(2): 195-224.

Taguma, M., I. Litjens and K. Makowiecki, 2012, *Quality Matters in Early Childhood Education and Care: Japan 2012*, Paris: OECD Publishing.

———, 2013a, *Quality Matters in Early Childhood Education and Care: Norway 2013*, Paris: OECD Publishing.

———, 2013b, *Quality Matters in Early Childhood Education and Care: Sweden 2013*, Paris: OECD Publishing.

Tilton, T. A., 1991, *The political theory of Swedish Social Democracy: through the welfare state to socialism*, Oxford: Clarendon Press.

Usher, A. and A. Cervenan, 2005, *Global higher education rankings 2005*, Toronto: Educational Policy Institute.

Vamstad, J., 2007, *Governing welfare: the third sector and the challenges to the Swedish welfare state*, Sundsvall: Department of Social Science, Mid Sweden University.

Vogel, J., 2002, "European Welfare regimes and the transition to adulthood: A comparative and longitudinal perspective," *Social indicators research*, 59(3): 275-99.

Wilensky, H. L., 1975, *The welfare state and equality: structural and ideological roots of public expenditures*, Berkeley: University of California Press.

———, 2002, *Rich democracies: political economy, public policy, and performance*, Berkeley: University of California Press.

青木　紀, 2005,「貧困・低所得家族の教育戦略の現実から何が見えるか——教育社会学の課題」『北海道大学大学院教育学研究科紀要』97:105-

26.
————, 2007, 「学校教育における排除と不平等」福原 宏幸編『社会的排除・包摂と社会政策』法律文化社, 200-19.
秋朝礼恵, 2009, 「福祉サービスにおける選択自由に関する一考察——スウェーデンの保育所を事例として」『社学研論集』14:110-25.
————, 2010a, 「スウェーデンの児童ケアサービス拡充期における財源調達に関する一考察—— 1975 年政府案の背景と思想（特集 諸外国の就学前教育・保育サービス——子どもの「育ち」を保障する社会のしくみ）」『海外社会保障研究』173:28-40.
————, 2010b, 「スウェーデンの就学前学校におけるマックス・タクサ制度に関する一考察——その成立の背景と思想」『社学研論集』16:74-89.
阿部　彩 , 2008a,「『ひとり親家庭とこどもの貧困』ゼロから考える少子化対策プロジェクトチーム第 6 回会合 提出資料」2013. 11. 24 取得 , http://www8. cao.go.jp/shoushi/13zero-pro/k_6/pdf/s3-3. pdf
————, 2008b, 『子どもの貧困——日本の不公平を考える』岩波書店.
————, 2012, 「NHK 視点・論点『子どもの貧困 日本の現状は』」2013. 10. 24 取得 , http://www.nhk.or.jp/kaisetsu-blog/400/122784. html
荒井一博, 2002, 『教育の経済学・入門』勁草書房.
————, 2007, 『学歴社会の法則——教育を経済学から見直す』光文社.
荒牧草平, 2010, 「教育達成における階層差発生過程のモデル化」『大学院教育学研究紀要』13:1-15.
池本美香, 2011, 「経済成長戦略として注目される幼児教育・保育政策——諸外国の動向を中心に（＜特集＞幼児教育の社会学）」『教育社会学研究』88:27-45.
————, 2013, 「幼児教育・保育分野への株式会社参入を考える——諸外国の動向をふまえて」『ＪＲＩレビュー』4(5):54-87.
市川昭午, 2000, 『高等教育の変貌と財政』玉川大学出版部.
井手英策, 2011, 「調和のとれた社会と財政——ソーシャル・キャピタル理論の財政分析への応用」井手 英策・菊地 登志子・半田 正樹編『交響する社会 :「自律と調和」の政治経済学』ナカニシヤ出版, 74-108.
————, 2013, 『日本財政——転換の指針』岩波書店.
伊藤周平, 2010, 『保育制度改革と児童福祉法のゆくえ』かもがわ出版.
————, 2012, 『子ども・子育て支援法と社会保障・税一体改革』山吹書店.

――――, 2013,『子ども・子育て支援法と保育のゆくえ』かもがわ出版.
井堀利宏, 2009,『誰から取り、誰に与えるか――格差と再分配の政治経済学』東洋経済新報社.
今村　肇, 2012,「社会的経済・協同組合とリレーショナル・スキル――境界を超える人材と組織のつながりを求めて」『農林金融』65(9):570-83.
今村　肇・ペストフ ビクター・A・内橋克人, 2012,「パネルディスカッション (2012 国際協同組合年記念シンポジウム 講演録 共生する社会を目指して：重要性を増す「社会的経済」の役割と協同組合への期待)」『農林金融』65(9):552-69.
上山晶弘, 2012,「スウェーデン」小林雅之編『教育機会均等への挑戦――授業料と奨学金の 8 カ国比較』東信堂：197-227.
OECD 日本政府代表部 , 2011,「OECD 邦人職員インタビュー 田熊美保 OECD 教育局教育訓練政策課アナリスト」2013. 10. 24 取得 , http://www.oecd.emb-japan.go.jp/interview/takuma.html
大岡頼光, 2004,『なぜ老人を介護するのか――スウェーデンと日本の家と死生観』勁草書房.
――――, 2008a,「公共的に介護されるのは「労働する市民」だけか？――福祉国家の宗教的起源」松田昇・小木曽洋司・西山哲郎・成元哲編『市民学の挑戦』梓出版社：236-57.
――――, 2008b,「冥福観と福祉国家」武川正吾・西平直編『死生学 3　ライフサイクルと死』東京大学出版会：87-107.
――――, 2010,「財政危機下のスウェーデンの教育投資の研究――高齢者と若者の世代間連帯を求めて」『中京大学現代社会学部紀要』4(1):1-31.
――――, 2011,「制度が文化を創る――スウェーデンの大学での親負担主義の廃止」『中京大学現代社会学部紀要』5(1):129-64.
――――, 2013,「高等教育費の公的負担の逆進性は無くしうるのか」『中京大学現代社会学部紀要』6(2):49-86.
――――, 2014,「北欧の『社会』と『国家』――中間層の福祉、脱家族化と宗教」森明子編『ヨーロッパ人類学の視座』世界思想社, 249-71
大塩まゆみ, 2012,「子どものウェルビーイングの現状と課題――保育政策の動向」『社会政策』3(3):91-102.
大城愛子, 2012,「就学前教育・保育施設の設置主体多元化に関する日瑞比較研究」2013. 11. 24 取得 , http://kaken.nii.ac.jp/pdf/2011/seika/C-19/34605/21730653seika.pdf

大竹文雄，2009,「インタビュー 就学前教育の投資効果から見た幼児教育の意義——就学前教育が貧困の連鎖を断つ鍵となる（特集 幼児期の教育・保育を展望する）」『BERD』16:30-2.
大竹文雄・小原美紀，2011,「貧困率と所得・金融資産格差」岩井克人・瀬古美喜・翁 百合編『金融危機とマクロ経済』東京大学出版会，137-53.
大竹文雄・佐野晋平，2009,「人口高齢化と義務教育費支出」『大阪大学経済学』59(3):106-30.
大野 歩，2010,「スウェーデンにおける子どもケアと学校教育の統合化政策—— 6歳児就学の形成過程に関する検討から」『北ヨーロッパ研究』6:11-22.
大日向雅美，2013,「次世代育成支援対策の意義と一層の推進を」2013. 10. 24 取 得，http://www.kantei.go.jp/jp/singi/kokuminkaigi/dai11/gijisidai.html
小澤浩明，2012,「学修費における私費負担の現状」世取山洋介・福祉国家構想研究会編『公教育の無償制を実現する』大月書店，378-415.
小塩隆士，2010,「教育費負担の経済学（学費と奨学金）」『IDE』520:12-8.
株式会社ベネッセコーポレーション，2013,「第2回 幼児教育・保育についての基本調査報告」2013. 10. 24 取得，http://www.benesse.co.jp/jisedaiken/research/pdf/research24_paper.pdf
鳫 咲子，2009,「子どもの貧困と就学援助制度——国庫補助制度廃止で顕在化した自治体間格差」『経済のプリズム』65:28-49.
————，2012,「子どもの貧困とセーフティネット——就学援助制度を中心として」『跡見学園女子大学マネジメント学部紀要』14:91-123.
————，2013,『子どもの貧困と教育機会の不平等——就学援助・学校給食・母子家庭をめぐって』明石書店.
菊地登志子，2008,「利他的行動が築く社会——普遍主義と選別主義（特集 財政社会学は危機の学問か？）」『エコノミア』59(2):61-77.
木下裕美子，2008,「フランスの親保育所にみられる連帯とは何か——今後の日本との事例比較研究にむけて」『家族社会学研究』20(1):81-8.
熊倉瑞恵，2011,「デンマークにおける女性の就業と家族生活に関する現状と課題」『愛国学園大学人間文化研究紀要』13:55-64.
訓覇法子，2010,「スウェーデンの“EDUCARE”モデルの形成過程と政策視座（特集 諸外国の就学前教育・保育サービス——子どもの「育ち」を保障する社会のしくみ）」『海外社会保障研究』173:41-8.

玄田有史，2010，『人間に格はない――石川経夫と2000年代の労働市場』ミネルヴァ書房.
子ども・子育て会議基準検討部会，2013，「（第1回）資料8 公定価格・利用者負担について」2013. 10. 24取得，http://www8. cao.go.jp/shoushi/shinseido/kodomo_kosodate/b_1/pdf/s8. pdf
小林雅之，2008，『進学格差――深刻化する教育費負担』筑摩書房.
――――，2010，「学費と奨学金（学費と奨学金）」『IDE』520:18-23.
――――，2012a，「家計負担と奨学金・授業料」『高等教育研究』15:115-34.
――――，2012b，『教育機会均等への挑戦――授業料と奨学金の8カ国比較』東信堂.
小林雅之・濱中義隆・劉　文君，2013，「大学進学と学費負担構造に関する研究――高校生保護者調査2012年から」2013. 10. 24取得，http://www.mext.go.jp/b_menu/shingi/chousa/koutou/057/gijiroku/__icsFiles/afieldfile/2013/07/08/1337608_02. pdf
小林庸平，2010，「就学援助制度の一般財源化――地域別データを用いた影響分析」『経済のプリズム』78:31-51.
――――，2012，「地方でも進展する「民主主義の高齢化」」2013. 10. 24取得，http://agora-web.jp/archives/1448214. html
小林庸平・林　正義，2011，「一般財源化と高齢化は就学援助制度にどのような影響を与えたのか」『財政研究』7:160-75.
小峰隆夫，2010，『人工負荷社会』日本経済新聞出版社.
近藤博之，2001，「高度経済成長期以降の大学教育機会――家庭の経済状態からみた趨勢」『大阪大学教育学年報』6:1-12.
汐見稔幸，2008，「日本の幼児教育・保育改革のゆくえ――保育の質・専門性を問う知的教育」泉　千勢・一見真理子・汐見稔幸編『未来への学力と日本の教育』明石書店：335-59.
芝田政之，2006，「英国における授業料・奨学金制度改革と我が国の課題」『大学財務経営研究』3:87-112.
奨学金問題対策全国会議，2013，『日本の奨学金はこれでいいのか！――奨学金という名の貧困ビジネス』あけび書房.
末冨　芳，2010，『教育費の政治経済学』勁草書房.
鈴木友紀，2010，「「高校無償化」をめぐる国会論議――公立高校授業料不徴収及び高等学校等就学支援金支給法」『立法と調査』306:3-14.
――――，2013，「所得制限の導入と高校段階の教育費負担軽減の在り方

——高校無償化法改正案」『立法と調査』347:44-53.
須藤康介，2009，「学力の階層差に関する実証研究の動向——日本とアメリカの比較を通して」『東京大学大学院教育学研究科紀要』49:53-61.
首藤美香子，2009，「OECD の ECEC 政策理念と戦略—— “Starting Strong 2: Early Childhood Education and Care” (2006)」『国立教育政策研究所紀要』138:239-56.
妹尾　渉・日下田岳史，2011，「「教育の収益率」が示す日本の高等教育の特徴と課題」『国立教育政策研究所紀要』140:249-63.
全国保育団体連絡会・保育研究所，2012，『保育白書 2012』ひとなる書房.
総務省統計局，2013，「平成 24 年就業構造基本調査結果の概要」2013. 10. 24 取得 , http://www.stat.go.jp/data/shugyou/2012/pdf/kgaiyou.pdf
高端正幸，2012，「税・社会保障・地方分権——いくつかの論点」財団法人地方自治研究機構編『地域の自主性・自立性向上のための地方行財政制度のあり方に関する調査研究』2013. 10. 24 取得 , http://www.rilg.or.jp/004/h23/h23_01. pdf
高端正幸・伊集守直・佐藤　滋，2011，『保育サービスを中心とする子育て支援政策の国際比較行財政論——スウェーデン、イギリスの実態と日本の改革論議への示唆』全国勤労者福祉・共済振興協会.
武石恵美子，2011，『ワーク・ライフ・バランス実現への課題：国際比較調査からの示唆』，RIETI Policy Discussion Paper, 11-P-004，経済産業研究所 .
竹内　幹，2013，「高齢者と将来世代、どちらを重視するか？」『中央公論』4 月 :120-3.
武川正吾，2012，『福祉社会学の想像力』弘文堂.
橘木俊詔，2010，『日本の教育格差』岩波書店.
田渕六郎，2006，「高齢者扶養と家族責任」武川正吾編『福祉社会の価値意識——社会政策と社会意識の計量分析』東京大学出版会，113-38.
太郎丸博，2009，『若年非正規雇用の社会学——階層・ジェンダー・グローバル化』大阪大学出版会.
蝶　慎一，2009，「「教育費負担と奨学金」研究の基本視点」『教育福祉研究』15:47-55.
戸田浩史，2013，「政権交代後の教育政策——文教科学委員会における政策課題」『立法と調査』336:73-83.
鳥山まどか，2008，「家族の教育費負担と子どもの貧困」浅井春夫ほか編

『子どもの貧困――子ども時代のしあわせ平等のために』明石書店：194-214.

トロウ マーチン，天野郁夫・喜多村和之訳，1976，『高学歴社会の大学――エリートからマスへ』東京大学出版会．（訳者による編訳。原著書はない）

内閣府編，2012a，『平成 24 年版 子ども・子育て白書』

――――，2012b，『平成 24 年版 子ども・若者白書』

中西泰子，2009，『若者の介護意識：親子関係とジェンダー不均衡』勁草書房．

日本学術会議，2010，「日本の展望――学術からの提言 2010」報告「教育学分野の展望――『質』と『平等』を保障する教育の総合的研究」2013. 1. 24 取得，http://www.scj.go.jp/ja/info/kohyo/pdf/kohyo-21-h-1-4. pdf

二文字理明・ウルムステット イエルディ，1986，「瑞和社会福祉語彙集（その 1）」『障害児教育研究紀要』8:99-107.

橋本健二，2007，『新しい階級社会新しい階級闘争――「格差」ですまされない現実』光文社．

橋本 義郎，2007，「スウェーデンの大学における就学費保障――中央就学支援委員会（略称：CSN）による就学支援金支給事業の概要」『国際研究論叢――大阪国際大学紀要』20(3):9-23.

畠山勝太，2013，「幼児教育無償化で十分か？――就学前教育の重要性と日本の課題」2013. 3. 5 取得，http://synodos.livedoor.biz/archives/2032720. html

濱口桂一郎，2013，『若者と労働――「入社」の仕組みから解きほぐす』中央公論新社．

浜野　隆，2011，「教育格差是正に向けた乳幼児発達支援の実践――発展途上国の教育開発と幼児教育（〈特集〉幼児教育の社会学)」『教育社会学研究』88:47-64.

原　清治，2009，『若年就労問題と学力の比較教育社会学』ミネルヴァ書房．

日下田岳史・濱中義隆，2007，「オーストラリアにおける大学進学と費用負担」東京大学編『文部科学省先導的大学改革推進委託事業「諸外国における奨学制度に関する調査研究及び奨学金事業の社会的効果に関する調査研究」報告書』

――――，2012，「オーストラリア」小林雅之編『教育機会均等への挑戦』東信堂：261-84.

平岡公一，1991，「普遍主義と選別主義」大山　博・武川正吾編『社会政策と社会行政——新たな福祉の理論の展開をめざして』法律文化社，68-97.
————，2003，『イギリスの社会福祉と政策研究：イギリスモデルの持続と変化』ミネルヴァ書房.
広井良典，2006，『持続可能な福祉社会——「もうひとつの日本」の構想』筑摩書房.
普光院亜紀，2012，『日本の保育はどうなる——幼保一体化と「こども園」への展望』岩波書店.
藤岡純一，2001，『分権型福祉社会スウェーデンの財政』有斐閣.
藤田菜々子，2010，『ミュルダールの経済学——福祉国家から福祉世界へ』NTT 出版.
藤村正之，1998，「福祉国家・中流階層・福祉社会（〈特集〉福祉国家と福祉社会）」『社会学評論』49(3):352-71.
藤森宏明，2009，「奨学金拡大政策の帰結——誰が新たに奨学金を受給するようになったのか」『人間科学研究年報』3:51-70.
本川　裕，2012，「所得格差の推移」2013. 10. 24 取得，http://www2. ttcn.ne.jp/honkawa/4664. html
松田茂樹，2013，『少子化論——なぜまだ結婚、出産しやすい国にならないのか』勁草書房.
丸山文裕，2004，「国立大学法人化後の授業料」『大学財務経営研究』1:121-34.
宮本太郎，1999，『福祉国家という戦略——スウェーデンモデルの政治経済学』法律文化社.
宮本みち子，2002，『若者が「社会的弱者」に転落する』洋泉社.
武藤敦士，2012，「母子世帯の貧困と就労支援の課題——「母子家庭自立支援給付金事業」を中心として」『龍谷大学大学院研究紀要．社会学・社会福祉学』19:37-56.
森岡孝二，2009，『貧困化するホワイトカラー』筑摩書房.
————，2011，「労働時間の二重構造と二極分化」『大原社会問題研究所雑誌』627:1-18.
文部科学省，2009，『平成 21 年度 文部科学白書』
————，2012a，「教育投資の現状に関する考え方」2013. 10. 24 取得，http://www.mext.go.jp/b_menu/shingi/chukyo/chukyo9/shiryo/__

icsFiles/afieldfile/2012/11/19/1328294_2_2_1. pdf
―――――, 2012b,『平成 23 年度 文部科学省白書』
―――――, 2013a,「学生への経済的支援の在り方について（中間まとめ）」2013. 10. 23 取 得 , http://www.mext.go.jp/b_menu/shingi/chousa/koutou/057/gaiyou/__icsFiles/afieldfile/2013/09/06/1339290_01. pdf
―――――, 2013b,「大学生等の経済的支援について」2013. 10. 24 取得 , http://www.mext.go.jp/b_menu/shingi/chousa/koutou/057/gijiroku/1334845. htm
―――――, 2013c,「平成 26 年度概算要求主要事項」2013. 10. 23 取得 , http://www.mext.go.jp/b_menu/shingi/chousa/shotou/101/shiryo/__icsFiles/afieldfile/2013/10/09/1340157_09. pdf
八代尚宏・島澤　諭・豊田奈穂, 2012,「社会保障制度を通じた世代間利害対立の克服――シルバー民主主義を超えて」2013. 11. 24 取得 , http://www.nira.or.jp/pdf/monograph34. pdf
矢野眞和, 1984,「私学助成の経済分析」『大学論集』13:39-58.
―――――, 1996,『高等教育の経済分析と政策』玉川大学出版部.
―――――, 2008,「人口・労働・学歴――大学は , 決して過剰ではない（〈特集〉人口変動と教育改革）」『教育社会学研究』82:109-23.
―――――, 2010,「教育費政策のこれから――「日本的大衆大学」という習慣病を考える（学費と奨学金）」『IDE』520:4-12.
―――――, 2011,『「習慣病」になったニッポンの大学―― 18 歳主義・卒業主義・親負担主義からの解放』日本図書センター.
山野良一, 2008,『子どもの最貧国・日本――学力・心身・社会におよぶ諸影響』光文社.
湯田伸一, 2009,『知られざる就学援助――驚愕の市区町村格差』学事出版.
湯原悦子, 2011,「介護殺人の現状から見出せる介護者支援の課題」『日本福祉大学社会福祉論集』125:41-65.
渡部あさみ, 2011,「長時間労働をめぐる論議――ホワイトカラー労働を中心に」『経営学研究論集』34:77-94.
渡辺博明, 2002,『スウェーデンの福祉制度改革と政治戦略――付加年金論争における社民党の選択』法律文化社.
大和礼子, 2008,『生涯ケアラーの誕生――再構築された世代関係 / 再構築されないジェンダー関係』学文社.

著者紹介
1965年　広島県に生まれる
1988年　東京大学法学部卒業
1996-97年　スウェーデン・ウプサラ大学社会学部客員研究員
2000年　大阪大学大学院人間科学研究科（後期課程）社会学専攻修了。博士（人間科学）
現　在　中京大学現代社会学部准教授
主　著　『なぜ老人を介護するのか――スウェーデンと日本の家と死生観』（勁草書房，2004年）

教育を家族だけに任せない
大学進学保障を保育の無償化から

2014年3月20日　第1版第1刷発行

著　者　大《おお》岡《おか》頼《より》光《みつ》
発行者　井村寿人
発行所　株式会社　勁《けい》草《そう》書房
112-0005 東京都文京区水道 2-1-1　振替 00150-2-175253
（編集）電話 03-3815-5277／FAX 03-3814-6968
（営業）電話 03-3814-6861／FAX 03-3814-6854
平文社・青木製本所

ISBN 978-4-326-65386-7　Printed in Japan